Werner
Fend

Mein
Dschungel
Buch

Werner
Fend

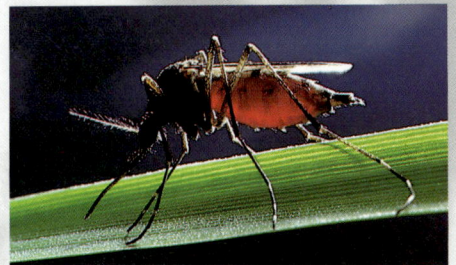

Mein
Dschungel
Buch

INHALT

VORWORT

Südostasien – das sind ferne, fremde Länder wie Indien, Sri Lanka, Thailand, Malaysia oder Borneo, die wir meist nur aus Nachrichtenmeldungen kennen, als touristische Ziele von Fernreisen, als „dritte Welt". Der Dschungel Südostasiens erscheint uns geheimnisvoll, gefährlich, zauberhaft. Diese Dschungelgebiete sind aber auch ein Teil des äquatorialen Regenwaldgürtels, ein Teil jener „grünen Lunge" also, die das Leben auf dieser Erde zum Atmen braucht. Und an diesem Regenwald wird Raubbau getrieben. Er wird abgeholzt, abgebrannt, unwiderruflich vernichtet. Wenn uns also viele Tiere dieses Dschungels bedrohlich erscheinen, so sollten wir uns auch daran erinnern, daß viele von ihnen selbst bedroht sind, weil ihr Lebensraum durch die Menschen immer weiter eingeschränkt und vernichtet wird.

Werner Fend, Natur- und Tierfilmer, Buchautor und Fotograf, legt hier sein ganz persönliches „Dschungelbuch" vor, eine Lebensbilanz, die auch den Wandel seiner Einstellung dokumentiert. Ursprünglich waren es wohl Abenteuerlust und der Reiz der Gefahr, die diesen unruhigen Österreicher dazu getrieben haben, ausgerechnet auf menschenfressende Tiger Jagd zu machen, am Einfangen von wilden Jungelefanten teilzunehmen oder im Himalaya dem seltenen Schneeleoparden bis auf Höhen von 5000 Metern zu folgen. Doch seine Hinwendung auch zur „kleinen" Tierwelt, zum oft listigen Überleben in den Nischen eines Systems, in dem nicht immer das Gesetz des Stärkeren gilt, zum unüberschaubaren Pflanzenreichtum des Dschungels zeigen das zunehmende Interesse an ökologischen Zusammenhängen und verraten die geweckte Neugier des Forschers, der sich seiner vielbeachteten Arbeit wegen seit 1990 Professor nennen darf.

Immer ist jedoch das Fasziniertsein von der Natur spürbar, das Staunen über perfekt angepaßte Lebensformen, die Bewunderung von Kraft und Schönheit, aber auch das Wissen um Vergänglichkeit und Neuentstehen. Das „Nacherleben" der spannenden Abenteuer und das Betrachten der Bilder, die oft ihren ganz eigenen Zauber entfalten, sollen Leserinnen und Lesern kurzweilige und informative Stunden bereiten.

Für meine Frau Renate und meinen Sohn Michael, die mich jahrelang bei vielen meiner Abenteuer begleitet haben

MIT TIGERN FING ES AN

Meinen Namen bringen viele Leute gerne in Verbindung mit Tigern, insbesondere mit den sogenannten Menschenfressern unter ihnen, obwohl ich als Tier- und Naturfilmer auch vielen anderen Tieren des Dschungels längst auf der Spur war. Doch es trifft zu, daß meine Beziehung zu Tigern schon immer eine besondere war, deren Ursprung weit in meine Jugend zurückreicht.

Als ich ein sechsjähriger Junge war, brachte mir mein Vater eines Tages einen dicken Katalog mit, in dem Hunderte von Tier- und Jagdszenen abgebildet waren, die man als große Posterdrucke bestellen konnte. Heute kann ich mich zwar nicht mehr so genau daran erinnern, wie viele Male ich diesen Katalog durchgeblättert und geradezu auswendig gelernt hatte, doch ich weiß noch sehr genau, daß sich auf der vorletzten Seite im rechten unteren Viertel das Bild einer indischen Jagdszene befand.

Diese einzelne Abbildung zog mich magisch an, sie faszinierte mich um einiges mehr als all die anderen Abbildungen zusammen.

Noch immer sehe ich jedes Detail der dramatischen Szene vor mir:

Der Tiger hängt festgekrallt am Kopf des Jagdelefanten, der aufgeregt den Rüssel hoch erhoben trägt, gerade einen knappen halben Meter entfernt von dem wehrlosen Mahaut, wie die Elefantenführer heißen. Dieser verharrt stocksteif und schaut aus weitaufgerissenen Augen unverwandt in den offenen Rachen des Raubtiers. Dahinter zielt der weiße Sahib – so nennen die Einheimischen die europäischen Jäger – mit einer schweren Büchse auf den Tiger, und am Ende des Gewehrlaufs ist ein weißes Rauchwölkchen zu erkennen.

**Königstiger in Zentral-
indien auf der Suche
nach Beute.
Diese Aufnahme gelang
Werner Fend aus seinem
Unterstand. Aus diesem
getarnten Versteck
heraus entstand die erste
Tierdokumentation der
Welt, bei der Tiger vom
Boden aus gefilmt
wurden**

Es blieb der Phantasie überlassen, sich das Ende der Begegnung auszumalen: Ob der Europäer treffen würde, ob den Tiger seine Kräfte rechtzeitig verlassen würden, so daß der Mahaut mit dem Leben davonkommen könnte, und ob vor allem der Jagdelefant die Nerven behalten, nicht etwa in Panik geraten, durch den Dschungel davonbrechen und dabei seine Reiter abwerfen würde. Vermutlich ist es unter anderem diesem phantasieanregenden Bild zuzuschreiben, daß mich jahrzehntelang die Sehnsucht immer wieder zu den Tigern nach Südostasien trieb. Und merkwürdigerweise geriet ich 28 Jahre später einmal in genau dieselbe Situation, die mich als Kind dermaßen beeindruckt hatte. An dieses Erlebnis erinnere ich mich heute noch so, als wäre es gestern gewesen, und nur allzuoft hat mich diese Tigerjagd in Kauria im Traum verfolgt.

Nur war diesmal *ich* der weiße Sahib, der mit einer recht unerfahrenen, jungen, gerade erst eingefangenen Elefantenkuh auf die Pirsch ging. Wie schon beinahe erwartet, war meine Elefantenkuh der Tigerjagd nicht gewachsen, im entscheidenden Moment hat ihre Reaktion meine Begleiter und mich fast das Leben gekostet – ähnlich wie auf der Abbildung in jenem Katalog mit der Tigerjagd.

Doch außer des enormen Eindrucks, den der Jagdkatalog meines Vaters auf mich gemacht hatte, waren wohl auch viele andere Zufälle in meinem Leben dafür ausschlaggebend, daß ich diesen herrlichen Raubtieren jahrelang immer wieder mit der Großwildbüchse oder dem Narkosegewehr und der Falle im Auftrag der indischen Forstbehörde gefolgt bin. Allerdings – und auf diese Feststellung lege ich Wert – habe ich immer nur jene Tiger gejagt, die als Viehräuber oder gefährliche Menschenfresser aus dem Weg geschafft werden mußten.

Eine solche Jagd war auch die von Kauria, von der ich zuerst annahm, es werde eine meiner sichersten Jagden überhaupt. Dann wurde sie aber zur gefährlichsten, die ich je gemacht habe, und blieb deshalb auch die erste und letzte Tigerjagd, die ich vom Rücken eines Elefanten aus unternahm.

Damals hatte ich mein Lager gerade in Kauria aufgeschlagen, das ist ein kleines, etwa aus zehn Strohhütten bestehendes Dorf. Es liegt im Distrikt Palia, der in seiner langen schmalen Form einen Teil der indisch-nepalesischen Grenze bildet. Die Landschaft dort ist sehr flach, besteht fast nur aus Schilfland, das vom Dschungel durchbrochen wird und so an ein Meer mit vielen verstreuten Inseln erinnert.

Werner Fend mißt Tiger-
spuren, um Aufschluß
über Größe und
Geschlecht des Tieres zu
bekommen. Das Dickicht
macht ihm schwer zu
schaffen

Während einer früheren Jagd hatte ich Mr. Thakur, einen wohlhabenden Mann, kennengelernt, der viel Acker-land südlich von Kauria, jenseits des Flusses Sarda, besaß. Bei Mr. Thakur, der trotz seines Wohlstands ein sehr bescheidener und einfach lebender Mann blieb, war ich zu Gast. Er hatte eine außergewöhnliche Elefantenkuh in seinem Besitz, die sein ganzer Stolz war, hatte er sie doch in jahre-langer Arbeit zu einem ausgezeich-neten Jagdelefanten ausgebildet. Von dieser Elefantenkuh Rani wurde voller Begeisterung erzählt, sie ginge mit angreifenden Tigern wie mit Fußbällen um und habe schon des öfteren bis zu fünf Zentner schwere Tiger mit ihrem Rüssel durch die Luft geschleudert. Griff ein Tier an, so wich sie auch nicht einen Millimeter zurück, sondern blieb im entscheidenden Moment ruhig und fest stehen, wodurch der Jäger immer die Möglichkeit hatte, einen hundertprozentigen Schuß abzuge-ben – seine Fähigkeiten als Schütze natürlich vorausgesetzt. Von Ranis Fähigkeiten war auch der Maharadscha von Kotah derartig beeindruckt, daß er sie für einen sehr hohen Preis erwarb.

Ich selbst traf Thakur erst wieder, als Rani schon in den Stallungen des Maharadschas stand, Hunderte von Kilometern von Kauria entfernt. Nach dieser Jagd sollten wir aber erkennen, wieviel nützlicher uns Rani gewesen wäre. Denn Ranis Stelle nahm jetzt eine junge Elefantenkuh namens Gita ein, deren Unerfahren-heit uns in große Gefahr bringen sollte.
Ich war nach Kauria gekommen, da dort Tag für Tag der Viehbestand durch Tiger reduziert wurde. Die Siedler des Distrikts Palia hatten durch den rücksichtslosen Abschuß von Antilopen, Hirschen und Rehen den Raubtieren ihre natürliche Nahrung weggenommen. Das führte dazu, daß in ihrem Gebiet – wie in kaum einem anderen Gebiet Indiens – fast jeder Tiger zum Viehräuber, zum sogenannten „cattlelifter" geworden war.
Vorerst gelang es uns überhaupt nicht, auf ein frisch gerissenes Tier zu stoßen, aufgrund dessen wir auf den Aufenthaltsort eines Viehräu-bers hätten schließen können. So waren wir gezwungen, immer wieder in das dichte, stellenweise meterho-he Schilfgras zu reiten, das häufig

doppelt so hoch war wie wir mit unserer Elefantenkuh Gita. Jedesmal, wenn ich den Boden auf Spuren untersuchen wollte, kniete sich Gita auf die Vorderbeine und ließ mich absteigen. Da wurde es dann im hohen Schilfgras immer ganz dämmrig um mich herum, und wenn ich durch die Tunnels kroch, die sich das Wild geschaffen hatten, zerschnitt ich mir nur zu oft an den scharfen Blättern Gesicht und Hände.
Das Alter unserer Elefantenkuh schätzten wir auf etwa 18 Jahre, doch ganz exakt ließ sich das nicht bestimmen, da sie erst einige Mona-te zuvor in den Dschungeln Südindi-ens eingefangen worden war. Thakur hatte Gita ungefähr für den Preis eines Mittelklassewagens ersteigert. Sie war nach der üblichen Methode gezähmt worden, nach der man die gefangenen wilden Elefanten zwischen zwei starken Bäumen an Vorder- und Hinterfüßen fesselt. Nach tage- oder wochenlangen Fluchtversuchen geben die Elefanten schließlich auf, das heißt, ihr Wille ist gebrochen, und sie sind gezähmt – eine Methode, über die man sicher streiten kann.

So erwartete ich halb mit Spannung, halb mit Furcht, wie Gita sich wohl verhalten würde, wenn sie unvermutet einem Tiger gegenüberstände. Daß es mit Gita wahrscheinlich keine perfekte Sache geben würde, darüber hegte ich kaum Zweifel. Eines Nachmittags war es dann soweit. Ein Hirte kam atemlos in unser Lager gestürmt und berichtete, daß etwa zwei Kilometer vor Kauria der größte Tiger, den er je gesehen hätte, eine seiner Kühe gerissen habe. In aller File wurde Gita gesattelt, wobei unserem Mahaut allerdings der Fehler unterlief, die Brustseile nicht fest genug anzuziehen. Wir ritten los. Thakur auf der linken Seite des Sattels, ich auf der rechten. Vorne auf dem Nacken des Elefanten der Mahaut. Der Hirte rannte keuchend vor uns her.

Als wir etwa die Hälfte des Weges zurückgelegt hatten, kamen wir an einer „Dschungelinsel" im Schilfmeer vorbei, die nicht mehr als 40 Meter Durchmesser hatte. Auf einem der Bäume hockten so verdächtig viele Geier, daß ich unseren Mahaut anwies, anzuhalten. Sofort protestierte der Hirte, seine Kühe seien noch mindestens einen Kilometer entfernt, aber dennoch lenkten wir Gita lieber in das Dschungelareal. Wir hatten die „Insel" schon beinahe durchquert, da griff uns der Tiger brüllend an. Die Sicht war furchtbar schlecht, genaugenommen sahen wir überhaupt nichts. Gita drehte mit einer blitzartigen Bewegung ab, und der Tiger setzte seinen Angriff – zu unserem Glück – nicht fort.
Im zweiten Anlauf näherten wir uns dem Dschungelgebiet von der entge-

gengesetzten Richtung. Zehn Meter davor hielten wir an. Gita begann schon wieder unruhig zu werden und verlagerte ihr Gewicht auch im Stehen ständig von der einen zur anderen Seite. Längst hatte sie mit ausgestrecktem Rüssel festgestellt, daß der Tiger irgendwo dort im Dschungel auf uns lauerte. Groß konnte die Entfernung nicht mehr sein, denn nun begann Gita auch noch, ihre Unruhe mit einigen schrillen Trompetenstößen zu bekräftigen. Nicht einmal die Stahlspitze (in der Hand des Mahauts) konnte sie zur Ruhe bringen, und so schwankten wir weiterhin wie in einem Boot auf stürmischer See von einer Seite auf die andere.

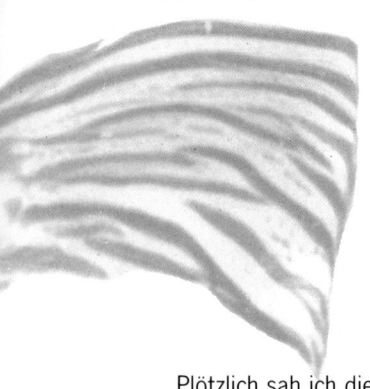

Plötzlich sah ich die Maske des Tigers zwischen den Blättern am Dschungelrand auftauchen. Vorsichtig hob ich meine Winchester. Bei diesen Sichtverhältnissen dauerte es eine ganze Weile, bis ich glaubte, das Korn meines Gewehrs zwischen den Augen des Tigers zu sehen. Der Schuß krachte, Gita bäumte sich auf. Der Kopf des Tigers war nicht mehr zu sehen. Ich nahm allerdings an, daß ich getroffen hatte. Nach einigen Minuten begann Thakur, mit einer Schrotflinte in die Büsche zu feuern, um den eventuell nur angeschossenen Tiger herauszulocken, während ich weiterhin mein Gewehr im Anschlag behielt. Nichts rührte sich. Folglich mußte ich doch gut getroffen haben.

Weiter konnte ich gar nicht denken, denn da flog plötzlich ein brüllender gelb-schwarzer Strich auf uns zu und landete – auf Gitas Kopf! Diese und die folgenden Sekunden lassen sich nur schwer beschreiben: Der Mahaut schnellte auf unseren Sitz zurück, um den Fangzähnen des Tigers zu entgehen. Gita übertönte mit ihren schrillen Trompetenstößen sogar das Gebrüll des Tigers und wendete so ruckartig in eine andere Richtung, daß der Sattel zur anderen Seite hinunterrutschte. Alles, was ich noch von mir geben konnte, war: „Ich falle!"

Während Thakur und der Mahaut meinen linken Arm hielten, stieß ich mit dem rechten dem Tiger das Gewehr in die Lende und drückte ab.

Wieder brüllte er wie in größtem Zorn auf, doch dann fiel er ins Gras zurück. Ich konnte gerade noch erkennen, wie er sich in einem immer enger werdenden Kreis um sich selber drehte, um schließlich in seine Wunde zu beißen, bevor Gita das Weite suchte und mit uns durchging wie ein Pferd.

Das Bild, das wir bei unserer Flucht boten, hätte sicherlich bei jedem Zuschauer ausgesprochene Heiterkeit und möglicherweise auch Mitleid ausgelöst. Erst nach 200 Metern brachte der Elefantenjunge Gita endlich zum Stehen. Mein rechter Zeigefinger blutete, da ihm der Schuß aus der Hüfte nicht gutgetan hatte und er dabei vom Abzugsbügel eingeklemmt worden war. Gita blutete aus ein paar Kratzwunden am Kopf. Dennoch waren wir froh, daß wir so großes Glück gehabt hatten.

Inzwischen war es spät geworden, und die Gefahr, in der Dämmerung nochmals angegriffen zu werden, war groß. Daher campierten wir die Nacht über in sicherer Entfernung und standen gegen sechs Uhr morgens wieder vor der Dschungelinsel. Über eine bestimmte Stelle flog eine Krähe mehrere Male hinweg; vorsichtig ritten wir in diese Richtung. Auf eine Entfernung von etwa 15 Metern erkannte ich plötzlich den hinteren Teil des Tigers, der ganz flach im Gras lag. Ich gab Gita das Kommando, in die Knie zu gehen, sprang aus dem Sattel und näherte

mich vorsichtig. Als ich knapp vor ihm stand, bäumte sich das verendende Tier noch ein letztes Mal auf, doch schon drang meine Kugel zwischen seinen Vorderbeinen direkt ins Herz.

Gita – am ganzen Leib zitternd – weigerte sich sogar, den toten Tiger ins Lager zurückzubringen. Aus ihr würde niemals ein guter Jagdelefant wie Rani werden.

Monate später erfuhr ich dann auch, daß Thakur seine Gita verkauft hatte. In ihrer neuen „Anstellung" in Nordindien „fuhr" sie Hochzeiten, eine für den Besitzer recht lohnende Sache, läßt es sich doch ein Bräutigam auf dem Land nicht nehmen, am Hochzeitstag mit dem Elefanten vor dem Haus der Braut anzukommen.

Nun also wußte ich ganz genau, wie dem Sahib auf dem Elefanten, festgehalten in jenem unvergessenen Bild im Jagdkatalog meines Vaters, zumute gewesen sein mußte, als ihn der Tiger ansprang. Diese Erfahrung minderte jedoch meine Sehnsucht nach dem Abenteuer nicht in geringster Weise. Nur verzichtete ich künftig auf Jagden vom Rücken eines Elefanten aus.

Auch die Einengung seines Lebensraums durch Überbevölkerung reizt den Tiger zum Angriff auf Menschen

VON DER GROSSWILDBÜCHSE
ZUR KAMERA

Daß ich, obwohl von Beruf ursprünglich Lehrer, sehr früh auch Jäger geworden war, habe ich durch mein Schlüsselerlebnis in der Kindheit ja bereits erklärt. Sicher hängt dies auch mit meiner ausgeprägten Abenteuerlust zusammen. Meiner Arbeit als Tierfilmer aber liegt ein ganz anderer Anlaß zugrunde:

Nach einem Diavortrag, den ich vor einem kleinen Kreis über meine Indienreise von 1956 hielt, äußerte sich ein Besucher bedauernd: „Schade, daß man diese Tiger immer nur sieht, wenn sie schon tot sind!"

Mir wurde durch diese fast naive Feststellung plötzlich kar, daß ich meinen Zuschauern ja immer nur einen Bruchteil meiner Erlebnisse mitteilen konnte, auch wenn ich noch so ausführlich erzählte. Wieviel besser würden sie meine Begeisterung wirklich teilen können, wenn sie die wunderbar graziösen Bewegungen dieser herrlichen Tiere, ihre geballte Kraft und ihre unerbittliche Raublust in bewegten Bildern miterleben würden! Mit dieser Überlegung war der Grundstein für alle meine Filme, die ich noch in den Dschungeln drehen sollte, gelegt. Zu dieser Zeit gab es noch keinen einzigen Tigerfilm, und so wurde mein Vorhaben von jedem, der davon erfuhr, als unmöglich, ja sogar als größenwahnsinnig bezeichnet. Tatsächlich hatte ich mich bis dahin noch nie mit einer Kamera beschäftigt und sah mich nun vor die Aufgabe gestellt, dieses Unternehmen, quasi mit der Kamera-Gebrauchsanweisung in der Hand, zu verwirklichen. Doch dafür hatte ich jahrelange Erfahrung mit Tigern, geprägt von der nötigen Ausdauer, Wachsamkeit, Geduld und Hartnäkkigkeit, was für meine Unternehmung weitaus wichtiger war als perfekter Umgang mit der Kamera.

Hinzu kommt, daß ich schon immer ein passionierter Einzelgänger war, und so ging ich auch mit der Kamera allein auf die Suche nach den Tigern. Ich hatte dadurch viel größere Chancen auf faszinierende Aufnahmen als ein mit allen Schikanen ausgerüstetes Kamerateam, das zwangsläufig selbst bei größter Vorsicht mehr Geräusche verursachen mußte als ich, wenn ich allein und auf Socken durchs Unterholz schlich.

Tatsächlich ging ich meistens auf Socken, dies ist die einzige Möglichkeit, sich nahezu lautlos durch den Dschungel zu bewegen. Diese Lautlosigkeit wiederum ist die wichtigste Voraussetzung, um den Tigern – *den* Perfektionisten im Anschleichen schlechthin – unbemerkt näherzukommen.

Nachteil einer solchen „Sockenpirsch": Danach heißt es zunächst einmal, sich von Dornen und Kletten, von Blutegeln, Zecken und anderem Kleingetier zu befreien. Eine noch viel unangenehmere Folge dieser lautlosen Fortbewegungsart ist die, daß man dabei Schlangen ungewollt zu nahe kommt: Normalerweise sind Schlangen gar nicht auf ein Zusammentreffen mit dem Menschen erpicht. Sie bemerken sich nähernde Lebewesen durch die Erschütterung des Bodens und schlängeln sich sofort davon, wenn sie den – für Urwaldverhältnisse – stampfenden Schritt eines Menschen ausmachen. Beim Anschleichen auf den Tiger

überraschte ich deshalb so manches Mal eine ahnungslose, an sich friedfertige Schlange, die dann wegen der vermeintlichen Gefahr nach mir schnappte. Zum Glück ist eine erschrockene Schlange jedoch ebensowenig ziel- und treffsicher wie ein verunsicherter Jäger, so daß ich meistens an diesen „Zufallsbekanntschaften" ohne ernsthafte Zwischenfälle vorbeigekommen bin.

Insgesamt dauerte es dann noch ein ganzes, zugegebenermaßen doch sehr anstrengendes Jahr, bis ich 1965 den ersten Tigerfilm der Welt fertiggestellt hatte. Einen Film, in dem fast alle Aufnahmen vom Boden aus gemacht worden waren, bei denen ich mich meist nur in Abständen von 15 bis 20 Metern von den Raubtieren befand.

Natürlich waren nicht immer alle Finessen, mit denen ich versuchte, Tiger vor die Kamera zu locken, von Erfolg gekrönt.

Tiger sind einfach nicht so leicht vor die Linse zu bekommen, wie zum Beispiel Löwen – nicht einmal in Tierreservaten, aber das mußten ja auch schon viele andere Tierfilmer vor mir erfahren.

Einmal hatte ich mir beispielsweise überlegt, einen Trick zu versuchen, mit dem man mit etwas Glück auch Vögel anlocken kann: Ich nahm im Zoo von New Delhi die Stimmen eines verliebten Tigerpaares auf und war relativ überzeugt, die Tiger im Dschungel würden um mich kreisen

Werner Fend mit Kamera in seinem Unterstand in Zentralindien. Beginn der Dreharbeiten zu seinem ersten Tigerfilm (links), der seinen Ruf als Tier-

und Naturfilmer begründen sollte.
Oben: Tiger aus nächster Nähe vor der Kamera.
So steht Werner Fend der majestätischen Raubkatze gegenüber

wie Wespen um einen Honigtopf, sobald ich ihnen das Liebesgeflüster vorspielte. Doch abgesehen davon, daß sie diese unerwarteten Geräusche ein wenig irritierten, fühlten sich die Tiger nicht sonderlich angezogen und kehrten mir binnen kürzester Zeit wieder völlig unbeeindruckt den Rücken.

Viel früher hatte ein Tierfotograf auf abenteuerliche Art und Weise die ersten Tigerfotos der Welt geschossen: An allen ihm bekannten Tigerpfaden installierte er Stolperdrähte, die mit selbstauslösenden Blitzlichtkameras verbunden waren. Nachteil der Methode: Bei seinen Schnapp-

schüssen erhielt er natürlich auch zahlreiche Fotos von ganz anderen Tieren, die diese Fotofalle per Zufall passierten.

Ich entschied mich für eine andere Vorgehensweise, denn schließlich wollte ich meine Filmkamera selber bedienen. Zwei Einheimische halfen mir dabei, ein Geflecht aus Bast und Stroh zu basteln, das einen geräumigen Unterstand ergab und von mir mit Sehschlitzen für die Kamera versehen wurde. Die Einheimischen schüttelten zwar den Kopf über mich, und auch ein Wildhüter warnte mich eindringlich. Es sei nicht nur ein Gerücht, daß sich in seinem

Gebiet eine Tigermutter mit sage und schreibe vier Jungen aufhielte. Gegen sie böte mein wackliges Gebilde wahrhaftig nicht genügend Schutz.

Ich bezweifelte dagegen, daß es einer Tigerin in freier Wildbahn gelingen sollte, gleich vier Junge auf einmal aufzuziehen. Und vorerst ließ sich bei mir auch kein Tiger blicken. Meine in New Delhi gemachten Tigerrufe hörten sich aufgrund eines Wackelkontakts wie Hustenanfälle an und lockten natürlich nicht ein einziges Tier aus dem Busch. Also versuchte ich es mit einem Wasserbüffel als Köder, den ich nahe eines

Baums auslegte, daneben befestigte ich ein Mikrofon. Doch der ganze Tag blieb völlig ereignislos, so daß ich am Nachmittag irgendwann ganz erschöpft einschlief.

Ich wachte erst wieder auf, als sich bereits drei Tiger den Wasserbüffel hörbar schmecken ließen. Es gesellten sich noch zwei dazu – jetzt hatte sich wirklich die ganze fünfköpfige Tigerfamilie bei mir eingefunden. Einziger Haken an der Sache: Nun war es schon zu dunkel, um das Gelage zu filmen!

Dann machte Mutter Tiger auch noch einen Kontrollgang, wobei sie mit offensichtlichem Interesse meine notdürftige Bleibe umkreiste. Doch gottlob setzte sie mich nicht als Dessert auf den Speisezettel, sondern kehrte nach diesem Rundgang zu ihren Kindern zurück. Erst als der Morgen graute, konnte ich aus der Ankunft eines Geierschwarms schließen, daß die Luft wohl jetzt rein sein müsse, und kehrte vollkommen erschöpft nach Hause zurück. Was mein Mikrofon von den Tischsitten der Tiger eingefangen hatte, war schaurig-schön anzuhören. Außerdem bezeugten einige dumpfe Poltergeräusche, daß die Raubkatzen mehrmals über mein Mikrofon gestolpert waren ...

Mit diesen Nachtaufnahmen, die ebenfalls vom Boden aus gemacht wurden, gelingt es Werner Fend erstmals, Tiger beim Riß der Beute zu filmen. Er bleibt von den Tigern zwar nicht unbemerkt, doch angegriffen haben sie nicht – mit Kamerageräuschen hatten sie keine Erfahrung

DIE TIGER VON ABUTSCHMAR

Tiger faszinieren mich immer wieder aufs neue. Ihre Schönheit, die besonders in der Farbe ihres Fells, in der Geschmeidigkeit und Kraft ihrer Bewegungen hervortritt, wird meiner Meinung nach von keinem anderen Tier übertroffen. Trotzdem kam ich in die paradoxe Situation, den Menschenfresser von Abutschmar zu jagen. Dies ergab sich so:

Ich hatte folgende Meldung der indischen Nachrichtenagentur P.T.I. gehört: „Dreihundert Menschen sind in den letzten Jahren im Hochland von Abutschmar, Zentralindien, menschenfressenden Tigern zum Opfer gefallen." Seit Menschengedenken tauchen in den Dschungelgebieten Indiens immer wieder einmal menschenfressende Tiger auf. Sie sind Außenseiter ihrer Rasse, verbreiten allerdings unter der Bevölkerung ganzer Landstriche Angst und Schrecken. Dies war auch im Hochland von Abutschmar der Fall. Die verängstigte Bevölkerung vieler Dörfer war schon ins Tal geflüchtet, hatte ihr naturverbundenes Leben, weit abgeschieden von der Zivilisation, aufgegeben. So wandte ich mich nach der Nachrichtenmeldung an das zuständige Forstamt, und schon bei der Anreise ahnte ich, daß ich mich in der entlegensten, am schwersten zugänglichen Region von Bastar aufhalten würde.

Diese Ahnung wurde im Gespräch mit den Forstbeamten zur Gewißheit, die mir mit freundlichem Lächeln gestanden, daß sie selber noch nie oben in den Bergen waren. Nicht umsonst tragen diese den Namen „Abutschmar", wobei „abutsch" unbekannt bedeutet, „mar" Berge, also „unbekannte Berge".

Die Förster fügten sogar hinzu, daß sie nicht einmal über den Waldbestand Informationen hätten, da es

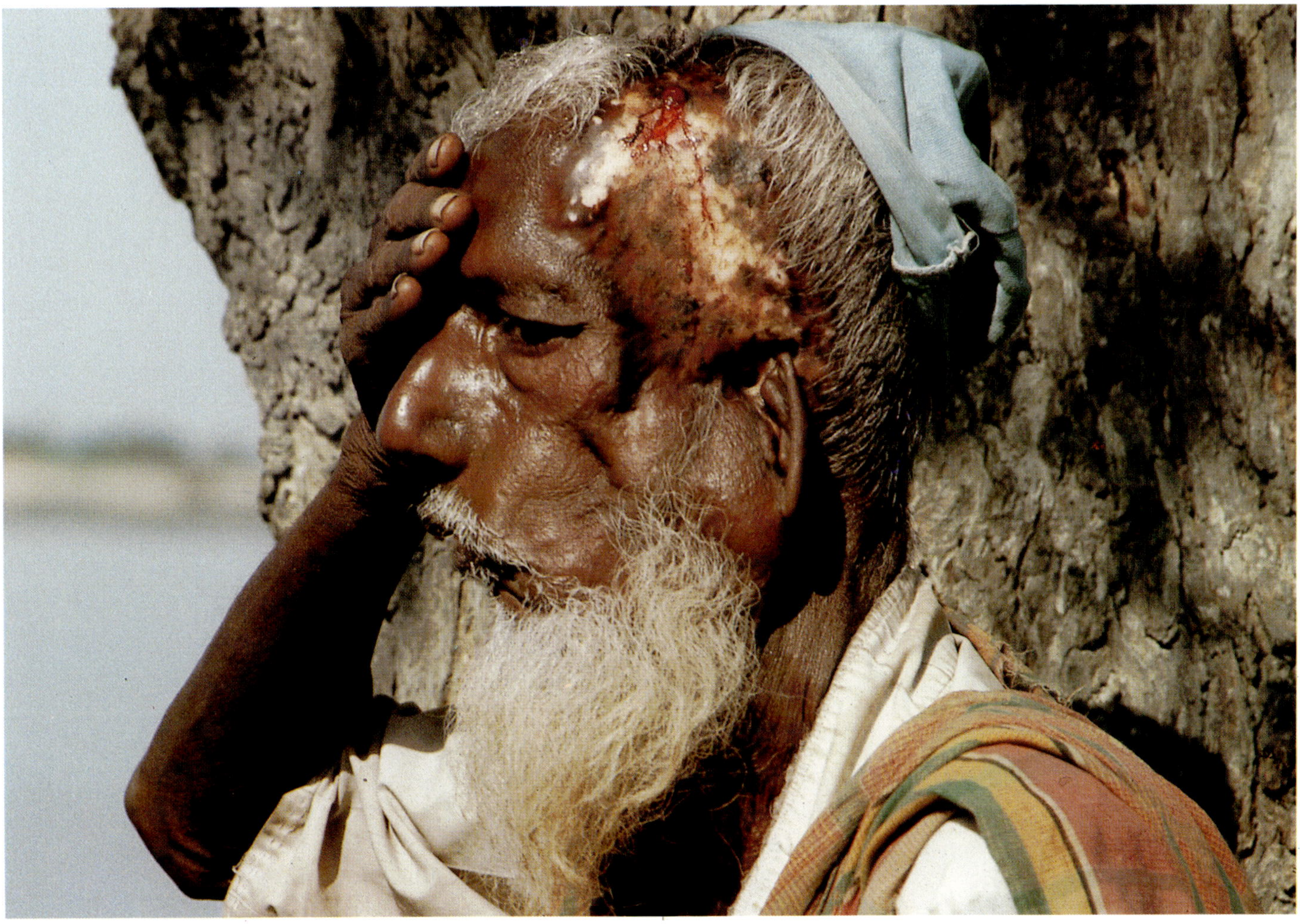

Die Honigsammler der Sunderbans beim Aufbruch in den „Rachen des Satans". Jahr für Jahr fallen viele von ihnen den menschenfressenden Tigern dieser Gegend zum Opfer. Der verletzte Augenzeuge oben verlor seinen Sohn an einen „Menschenfresser"

ohnehin keine Straße gäbe, auf der man Holz aus den Bergen ins Tal transportieren könnte. Nicht einmal eine einzige richtige Straße würde ich in diesem Gebiet finden, mit etwas Glück gute Trampelpfade. Doch von all diesen weniger guten Vorzeichen ließ ich mich nicht entmutigen, geschweige denn von meinem Vorhaben abbringen, galt es doch, den nach wie vor in Gefahr schwebenden Bewohnern von Abutschmar zu Hilfe zu kommen. Nachdem ich mit einiger Mühe genügend Helfer für meine Expedition gefunden hatte, brach ich in die Berge auf und

gelangte zunächst nach Krusnar, einem Dorf, das nach der Liste der Forstbehörde auch mindestens ein Tigeropfer zu beklagen hatte. Dieser Vorfall lag allerdings schon ein Jahr zurück. Seitdem hatte der Tiger in Krusnar keine Menschenopfer mehr gefordert. Deshalb ließ ich mir von den Bewohnern den Weg nach Gomarka, tief ins Innere der Berge Abutschmars, beschreiben.

Ein Tatort der Tigerin von Abutschmar. Hier konnte Werner Fend noch letzte Spuren von der Verbrennung der Toten in Augenschein nehmen, bevor er die Verfolgung der gefürchteten Menschenfresserin aufnahm, die insgesamt mehr als 300 Menschen getötet hatte

Als Gomarka nach 40 mühsam zurückgelegten Kilometern schließlich vor uns liegt, bietet sich uns ein Bild des Friedens und der Harmonie. – Kaum zu glauben, daß hier von nur 56 Einwohnern allein 17 vom Tiger gerissen worden sein sollen! Auch in Gomarka ist bei unserer Ankunft die Atmosphäre von seiten der Dorfbewohner mißtrauisch, denn sie empfinden uns zunächst als fremdartige Eindringlinge. Doch dies legt sich sehr schnell, als die Einheimischen merken, daß wir mit der ernsthaften Absicht gekommen sind, sie von der menschenfressenden Bestie zu befreien. Es scheint offensichtlich, daß diese Jagd längere Zeit in Anspruch nehmen wird, jedenfalls errichtet man uns sofort eine Unterkunft aus Bambus und Stroh. Am nächsten Tag berichten uns die Angehörigen der Tigeropfer von den schrecklichen Ereignissen, die sich in so kurzer Zeit und so dichtgedrängt abgespielt hatten.

Es begann mit Velas, dessen Eltern bereits geraume Zeit vorher beide von einem Tiger getötet worden waren. Der etwa 16jährge Junge trat eines Abends noch aus dem kleinen Häuschen, das er zusammen mit seiner Schwester bewohnte. Das Mädchen, Buke, machte sich darüber keine Gedanken, sie nahm an, Velas sei zur Versammlung der Männer ins Dorf gegangen, die oft in den Abendstunden miteinander plauderten. Doch am nächsten Morgen sah Buke nur noch eine große Blutlache direkt vor ihrer Hütte, und sie wußte sofort, was hier geschehen war. Ich lernte auch Kana kennen, der in zwei Jahren seine drei Brüder Wagle, Pussu und Bilo durch den Tiger verloren hatte. Ein anderer Einwohner, Kaje, verlor seine Frau Bandi. Sie kamen vom Wurzelnsammeln aus dem Dschungel zurück, als das Unglück geschah. Kaje hörte nur noch das Geräusch, das der vom Kopf seiner Frau fallende Korb machte, und sah dann, wie der Tiger Bandi, am Nacken gepackt, in das Innere des Dschungels zerrte. Sofort begann Kaje zu schreien, er warf seine Axt nach dem Tier, traf es sogar in die Flanke, so daß es seine Frau freigab, doch die war durch den Biß ins Genick schon getötet. Angesichts all dieses Unglücks und Leids, das höchstwahrscheinlich ein einziges Tier allein diesen Menschen und den Bewohnern von noch ungefähr 26 anderen Dörfern zugefügt hatte, wurde ich immer entschlossener, diesem Menschenfresser, der seit Jahren immer wieder alle Listen, die man schon ersonnen hatte, um ihn zu fangen oder zu töten, genauso listig durchkreuzt hatte, nun wirklich auf die Spur zu kommen. In der eigens für mich in einem Tag sozusagen „schlüsselfertig" gebauten Hütte schlug ich jetzt mein Hauptquartier auf, von dem aus ich in den folgenden Wochen jeden Tag losgehen sollte, um auf den Tiger zu stoßen. Daß ich dafür wahrscheinlich mit einer Suche von mehreren Wochen oder Monaten rechnen mußte, ergab sich schon aus der Tatsache, daß die Spur des Tigers sich durch ein Gebiet von ungefähr 500 Quadratkilometern erstreckte. Kilometer, die ich aufgrund der Unwegsamkeit alle zu Fuß und zudem mit allergrößter Vorsicht zurücklegen mußte.

Anfangs begleiteten mich bei meinen Pirschgängen von Gomarka aus meistens zwei Männer des Dorfes, um mir die Pfade rund um Gomarka zu zeigen.

Obwohl die Tigerin hier noch vor kurzem zugeschlagen hatte, weiß Werner Fend, daß er ihr wahrscheinlich noch sehr weit folgen muß

Als ich jedoch begann, weitere Streifzüge zu unternehmen, war keiner der Männer mehr bereit, mich dabei zu begleiten. Erst nachdem ich die Wirkungsweise meiner großkalibrigen Büchse demonstriert hatte, gewann ich Kosa und Seithu für mich, und schon am nächsten Tag besuchten wir das Nachbardorf Durbeda. Aber von Durbeda waren nur ein paar Hütten übriggeblieben. Die Bewohner hatten ihr Dorf panikartig verlassen, nachdem innerhalb von drei Wochen acht Menschen getötet worden waren. Sie hatten sich 80 Kilometer entfernt von ihrer alten Heimat neu niedergelassen. Erst hier fühlten sie sich sicher, so weit konnte das Jagdgebiet des Tigers nicht reichen.

An einer nahegelegenen Wasserstelle hoffte ich, frische Spuren des Tigers zu finden, denn ich hatte erfahren, daß dieses Wasserloch bei dem Tier offenbar sehr beliebt war. Kosa übergab ich meine Schuhe, dann pirschte ich mich mit allergrößter Vorsicht und nur ein Minimum an Geräuschen verursachend an. Durchaus möglich, daß ich direkt auf den Tiger traf. Doch das Wasser lag ganz ruhig und still da, kein Tier hatte dieses Wasserloch in den letzten Minuten aufgesucht. Aber ich stieß wieder einmal auf Spuren des Tigers, und jetzt war ich auch ganz sicher, daß es sich bei dem Tier um eine Tigerin handelte. Denn ihre Abdrücke waren der Länge nach größer als in der Breite, und auch die Zehenballen besaßen eine eher längliche Form, was für ein weibliches Tier sprach.

Mit der Gewißheit, hier die Tigerin nicht mehr anzutreffen, pirschten wir auf völlig überwucherten Pfaden in ein anderes Dschungeldorf. Auch dieses stand verlassen und schon ein wenig verfallen vor uns. In Kornar hatte der Tiger 28 Menschen gerissen, bevor die Überlebenden mit ihrem bißchen Hab und Gut das Weite gesucht hatten.

Auf allen diesen Pirschgängen in und um verlassene Dörfer Abutschmars herum, die immer höchste Konzentration verlangten, weil durch die überwuchernden Pflanzen die Sichtverhältnisse für uns sehr schlecht waren, die Tigerin aber mit Sicht auf uns in jedem Gebüsch lauern konnte, trafen wir immer wieder auf Tigerspuren. Sowohl in den verlassenen Dörfern, zwischen den Hütten, als auch an Wasserstellen. Doch immer waren die Trittspuren schon einige Tage alt, die Tigerin schon wieder in ein anderes Jagdgebiet übergewechselt.

Mir blieb gar nichts anderes übrig, als geduldig immer neue Pirschgänge zu unternehmen, um der Tigerin irgendwann mehr oder weniger per Zufall auf die Spur zu kommen. Als Ziel meiner Expeditionen boten sich unter anderem jene „Inselgruppen" mitten im Urwald an, auf denen die bei den Einheimischen sehr beliebten Keriokpalmen stehen.

Der Wein der Keriokpalme ist für die Männer Abutschmars ein Geschenk Gottes. Man gewinnt daraus den Palmwein, indem man den Blattstamm anzapft. Kurz darauf tropft ein süßlicher Saft mit erfrischender Wirkung heraus. Er beginnt innerhalb weniger Stunden zu gären, womit zu den gesunden Auswirkun-

Werner Fend beim Bogen-
schießen mit einigen
jungen Abutschmaries.
Sie sind am Übel der
menschenfressenden
Tiger zum Teil selbst
schuld: Durch ihre Pfeile
werden Tiger häufig so
schwer verletzt, daß sie
als einfacher zu jagende
Beute auch Menschen
anfallen

gen (hoher Vitamingehalt) auch
noch die leicht berauschenden
kommen. Bei Ausflügen zu den
Keriokpalmen verweilen die Männer
oft mehrere Stunden an Ort und
Stelle, denn eine gute Palme ergibt
ungefähr zehn bis zwölf Liter des
köstlichen Getränks am Tag.
In der letzten Zeit jedoch waren
Ausflüge dieser Art sehr rar geworden, hatte die Menschenjägerin doch
schon mehrmals an diesen Orten
einem Opfer aufgelauert. Doch auch
bei diesen Jagdausflügen blieben wir
unbehelligt, bis ich eines Morgens
glaubte, endlich am Ziel zu sein. Um
acht Uhr begann ich eine Pirsch den
kleinen Flußlauf entlang, der
zwischen Gomarka und Gomogal
liegt. Der ganze Dschungel befand
sich in großem Aufruhr. Affen, die
Warnschreie ausstießen, Vögel, die
aufgeregt zwitscherten, und vor
allem die Schreckrufe der Axishir-

sche machten darauf aufmerksam,
daß ein Raubtier in der Nähe sein
mußte. Auch ich spürte instinktiv die
Nähe der Tigerin. Knapp am Flußufer
fand ich dann eine ganz frische
Tigerspur, die ich sofort als die Spur
„meiner" Tigerin wiedererkannte, was
sich beim Maßnehmen mit dem
Bambusstab auch bestätigte. Ich
war sicher: Diesen Weg mußte die
gesuchte Menschenfresserin kurz
vor mir gegangen sein.
Doch dann kam mir bei der Verfolgung der Spur eine Pythonschlange
in die Quere, die mich für wenige
Minuten ablenkte. Dadurch verlor ich
wieder die Nähe zu der Tigerin und
hörte nur noch aus größerer Entfernung die Schreckrufe der Axishirsche. Ich gab für diesen Tag auf, weil
ich wußte, wie sinnlos es ist, einer
abgehenden Tigerin zu folgen.

Die gefürchtete Tigerin ist tatsächlich tot! Werner Fend weiß, daß die erfolgreiche Jagd für viele Menschen große Erleichterung bedeutet

Am nächsten Tag bestätigte sich aber auf traurige Weise, daß sich das Tier noch immer in der Nähe des Dorfes aufhielt. Zum Beginn der Reisernte waren alle jungen Leute fröhlich und ausgelassen auf die Felder gegangen. Plötzlich erschraken sie alle im gleichen Moment fürchterlich, denn das Gebrüll, das sie da eben gehört hatten, war allen wohlbekannt. Ich eilte wie sie zum Dorf, um vielleicht noch etwas zu verhindern, kam aber zu spät: Diesmal hatte Pussu, ein 16jähriger Junge, als Opfer der Tigerin sterben müssen. An der Stelle, an der er getötet worden war, bereiteten die Angehörigen seine Feuerbestattung vor, wie es Sitte war bei Tigeropfern; denn ihr Glaube gebietet ihnen, die Getöteten zu verbrennen, damit die Opfer nicht eines Tages selber einmal als menschenfressende Tiger zurückkehren.

Noch hoffte ich, die Tigerin würde vielleicht weiterhin in der Nähe des Dorfes bleiben und nicht wieder sofort ihr Revier wechseln, nachdem sie zugeschlagen hatte. Ich suchte überall nach ihrer Fährte – auch im Dickicht. Doch es war natürlich fast aussichtslos, die Spur dort wiederzufinden.

Dann bewegte sich plötzlich das Gras vor mir, und wieder einmal bekam ich von meiner Kontrahentin nur allzu deutlich vor Augen geführt, daß sie mir im Pirschen, Jagen und im unauffälligen Wieder-Verschwinden haushoch überlegen war. Es war

zum Verzweifeln: Seit fast zwei Monaten jagte ich schon ohne Erfolg die Menschenfresserin, die ganze Dörfer entvölkert und mehr Menschen gerissen hatte als je irgendein anderer Tiger zuvor. Noch ein paar Wochen später, es war genau am 60. Tag meiner Jagd in Abutschmar, tauchten wieder einmal leise Hoffnungsschimmer auf. Die ganze Nacht hindurch waren schon die Schreckrufe der Sambarhirsche zu hören gewesen, die nur bei einer Gefahr schrecken, die von Panthern oder Tigern droht. Da es in diesem Gebiet keine Panther gab, konnte das nur bedeuten, daß die Tigerin in der Nähe sein mußte. Zumindest hoffte ich, daß nur diese eine Raubkatze sich hier herumtrieb und nicht noch andere Tiger sich die Umgebung Gomarkas zum Jagdrevier erkoren hatten.

Wieder einmal bewegte sich vor mir das Gras, als ich oben am Hang über Gomarka stand. Die Krähen in der Luft gebärdeten sich wie wild, und jetzt spürte ich, daß die Tigerin dieses Mal näherkommen könnte, statt wieder zu verschwinden. In dem tiefen Gras befand ich mich allerdings in der denkbar schlechtesten Schußposition. Sollte mich das Raubtier frontal angreifen, wäre damit die Gefahr verbunden, daß der Schuß in den Schädel des Tigers an den außergewöhnlich harten Knochen abprallen konnte. So ist ein Tier zwar zunächst im Angriff gestoppt, doch schon oft wurden Jäger, die sich ihm dann näherten, unvermittelt von dem nur angeschossenen Raubtier überrascht – und in vielen Fällen auch überwältigt. Weiter kam ich mit meinen Gedanken nicht, denn plötzlich sah ich die Raubkatze in schnellem Tempo auf mich zukommen. Wie in einem Reflex konnte ich meinen Koch Maung noch anweisen, die entscheidenden Momente zu filmen. Die Tigerin war bereits auf eine Entfernung von 20 Metern heran. Es gab kein Verharren, sie griff sofort an. Mir blieben gerade die Sekunden, um mein Gewehr in Anschlag zu bringen, Kimme und Korn nahm ich schon gar nicht mehr bewußt wahr, das Ziel wurde mit rasender Geschwindigkeit größer – wer war hier der Jäger und wer die Beute? Da krachte der Schuß, und das Raubtier tauchte im Gras unter.

Vorsichtig zog ich mich mit dem Gewehr im Anschlag zurück, um geschützt zu sein, falls ich nicht

exakt getroffen haben sollte oder
die Tigerin im Todeskampf noch
einmal unvorhersehbare Kräfte
entwickeln sollte, wie das bei diesen
so zähen Tieren häufig vorkommt.
Ich wartete eine volle Stunde, bevor
ich es wagte, mich der so lange
gejagten Beute zu nähern.
Als wir schließlich die tote Menschenfresserin zum erstenmal wirklich
betrachten konnten, war weder bei
mir noch bei meinen Trägern, die
sich bereits mit dicken Seilen ausgerüstet hatten, eine freudige Reaktion
zu verspüren. Niemand konnte so
recht fassen, daß diese Jagd tatsächlich zu Ende war, denn noch war die
Angst da vor dieser Raubkatze, die
so viele Menschen getötet hatte.
Auch als wir mit der toten Tigerin im
Dorf ankamen, brach kein Freuden-
taumel aus. Die Fassungslosigkeit
darüber, daß nur dieses eine Tier all
die lieben Angehörigen der Dorfgemeinschaft getötet hatte, war viel zu
groß.
Die Erleichterung über den Tod der
Tigerin, die wohl schon als Jungtier
von ihrer Mutter für die Menschen-
jagd „angelernt" worden sein mußte
– sie zeigte nämlich keinerlei
Spuren einer Verletzung, die sie
gehindert hätte, normales Wild
erfolgreich zu jagen –, äußerte sich
erst in den nächsten Tagen und
Monaten. Unter anderem bewirkte
sie, daß viele Dorfgemeinschaften
wieder ihren alten Wohnort besiedel-
ten und ihrem normalen Dschungelleben wieder nachgingen.

**Auf dem Dorfplatz wird
der Abschuß der Tigerin
mit Jubel aufgenommen.
Doch in manchen Gesich-
tern kann man auch den
Unglauben darüber erken-
nen, daß dieses Tier wirklich tot sein soll**

DIE MENSCHENFRESSER
DER SUNDERBANS

Die Sunderbans sind die Mangrove-sümpfe im Mündungsgebiet von Ganges und Brahmaputra. Dieses Gebiet ist etwa 4000 Quadratkilo-meter groß und liegt zum Teil in Indien, zum Teil in Bangladesh. Auch ich hatte während der langen Zeit, die ich in Indien verbrachte, immer wieder einmal von den Menschenfressern der Sunderbans unglaubliche Geschichten gehört. Ich sage ganz bewußt unglaublich, denn ich konnte Gerüchten, nach denen

alle Tiger dieses Gebietes ohne Einschränkung Menschenfresser sein sollten, einfach keinen Glauben schenken.

Als ich jedoch mein Vorhaben „Film in den Sunderbans", den ich für das ZDF drehen wollte, in Angriff nahm, wurde ich schnell eines Besseren belehrt. Bei meinen Recherchen schon, in Dacca, der Hauptstadt von Bangladesh, teilte mir die Forstver-waltung mit, in den Sunderbans gäbe es menschenfressende Tiger,

ich müsse bei den Dreharbeiten sehr auf der Hut sein. Zu meinem Schutz teilten sie mir einen alten, erfahre-nen Jäger zu.

Etwas später, als ich meine Drehar-beiten auf der indischen Seite der Sunderbans beginnen wollte, hörte ich von dem zuständigen Direktor dieselbe Geschichte: „Hier gibt es viele menschenfressende Tiger, wir haben aber keine Erklärung dafür, warum es so viele sind und weshalb sie das machen."

Dieses unerklärliche, völlig untypische Tigerverhalten betraf vor allem die Einheimischen, die Holzfäller, Honigsammler, Fischer und auch alle sonstigen Dorfbewohner, die sich in den Dschungel hinauswagten. Die Tiger holten nachts sogar schlafende Fischer von ihren Booten, selbst dann, wenn diese 50 Meter vom Ufer entfernt verankert waren. Der Beamte berichtete mir auch von Versuchen, die Tiger von ihren makabren Freßgewohnheiten durch eine

Tiger der Sunderbans. Herrscher über das Mündungsdelta des Ganges. Um das Rätsel der menschenfressenden Tiger zu lösen, begleitete Werner Fend die Fischer, Holzfäller und Honigsammler in ihren gefährlichen Alltag

„Erziehungsmethode" abzubringen. Zu diesem Zweck stellte man stromgeladene Puppen auf, in der Hoffnung, die Tiger würden nach den schmerzhaften Erfahrungen mit den „Stromschlägern" keine Jagd mehr auf Menschen machen. Doch der Versuch scheiterte, nach wie vor kamen in den Sunderbans jährlich etwa 100 Menschen durch Tiger ums Leben.

Der erfahrene Jäger, der mir vom Forstamt zugeteilt worden war, war kein anderer als Pachdabi Gazi – damals in Bangladesh als Jäger eine lebende Legende. Er hatte immerhin 56 Menschenfresser erlegt, doch fragte man ihn nach seinen Erlebnissen, so begann er stets damit:

„Mein Vater wurde von einem Tiger gefressen – diesen Tiger habe ich dann erschossen." Darauf folgten unzählige erschütternde Geschichten. Da Pachdabi Gazi schon überall nach den Menschenfressern gejagt hatte, war ihm jeder kleine Fleck der Sunderbans bekannt.

Deshalb war ich für diese Begleitung sehr dankbar, denn bei unseren Filmarbeiten merkten wir sehr bald, daß das „Fressen und Gefressenwerden" in den Mangrovesümpfen der Sunderbans zum täglichen Geschehen gehört. Und das in immer neuen Variationen: Der Größere fraß den Kleineren, der Schnellere den Langsameren, der Stärkere den Schwächeren.

Obwohl die Arbeitsbedingungen durch Luftwurzeln und zähen Schlamm sehr erschwert sind, gelingt es hier, die ersten Tigerspuren in den Sunderbans zu finden

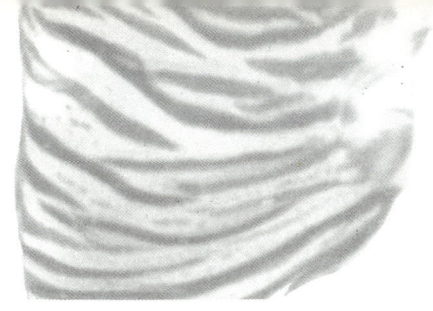

Eine weitere große Gefahr dieser Sümpfe: Gift-schlangen. Unten: die Bril-lenschlange, erkennbar an ihrer Zeichnung, ganz unten die nicht weniger gefürchtete Königskobra

Besonders unangenehm war dabei die Erkenntnis, daß wir selbst jeden Augenblick in diesen schicksalhaften Ablauf der Natur einbezogen werden konnten. Bei den Einheimischen heißt der sumpfige Dschungel daher auch „Rachen des Satans", den sie erst nach vorherigen Gebeten zum Schutz vor Schlangen, Krokodilen, Haien und eben den Tigern zu betre-ten wagen.

Durch die vielen Augenzeugenberich-te war ich schnell überzeugt, daß die von mir vorher als Gerücht abgetane Behauptung, alle Tiger der Sunder-bans seien Menschenfresser, in der Tat zutraf. Doch der Ursprung dieses abnormen Verhaltens bereitete mir großes Kopfzerbrechen.

Bald kannte ich die Annahmen und Theorien verschiedener, sehr aner-kannter Zoologen, die mir jedoch alle wenig sinnvoll erschienen. So hatte man z. B. in einer wissenschaft-lich durchaus fundierten Untersu-chung festgestellt, daß die Sunder-bans-Tiger alle eine etwas größere Milz oder Leber hatten als normale Tiger. Man vermutete auch, das salzi-ge Brackwasser in den Mangrove-sümpfen könne für die unerkläriche Menschenfresserei den Ausschlag geben. Außerdem wurde immer wieder argumentiert, die Tiger der Sunderbans seien deshalb zu Menschenfressern geworden, weil sie zu wenig natürliche Beute hätten. Betrachtet man jedoch den Tier-

bestand in den Sunderbans, so wird auffallend deutlich, daß hier mit etwa 20 000 Wildschweinen, 100 000 Axishirschen und mehr als 40 000 Rhesusaffen im Vergleich zu anderen Tigergebieten eher ein Überangebot besteht.

Doch dann endlich hatte ich einen Zusammenhang vor Augen, der mir die Gewißheit gab, das Rätsel lösen zu können. Es ist bekannt, daß allein in Bangladesh jedes Jahr Tausende von Menschen durch die Zyklone, diese tückischen, quadratkilometergroße Flächen verheerenden Wirbelstürme, getötet wurden. Viele dieser armen Opfer, zu denen auch die Holzfäller, Fischer und Honigsammler gehörten, wurden nie gefunden, ihre Leichen waren in die unzugänglichen Mangrovesümpfe hineingeschwemmt worden. Ich wußte aus Erfahrung, daß Tiger auch Aasfresser sind, und konnte mir nun ausmalen, daß ein hungriger Tiger, der auf eine menschliche Leiche traf, sie durchaus nicht ohne Beachtung liegen ließ. Ersetzte diese Mahlzeit doch das mühsame Jagen von Hirschen oder Wildschweinen. So an Menschen gewöhnt, scheuten die Tiger dann auch nicht davor zurück, den ohnehin relativ leicht zu erbeutenden Menschen, der als Holzfäller oder Honigsammler arglos in ihr Gebiet vordrang, gezielt anzugreifen. Mit dieser Erkenntnis war ich aber auch sicher, daß von den ca. 600 Tigern der Sunderbans keineswegs alle Menschenfresser waren, sondern

nur diejenigen, die vorher Kontakt mit menschlichen Leichen hatten. Heute ist diese von mir gefundene Erklärung in Fachkreisen zwar in aller Munde, jedoch mußte ich auch feststellen, daß meine Lösung von Fachleuten, die einst die erstaunlichsten Erklärungen bereithielten, so zitiert wird, als stamme sie von ihnen persönlich.

Doch trotz allen Wissens, das wir heute über die Tiger haben, wird das Spannungsfeld zwischen Tiger und Mensch in allen Tigergebieten der Welt bestehen bleiben, tödliche Zwischenfälle dabei jedoch die Ausnahme bilden. Nur in den Sumpfwäldern am Golf von Bengalen werden menschenfressende Tiger die Regel bleiben, weil auch die unausbleiblichen Wirbelstürme immer wieder menschliche Opfer hinterlassen werden. Diese Leichen werden stets von neuem Tiger auf den Menschengeschmack kommen lassen. Das ist das traurige Geheimnis der Sunderbans.

Tiger in den Sunderbans. Seit langem haben sie als Menschenfresser traurige Berühmtheit – und töten auch weiterhin. Allein im März 1991 kamen über 50 Menschen ums Leben

TIGER IN DER FALLE

Zu einem späteren Zeitpunkt, als ich nach Indien kam, um die verwegenen Männer zu filmen, die beim Elefantenfang ihr Leben riskieren, geriet ich erneut in ein gefährliches „Tiger-Unternehmen".

In Chandrapur hatten sich schreckliche Dinge abgespielt, die man Tigern zuschrieb. Allerdings hatte die indische Forstbehörde inzwischen auch schon sehr schlechte Erfahrungen gemacht, wenn sie menschenfressende Tiger zum Abschuß freigab, so daß mich der zuständige Forstbeamte fragte, ob man diese Tiere nicht fangen könnte. Es war

nämlich immer wieder vorgekommen, daß vier oder fünf der auch immer mehr vom Aussterben bedrohten Tiere blindwütig abgeschossen wurden, ohne daß die „Jäger" vorher genau darauf geachtet hätten, ob es sich bei dem von ihnen verfolgten Tier auch tatsächlich um den entsprechenden Menschenfresser oder Viehräuber handelte. – Doch zurück zum Beginn dieser Geschichte.

Ich ging in das Büro der obersten indischen Verwaltungsbehörde des nordostindischen Bundesstaates Assam in der Hauptstadt Gauhati,

legte meine Referenzen vor und bat um Erlaubnis, die indischen Elefantenfänger bei ihrem Abenteuer zu begleiten und zu filmen. Der leitende Beamte sagte mir, daß er mich aus zahlreichen Presseberichten kenne, und statt sich mit mir über die Elefantenfänger zu unterhalten, sagte er: „Wir haben Probleme mit einem menschenfressenden Tiger, direkt vor unserer Haustüre sozusagen. Sie kommen gerade richtig."

Er klärte mich auch sofort darüber auf, daß es sich nicht darum handle, das Tier abzuschießen. Sie hätten auch schon einen Mann beauftragt, den Tiger in eine Falle zu locken, doch alle bisherigen Versuche seien gescheitert. Natürlich habe er vollstes Verständnis, wenn mir der Fang einer anscheinend doch recht gefährlichen Raubkatze ohne großkalibrige Büchse zu riskant sei, dennoch fordere er mich auf, es zu versuchen. Was konnte ich darauf noch erwidern? Ich ließ mein Narkosegewehr einfliegen, machte mich auf den Weg nach Chandrapur und bekam dort die ersten Zweifel an diesem Unternehmen, als ich die Panik spürte, die in dem kleinen Ort schon herrschte.

Im Jahr zuvor waren aus Chandrapur vier Menschen spurlos verschwunden, und nun befanden sich die Einwohner in höchster Erregung, weil sich mit dem Schicksal von Nilima Sangma, Mutter von fünf Kindern, auf einmal auch das rätselhafte Verschwinden der anderen vier Opfer erklären ließ.

Einige Tage vor meiner Ankunft war eine Gruppe von Frauen in den Urwald hineingegangen, um Gras zu schneiden. Die junge Frau, von der ich die folgende Begebenheit erfuhr, hatte sich mit Nilima bei der Arbeit ein wenig von den anderen abgesondert. Plötzlich sah sie einen schnellen Schatten an sich vorbeihuschen und hörte einen dumpfen Schlag. Als sie aufschaute, begegnete sie einen schrecklichen Augenblick lang der Raubkatze, einem Tiger, der die offenbar leblose Nilima Sangma in den Fängen hielt. Gleich darauf

Werner Fend inspiziert die Falle (links), doch bis jetzt ist sie noch leer. Dann aber rasselt das Fallgitter hinter der Raubkatze herunter: Der Tiger sitzt endlich in der Falle

verschwand das Raubtier mit seiner Beute im Gebüsch.

Diese erschütternde Erzählung machte deutlich, daß sich in der Gegend wirklich ein menschenfressender Tiger aufhielt.

Die Panik im Ort steigerte sich von Tag zu Tag. Das führte sogar dazu, daß die Arbeiter einer Textilfabrik mit Erfolg auf einem Pendelbus bestanden, der sie zur Arbeit und wieder nach Hause fuhr – für indische Verhältnisse ein erstaunlicher Vorgang. Die Angst hatte alle ergriffen, auf meinen Pirschgängen traf ich nicht einen einzigen Menschen, selbst die Fischer am Brahmaputra hatten ihre Netze im Stich gelassen. Auch der schon seit einiger Zeit erfolglos tätige Fallensteller hatte sich in sein Zelt verkrochen. Zweimal am Tag ging er seine am Dschungelrand aufgestellte Falle kontrollieren, in die er ein Kalb gestellt hatte.

Mir blieb, um mehr Erfolg zu verbuchen, nichts anderes übrig, als mir durch das Bambusgestrüpp, ein fast undurchdringliches Dickicht, mit Hilfe meines Buschmessers Wege zu bahnen – tagtäglich von neuem. Außerdem errichtete ich an Wildwechseln Hochstände und suchte nach den Spuren des Tigers, nachdem ich am Ort seines letzten Überfalls Gipsabdrücke gemacht hatte. So schlich ich dahin mit meiner Gewehrattrappe, immer in dem Bewußtsein, daß es hier höchst-

wahrscheinlich mit einer menschenfressenden Raubkatze zu tun hatte, die sich nicht scheuen würde, mich auch tagsüber anzugreifen. Spüren doch die „Man-Eater" ganz genau, daß die menschliche Beute am ehesten am Tag anzutreffen ist und sich dann auch viel unbesorgter durchs Revier bewegt als nachts. Das Kalb in der Falle blieb tagelang unberührt, dafür fand ich bei einem meiner Pirschgänge eine frischgerissene Kuh. Endlich einmal ein Hoffnungsschimmer! Anhand meines Gipsabdrucks wußte ich, daß es sich um den gesuchten Tiger handelte. Also bezog ich Stellung in einem rasch errichteten Hochsitz und begann zu warten.

Gipsabdrücke (links) sind eine wichtige Voraussetzung, um bei der Verfolgungsjagd jederzeit sicher zu sein, dem „richtigen" Tiger zu folgen

Das lange Warten hatte mich schon ganz müde gemacht, da schrak ich auf einmal wieder aus meinem etwas benommenen Zustand auf. Als ich das langgezogene, tiefe Brüllen hörte, war ich sicher, daß es nun zur Entscheidung kommen würde. Vorsichtig richtete ich das Narkosegewehr auf den Kadaver, bei dem die Raubkatze erscheinen mußte. Der Dschungel erstummte nach den anfänglichen Alarmrufen der Hirsche und Affen wieder, und auf einmal hörte ich das Krachen von Knochen. Ich kam dabei aus dem Staunen nicht mehr heraus, denn während ich diese genüßlichen Freßgeräusche einer Raubkatze deutlich hörte, blieb der Kadaver unter mir unberührt, und das Tier war nicht zu sehen. Es mußte unter mir hergelaufen sein und tat sich jetzt wohl an einem entfernt liegenden Reststück gütlich. Für mich stellte sich da vor allem die Frage, ob es mich gesehen und womöglich schon als Hauptspeise in sein Menü eingeplant hatte. Dann verstummten die Freßgeräusche, ich

wartete unruhig darauf, daß sich das Raubtier jetzt über den anderen Teil seiner Beute hermachte, doch nichts tat sich.
Besonders nervös machte mich in den folgenden Minuten, daß ich den Tiger nicht sehen konnte, ich wußte einfach nicht, ob und von woher mir Gefahr drohte. Während des Wartens sah ich immer wieder in alle Richtungen, schaute hinter mich, möglichst weit geradeaus in das Dickicht und auch einmal unter mich, durch die Bambusstäbe hindurch – da sah ich ihn!
Der Tiger saß direkt unter mir! Scheinbar friedlich wie eine Hauskatze sah er unverwandt zu mir empor. Ich hatte plötzlich das Gefühl, so nah am Boden zu sein, so nah der Gefahr, als müsse ich die Beine anziehen. Was hätte ich alles in diesen angsterfüllten Momenten für ein richtiges Gewehr gegeben! Hier hatte nicht mehr ich ihn, hier hatte der Menschenfresser mich im Visier! Aber ich hatte erneut Glück, denn der Tiger zog sich in den Dschungel zurück. In den folgenden Stunden, die ich noch in meinem luftigen Käfig verweilen mußte, um sicherzugehen, daß mir der Tiger nicht mehr auflauerte, malte ich mir immer wieder das beinahe eingetretene Unglück aus. Ich verwünschte meine Idee, ein so gefährliches Tier allein und nur mit dem Narkosegewehr zu jagen, und gebe zu, daß mir auch der Gedanke durch den Kopf ging, hier gehe Tierschutz vor Menschen-

schutz. Zumindest glaubte ich, daß der Tiger bzw. die Tigerin, wie ich zwischenzeitlich etwas genauer feststellen konnte, von mir Kenntnis genommen hatte, und zwar so oft, wie sich unser Weg nun schon gekreuzt haben mußte. Doch immer wieder wartete ich vergeblich auf meine Gegnerin.
Ich konnte ihr die größten Leckerbissen in meinen Fallenkonstruktionen anbieten, aber es war, als erkenne sie jedesmal meine Handschrift und hüte sich so vor mir, weil ihr meine Absicht bekannt sei. Statt in meine Fallen zu gehen, riß „La Chandrapura", wie ich sie inzwischen getauft hatte, zwei weitere Kühe, so daß ich wieder die Möglichkeit hatte, an diesen Orten auf die Lauer zu gehen und auf eine Gelegenheit zum gezielten Schuß zu warten. Doch auch dieses Vorhaben muß La Chandrapura wegen des Umtriebs, den ich beim Errichten immer neuer Hochsitze an den Orten ihres Beutemachens veranstaltete, sozusagen „durchschaut" haben. So registrierte ich, daß La Chandrapura im Lauf mehrerer Wochen zu keinem ihrer Risse zurückkehrte, sondern immer weiter andere Kühe tötete. Die Dorfbewohner blieben in dieser Zeit dank ihrer großen Vorsicht allerdings verschont. Sie vermieden es, abends und überhaupt in den Dschungel zu gehen.
Ich war mir durchaus der Tatsache bewußt, daß ich nun selbst als lebender Köder durch den Urwald streifte.

Deshalb umklammerte ich immer ein wenig verkrampft meinen Colt, obwohl ich natürlich wußte, daß er mir bei einem Überraschungsangriff nicht sehr viel Schutz bieten würde, und sicherte mich nach allen Seiten ab. Wenn mich ein Außenstehender beobachtet hätte, wie ich da nervös auf die seitlichen Büsche schaute, mich von Zeit zu Zeit ruckartig umdrehte und dabei versuchte, keine oder kaum Geräusche zu verursachen, mich also geradezu durch den Urwald wand, er hätte mir sicherlich hochgradigen Verfolgungswahn zugeschrieben. Dies traf ja auch irgendwie zu, nur mit dem Unterschied, daß ich wirklich verfolgt wurde, denn einmal sah ich plötzlich:

Etwa 15 Meter von mir entfernt bewegte sich ein hochgestellter Tigerschwanz, ein untrügliches Zeichen für Angriffsbereitschaft. Ganz langsam ging ich rückwärts wieder auf einen Baum zu, den ich soeben passiert hatte und kletterte ihn schnell hinauf bis in eine Höhe von vier Meter. Doch als ich mich dann umschaute, war von der Tigerin keine Spur mehr zu sehen. Statt sich mir so zu zeigen, daß ich endlich meinen Schuß mit dem Narkosegewehr abgeben konnte, zeigte sie sich in kurzen Momentaufnahmen an immer wieder anderen Stellen und ließ sich immer wieder von anderen Seiten deutlich hören, von links, von rechts, von hinten und von vorn. Aus allen diesen Richtun-

gen kam ihr Gefauche, nur nicht von oben. Schweißnaß merkte ich, daß sie mich endgültig vom Jäger zum Gejagten gemacht hatte. Stundenlang ließ sie mich noch voller Angst in diesem mir unvergeßlichen Baum sitzen und bereitete mir eine ebenso unvergeßliche Nacht, auch wenn darunter im allgemeinen Sprachgebrauch vielleicht etwas anderes verstanden wird.

Die Idee, mit der es mir dann schließlich doch gelang, La Chandrapura zu fangen, kam mir bei meiner „Morgentoilette" am Fluß in den Sinn. Aus Abneigung gegen eine „kalte Dusche" prüfte ich die Wassertemperatur immer erst mit dem Fuß. War das Wasser einigermaßen angenehm, stieg ich ganz hinein. Nach genau dem gleichen Prinzip lockte ich die Menschenfresserin in die Falle: Warum sollte nicht auch ein Tiger nach einem gelungenen ersten Schritt einen zweiten tun wollen? Ich besorgte also ein zweites Kalb, das ich außerhalb der Falle anband, während ich das andere nach wie vor als eigentlichen Köder in der Falle ließ. Mit einiger Spannung wartete ich auf den Erfolg dieses „Doppelköders". Und tatsächlich: Nach einigen Tagen riß die Tigerin

das draußen angebundene Kalb, fraß ungestört davon und stürzte sich dann auch auf das Kalb innerhalb der Gitterstäbe. Dabei wurde der Mechanismus ausgelöst, und das schwere Eisengitter krachte hinter ihr herunter. Das Duell zwischen La Chandrapura und mir war beendet. Die Tigerin tobte derartig, als ich mich der Falle näherte, daß ich annehmen mußte, sie spürte, daß *ich* sie in diese aussichtslose Lage gebracht hatte. Mit kalten Wassergüssen konnte sie schließlich beruhigt werden.

Später stellten wir verwundert fest, daß sie gar keine Verletzungen hatte, die sie genötigt hätten, unbedingt auf den langsamen Menschen statt auf schnelle Antilopen Jagd zu machen. La Chandrapura mußte von ihrer Mutter bereits zur Menschenfresserin gemacht worden sein.

Mit Tigern fing also mein abenteuerliches Leben im Dschungel an, mit faszinierenden Raubkatzen also, von denen die sogenannten „Man-Eater", die Menschenfresser, gottlob die Ausnahme sind. Wenngleich Tiger von Kindheit an, wie ich berichtete, mein leidenschaftliches Interesse weckten, so sind sie aber nur eine Tierart unter den vielen Lebewesen, die sich in den Dschungeln Sri Lankas, Indiens, Borneos und vielen Ländern Südostasiens bewegen, die geheimnisvoll, wunderschön, fremdartig, auch furchterregend sind und denen wir in meinem Dschungelbuch immer wieder begegnen werden.

Bei der Jagd durch so schwieriges Gelände sind auch Baumbesteigungen erforderlich (links).

Oben: Das „gestreifte Grab" vieler Menschen – jetzt hinter eisernen Gittern im Zoo

Wie werden Tiger zu Menschenfressern?

Kein Tiger ist von Geburt an ein gefürchteter Menschenfresser, ein „Man-Eater". Zum Beuteschema des Tigers zählen Büffel, Hirsche, Antilopen oder Wildschweine. Dennoch können bestimmte Umstände dazu führen, daß ein Tiger auch Menschen anfällt und tötet.

Nach einer Theorie des Zoologen Hubert Hendrichs lassen sich Tiger in vier Kategorien einteilen, die er A-, B-, C- und D-Tiger genannt hat. Diese Theorie fand auch Werner Fend nach vielen unterschiedlichen Erfahrungen mit „normalen" und menschenfressenden Tigern bestätigt.

Kategorie A: Zu dieser Kategorie zählt der größte Teil aller Tiger. Diese Art von „normalen" Tigern geht dem Menschen in der Regel aus dem Weg, lebt allerdings auch unter artgerechten Bedingungen, d. h. vom Menschen völlig ungestört. Solche Tiger jagen ausschließlich ihre natürliche Beute, wie z. B. Wildschweine oder Antilopen.

Kategorie B: Diese Tiger sind in ihrem Lebensraum durch die menschliche Zivilisation bereits eingeengt. Das bedeutet, daß ihre Jagdreviere stellenweise von landwirtschaftlichen Nutzflächen und Siedlungen bereits eingeschränkt sind. Der Bestand an natürlichen Beutetieren wird durch den Menschen also direkt und indirekt reduziert. Die Folge ist, daß die Tiger jetzt auch Rinder- oder Schafherden angreifen. Jedoch ziehen sie sich nach solchen Überfällen meist schnell wieder zurück, da diese Tiger die Menschen eigentlich noch immer fürchten und sich nur aus Futtermangel so nahe heranwagen.

Kategorie C: Tiger, die den Menschen in einer Ausnahmesituation anfallen. Zu diesem artfremden Verhalten kann es kommen, wenn Tiger in ihrem Lebensraum völlig eingeengt werden oder sich bedroht fühlen: Wenn eine Tigerin etwa gerade Junge bei sich führt und im herannahenden Menschen eine große Gefahr sieht; auch ein männliches Tier in der Ranzzeit kann dann unvermittelt Menschen angreifen. Eher zufällig also werden Tiger hier zu Killern, doch nach solch einer Erfahrung meiden sie die Nähe zum Menschen meist ganz besonders.

Kategorie D: Für diese Tiger besteht keinerlei Hemmschwelle mehr, auch den Menschen anzufallen und zu fressen. Zu dieser Entwicklung kommt es durch – meist vom Menschen zugefügte – Verletzungen, in selteneren Fällen auch durch Altersschwäche. Denn dann ist die „schnelle", natürliche Beute unerreichbar geworden, so daß der „langsame" Mensch zur bevorzugten Jagdbeute dieser Raubkatzen wird.

Der „gestreifte Räuber" –
Vom Aussterben bedroht?

Unter allen heute noch lebenden Großkatzen ist der Tiger mit einer Körpergröße von maximal 2,80 Meter die größte. Auffallend sind vor allem sein kräftiger, muskulöser Körperbau sowie seine starken Pranken und Krallen. Das Fell des Tigers ist an der Bauchseite weiß, an der Oberseite ockergelb gefärbt und von schwarzen Querstreifen durchzogen. Als ausgesprochener Einzelgänger streift der Tiger vornehmlich nachts durch den Dschungel, um seine Beutetiere, hauptsächlich Huftiere, zu jagen. Er ist in Regionen wie den Mangrovesümpfen, in Savannen, in Regenwäldern, aber auch im Bergland anzutreffen.

Das Abholzen der Wälder und eine rücksichtslose Trophäenjagd haben den ehemals weitverbreiteten Tiger im Laufe dieses Jahrhunderts an den Rand der Ausrottung geführt.

Mit dem Bali- und dem Java-Tiger sind bereits zwei von insgesamt acht Unterarten des Tigers ausgestorben.

Um die übrigen sechs Unterarten steht es folgendermaßen:
Vom Sumatra-Tiger sind in den Schutzgebieten der Insel noch zwischen 200 und 300 Exemplare erhalten.

Im Ussurigebiet leben noch etwa 450 Exemplare des Sibirischen Tigers, der größten noch lebenden Unterart mit einem besonders dichten, prächtigen Fell.

Nur 50 Chinesische Tiger dürfte es noch geben; auch diese Unterart steht also unmittelbar vor der endgültigen Ausrottung ebenso wie der Kaspi-Tiger.

Auf einige hundert Tiere schätzt man den Bestand an Indochina-Tigern in Birma, Thailand, Laos, Kambodscha

und Vietnam. Es ist allerdings noch unklar, welche Folgen der jahrelange Dschungelkrieg für die Tierwelt hatte. Nur die Bestände an Bengaloder Königstigern haben sich seit den siebziger Jahren in den insgesamt 15 Schutzgebieten wieder erholen können; derzeit gibt es von dieser Unterart etwa 4 000 Tiere.

Hirsche, aber auch Büffel, Antilopen oder Wildschweine sind die „natürliche" Beute des Tigers – nur unter besonderen Umständen greift er auch Menschen an

DIE DREI ETAGEN
DES REGENWALDS

Palmfarn im Regenwald, die Heimat einer unüberschaubaren Vielfalt von Schmetterlingen. Links: „Bird Wing", rechts: Herbstblattschmetterling. Der perfekten Tarnung als Blatt verdankt dieser Schmetterling sein Überleben trotz der vielen Feinde

Wie unterscheidet sich nun eigentlich der tropische Regenwald von unserem Lebensraum? Wodurch zeichnet er sich so besonders aus, daß sich in den letzten Jahren das Augenmerk breiter Bevölkerungsschichten auch hier bei uns voller Sorge auf die zunehmende Vernichtung des Regenwalds richtet? Warum spielen die noch bestehenden, von der Vernichtung bis jetzt verschonten Regenwälder nicht nur für unser Weltklima eine so wichtige Rolle?

Um Antworten auf diese und andere wichtige Fragen zu finden, wollen wir zunächst das Ökosystem und den Nährstoffkreislauf in diesen Gebieten betrachten, die, wie es schon die Bezeichnung „Regenwald" andeutet, insbesondere von den Niederschlägen sowie vom Waldbestand geprägt sind.

Mehr als in jedem anderen Waldtyp prägen die Bäume den tropischen Regenwald. Den überwiegenden Teil des Bestands bildet der Hochwald mit Bäumen, die 30 Meter, aber auch viel höher werden können. Auch im Schatten der Urwaldriesen kann sich üppige Vegetation entfalten

ÖKOSYSTEM REGENWALD

Tropische Regenwälder bringt die Natur überall dort hervor, wo die Niederschlagsmenge im Jahresdurchschnitt mindestens 2000 Millimeter (also 2000 Liter pro Quadratmeter) beträgt, wobei der Niederschlag annähernd gleichmäßig über das Jahr verteilt sein muß.

Das bedeutet, daß von den drei verschiedenen Tropenzonen, in die man den vom Äquator bis fast zu den beiden Wendekreisen reichenden Tropengürtel einteilt, von der trockenen, der wechselfeuchten und der dauerfeuchten Tropenzone eigentlich nur die dauerfeuchte Zone sich als Standort für immergrüne Regenwälder eignet. Außerdem gibt es dort fast keine jahreszeitlichen Schwankungen der Temperaturen. Die Durchschnittswerte liegen zwischen 24°C und 28°C. Der tageszeitlich bedingte Wechsel dagegen, das heißt die Temperaturschwankung zwischen Tag und Nacht, übertrifft den jahreszeitlichen Wechsel erheblich. Deshalb sprechen wir auch vom Tageszeitenklima.

Ein jedes Ökosystem ist von den Grundbeziehungen, die zwischen den Produzenten, den Konsumenten und den Destruenten bestehen, geprägt.

Hierbei versteht man unter Produzenten die grünen, aufbauenden Pflanzen, als Konsumenten bezeichnet man die Tiere und Menschen, die die Rolle des Verbrauchers spielen, und Destruenten oder auch Reduzenten schließlich nennt man die zersetzenden und abbauenden Pilze und Bakterien.

Warum soll nun das Abholzen der tropischen Regenwälder so viel verheerendere Folgen haben als zum Beispiel die Rodung europäischer Wälder bei der Nutzung des Bodens für Ackerbau und Industrie? Beim Vergleich eines Regenwalds mit einem unserer mitteleuropäischen Laubwälder fällt schon rein äußerlich ein großer Unterschied sofort ins Auge: Auf engstem Raum drängen sich im Regenwald so viele verschiedene Arten von Bäumen, daß noch nicht einmal Botaniker sie bisher alle bestimmen konnten. Unter diesen Baumarten gibt es regelrechte Giganten, die Höhen von über 50 Meter erreichen können. Die dichten Baumkronen gehen ineinander über und fangen so viel Licht ab, daß nur wenige Sonnenstrahlen den Weg ins Innere des Walds finden. Eine Stufe tiefer gelegen befindet sich ein weiteres Kronendach, das von ebenfalls riesenhaften, jedoch noch jüngeren Bäumen gebildet wird. Dieser Jungwuchs wartet auf seine Chance, dem Sonnenlicht entgegenzuwachsen. Sobald ein benachbarter Baumriese, sei es infolge eines starken Gewitters oder wegen zu lockerer Verwurzelung, zu Boden kracht, füllt er die entstehende Lücke aus.
Noch tiefer – und zu dieser Etage zählt auch der Boden – befinden sich dann kleinere Bäume bis zu einer Höhe von vier bis fünf Meter und vor allem Farne in großer Zahl, die in diesem schattigen Licht

besonders gut gedeihen. Und in allen drei Etagen leben in vielfältigen ökologischen Nischen ganz bestimmte Tierarten, die sich vom Regenwald ernähren. Diese Tiere profitieren aber nicht nur, sondern erhalten auch den Regenwald und tragen so mit zum Funktionieren des Ökosystems Regenwald bei.

Inmitten der Urwaldriesen finden wir eine Blütenpracht, die sich erst auf den zweiten Blick als eigenständiger Pflanzenwuchs erkennen läßt. In vielfältigen Formen und Farben ranken sich Epiphyten, das heißt „Aufsitzerpflanzen" wie beispielsweise die beliebten Orchideen, zwischen den Zweigen und Ästen und verketten zum Teil auch einzelne Bäume miteinander. Oder auch Bromelien und die von oben nach unten wachsenden Lianengewächse fallen besonders auf, manche „Baumwürger" umschlingen mit ihren Zweigen die Baumstämme so eng, daß diese schließlich daran zugrunde gehen und das ursprüngliche Lianengewächs den Platz des Baums einnimmt.

Bei all dieser Pflanzenfülle, dem Überfluß von Vegetation und scheinbar unvorstellbarem Nährstoffreichtum, richtet sich der Blick deshalb folgerichtig auch auf den Boden, wo man angesichts der Pflanzenmasse nun dicke Schichten von vermoderndem Laub und anderen Pflanzenresten erwartet.

Doch der Boden scheint geradezu leergefegt zu sein: Jahreszeitlich

Das für den Regenwald typische Aussehen: dichter Pflanzenwuchs und sattes Grün. Oben im Bild ein sogenannter Petroleumbaum, dessen ätherische Öle leicht entzündlich sind. Darunter eine Bodenorchidee, ganz unten ein Farn

bedingter Laubfall tritt hier gar nicht auf. Und an jedem zu Boden gestürzten Baum nehmen sofort die Destruenten, also die „Abbauer", ihre Arbeit auf. Sichtbar schnell zersetzen Heerscharen von Termiten das Holz. Dieser Zersetzungsvorgang wird von den Pilzen, die teilweise ohnehin in Termitennestern angesiedelt sind, fortgesetzt. Wir wissen, daß viele Pilze in einer Lebensgemeinschaft, in einer Symbiose, mit Bäumen leben. Insbesondere ist dies in den Baumwurzeln tropischer Urwaldbäume der Fall. Die Pilze, die in der Symbiose den Baum als Wirtspflanze benutzen, sind in der Lage, abgestorbene organische Substanz zu mineralisieren, das heißt, sie wieder zu einfachen, anorganischen Verbindungen abzubauen. Diese von den Pilzen gespeicherten Nährstoffe, zum Beispiel Spurenelemente wie Kupfer und Zinn, können unverzüglich wieder an die noch lebenden Pflanzen abgegeben werden. Dazu umspinnen die Hyphen – das sind die feinen Zellfäden der Pilze, die als Vegetationsorgane dienen – die Saugwürzelchen der Bäume. So gelangen die Nährstoffe erst gar nicht in den Boden, sondern werden direkt den Pflanzen wieder zugeführt.

Das erklärt auch, weshalb der Ackerbau auf den gerodeten Regenwaldflächen – zumindest wenn er in der herkömmlichen Form betrieben wird – von vornherein keine großen Ernteerfolge erzielen kann.

Da die große Fruchtbarkeit der Regenwälder also hauptsächlich im Nährstoffreichtum der Pflanzen begründet liegt, ist ein ausgelaugter und immer karger werdender Boden die natürliche Folge des Abholzens von Bäumen. Nach höchstens zwei Erntejahren ist der Boden bereits verödet, und die Bauern sind gezwungen, zur Gewinnung neuen Ackerlands weitere Waldstücke zu roden. Dieser Eingriff ist aber fatalerweise kaum mehr rückgängig zu machen: Einmal aus dem Gleichgewicht geworfen, fällt es dem Urwald schwer, sich sein Territorium wieder zurückzuerobern. Daraus dürfen wir nicht schließen, daß das Ökosystem des tropischen Regenwalds besonders instabil sei. Es ist von Natur aus sogar sehr stabil, wenn seine Stabilität, bedingt in erster Linie durch die Artenvielfalt, vom Menschen nicht zerstört wird. So können schon drei bis vier abgeholzte Bäume das Gleichgewicht empfindlich stören, weil dadurch Lebensräume bestimmter, sich in ihren Daseinsformen ergänzender Lebewesen oft unwiederbringlich zerstört werden. Doch fragen wir uns noch einmal: Woher rührt denn eigentlich diese große Zahl so völlig unterschiedlicher Lebewesen? Die Vielzahl der tierischen Organismen läßt sich noch verhältnismäßig einfach erklären: Sie konnten sich im Lauf vieler Jahre und Jahrhunderte dank der Vielfalt der Lebensräume oder Biotope gut entfalten und

In solchen Regenwaldgebieten (links) fehlt auch nicht die Blütenpracht, selbst wenn sie auf den ersten Blick nicht wahrzunehmen ist. Hier ist auch der „Raja Brooke", eine besonders farbenprächtige Schmetterlingsart, beheimatet. Sein Name läßt sich auf den ersten weißen Raja von Sarawak, Brooke, zurückführen

sich in ihrer Entwicklung immer besser den Gegebenheiten anpassen. Diese zahlreichen, unterschiedlichen Biotope kann der naturbelassene Regenwald seinen Bewohnern durch die verschiedenen Stockwerke und das problemlose Nebeneinander aller Entwicklungsstufen bieten. Viel schwieriger wird da schon die Beantwortung der Frage, woher der große Artenreichtum an Bäumen kommt. Auf einer vielleicht 50 Quadratmeter großen Fläche sehen sich zwar die Bäume untereinander sehr ähnlich, dennoch gehört fast jeder zu einer anderen Art. Die große Ähnlichkeit ist auf die Lebensumstände zurückzuführen, die einerseits Brettwurzeln (flache, oft auch über dem Erdboden wachsende Wurzeln) erfordern, andererseits Raum und Nährstoffe für Epiphyten geben.

Eine mögliche Ursache für die Vielfalt könnten die immer wieder auftretenden, natürlichen „Störungen" im Regenwald sein. Ich sprach anfangs schon davon, daß der „Baumnachwuchs" ein wenig unterhalb der bereits ausgewachsenen Riesen auf eine Möglichkeit wartet, dem Sonnenlicht näher zu kommen. Stürzt also während eines Gewittersturms ein Baumriese zu Boden, so ist die Wahrscheinlichkeit gering, daß ein junger Baum genau derselben Art nachrückt, ein anderer wird also die entstandene Lücke füllen und so die Artenvielfalt aufrechterhalten.

Wenn wir uns fragen, wie diese Artenvielfalt einmal entstanden sein mag, dann müssen wir uns zunächst darüber im klaren sein, daß die Entwicklung einer eigenständigen Pflanzenart Jahrtausende dauert. Jahrtausende, in denen sich die Pflanzengenerationen optimal den gegebenen und sich verändernden Lebensbedingungen anzupassen versuchen. Wenn wir also heute auf einem Hektar Regenwald 100 bis 150 verschiedene Baumarten finden und noch ein Vielfaches anderer Pflanzen, die alle ihre „ökologische Nische" gefunden und eine Funktion im Gesamtsystem haben, so reprä-

Farn (links), eine Pflanze, die auch am dunklen Boden gut gedeiht. Atlas-Nachtfalter, ein prächtiger Vertreter aus der Familie der Pfauen- spinner

sentiert dieser Hektar Regenwald das Ergebnis einer botanischen Entwicklungsgeschichte, die sich über Jahrmillionen erstreckt hat. Wir können alle nur hoffen und, soweit es uns möglich ist, unseren Teil dazu beitragen, daß die Zerstö- rung des Regenwalds nicht fort- schreitet, daß zumindest die sieben Millionen Quadratkilometer unzer- störten Regenwalds (von ursprüng- lich etwa 14 Millionen Quadratkilo- metern) restlos erhalten bleiben. Denn sonst wird eine Vielfalt von Arten verschwunden sein, lange bevor wir sie überhaupt entdeckt haben.

DIE FLORA UND FAUNA
DES DSCHUNGELS

Da die enorme Vielfalt ein typisches Merkmal des tropischen Regenwalds ist, ist es natürlich nicht leicht, eine gewisse Übersicht herzustellen. Mir ist klar, daß ich dabei unmöglich die gesamte Pflanzen- und Tierwelt des Dschungels erfassen kann – dazu dienen zoologische und botanische Nachschlagewerke. Aber nach jahrelangen Aufenthalten in den Dschungelgebieten Südostasiens bin ich doch mit Tieren und Pflanzen sehr vertraut geworden.

Vom unglaublichen Artenreichtum der Bäume habe ich schon gesprochen. Doch die Zahl der kleineren Bäume, der Farne, Sträucher, Schling- und Kletterpflanzen übersteigt diese noch bei weitem. Besonders auffallend sind die vielen Orchideenarten, die als Epiphyten auf den Urwaldriesen wachsen. Mit ihren wunderschönen Formen und Farben bringen sie leuchtende Töne in eine sonst doch sehr einförmig „grüne" Dschungelwelt.

Auch bei uns gibt es noch Orchideen, wenn sie mittlerweile auch alle auf der „Roten Liste" zu finden sind – vom „Aussterben bedroht". Der Unterschied zwischen europäischen und im tropischen Raum angesiedelten Orchideen ist jedoch grundlegend: Während bei uns Orchideen meist mit dem Boden verwurzelt sind, wachsen sie in den Tropen überwiegend als Epiphyten. Der Grund ist einfach: Sie können sich so in den oberen Regionen des

Regenwalds, im Kronendach der Baumriesen, ansiedeln, wo die Lichtverhältnisse vorteilhafter sind als am dunklen Dschungelboden. Außerdem benötigen sie solche Mengen an Feuchtigkeit, wie sie nur in tropischen Klimazonen zur Verfügung stehen. Und trotzdem hat die Natur noch vorgesorgt, damit Orchideen auch in niederschlagsärmeren Zeiten gut gedeihen können. Sie können nämlich Wasser mittels stark verdickter Abschnitte eines Sprosses, die

knollenförmig aussehen, oder auch in verdickten Blättern speichern und bei Bedarf freisetzen. Manche Arten haben auch ganz ausgeprägte Luftwurzeln. Sie bestehen aus einem schwammartigen Gewebe, das direkt aus der Luft sowohl Wasser als auch Nährstoffe aufnehmen kann. Beinahe noch auffälligere Vertreter solcher „Aufsitzerpflanzen", wie man „Epiphyten" übersetzen könnte, sind die Bromelien. Meist sind sie eine Etage tiefer angesiedelt als die

Formen- und Farbenvielfalt prägen die Flora des tropischen Regenwalds. Dazu tragen auch die vielen Orchideenarten bei, wie zum Beispiel die „Halsbandorchidee" (rechts) und eine ihr verwandte Orchideenart

Orchideen. Diese Pflanzen bilden
regelrechte Wassertanks, die dicht
über der Erdoberfläche schweben
bzw. hängen. Denn jede einzelne
Bromelienpflanze besteht aus Blättern, die in Rosettenform zusammen-
gefügt sind. So bilden sie löffelför-
mige Auffangbehälter, die man
Zisternen nennt. Bis zu fünf Liter
Wasser können sich in ihnen
sammeln. Deshalb stellen sie für
Frösche, Mücken und alle möglichen
Kleintiere einen äußerst günstigen
Brutplatz dar.

Auch die übrige Blumen- und Blüten-
welt der Regenwälder steckt voller
Wunder, was ihre Vermehrung, außergewöhnliche Form- und Farbgebung
betrifft. Da gibt es zum Beispiel die
Rafflesia. Zu ihrer Gattung gehört
die Riesenrafflesia, die als einzige
Blume der Welt Blüten von über
einem Meter Durchmesser trägt. Die
Eingeborenen nennen diese Riesen-
blume auch „Aasblume", da von ihr
ein wahrhaft intensiver Aasgeruch
ausgeht. Doch damit lockt sie erfolgreich die Schmeißfliegen an, die sie
zur Bestäubung dringend benötigt.
Ebenso perfekte Mechanismen
besitzt die Kannenpflanze, eine
fleischfressende Pflanze, die mit
ihren kannenförmigen Blättern eine
wirkungsvolle Insektenfalle darstellt
und von der später in meinem
Dschungelbuch noch die Rede sein
wird. In den Regenwäldern kann
selbst das Laub von vielen sehr kleinen Epiphyten, richtiger: Epiphyllen,
bewachsen sein. Dazu zählen vor

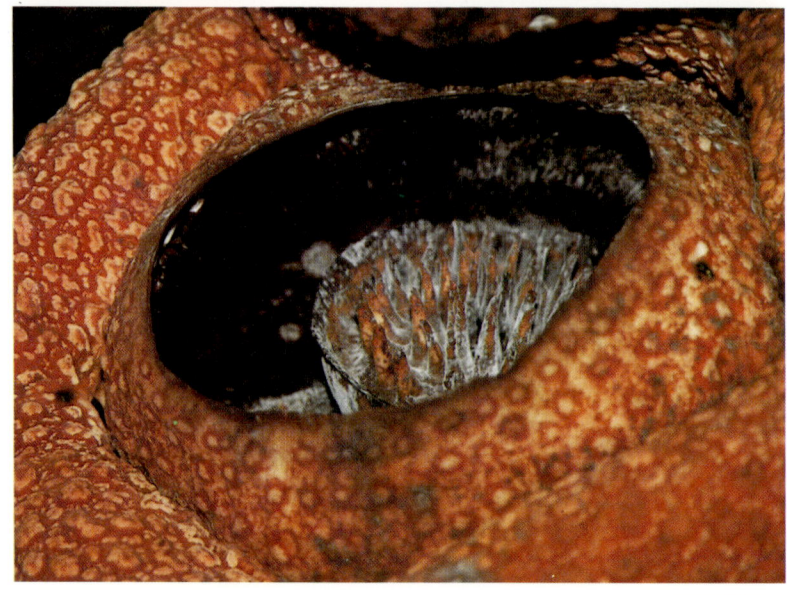

allem Moose, Flechten und Algen. Auch dieses Zusammenleben vollzieht sich in symbiotischer Form: Die Epiphyllen vermindern die Lichtmenge, die auf das Laubblatt fällt, doch dafür binden sie den in der Luft enthaltenen Stickstoff, der so für die Wirtspflanzen verfügbar wird.

Wie man sieht, ist diese scheinbar wildwuchernde Pflanzenwelt also nicht nur von Ästhetik geprägt, auch einen ganz unverkennbaren „Sinn fürs Praktische" scheint die Natur in Jahrmillionen entwickelt zu haben. So verschieden die vom Dschungel gebotenen Lebensräume sind, so unterschiedlich, artenreich und vielzählig sind auch seine Bewohner. Ich sage absichtlich „Bewohner", denn wie in einem mehrstöckigen Wohnhaus verteilen sich die Tiere des Regenwalds auch auf mehrere Etagen.

Die Riesen-Rafflesia (ganz links), die auch Aasblume heißt, weil sie ausschließlich von Aasfliegen bestäubt wird, hat eine Blüte von einem Meter Durchmesser. Oben links eine Kannenpflanze, ein fleischfressendes Gewächs. Darunter eine der größten Kannenpflanzen, die Nepenthes vilosa

Von den obersten Wipfeln bis in die mittlere Etage begegnet man einer Vogelwelt, die unnachahmlich und wie ein Wunder der Schöpfung erscheint. Noch gibt es die vielen Arten von Sittichen und Papageien, die mittlerweile auch nicht mehr eingefangen werden dürfen.

Diese Entscheidung, die beinahe zu spät gekommen ist, war außerordentlich wichtig, haben doch gerade die Vögel wirklich ausreichend natürliche Feinde.

Dabei denke ich vor allem an die Schlangen, die meisterhaft getarnt den Vögeln in ihren Nestern und an Futterplätzen auflauern, um sie sehr oft erfolgreich zu erbeuten.

Entgegen der herkömmlichen Meinung – sowohl bei uns in Europa als auch bei den Einheimischen Südostasiens – sind bei weitem nicht alle Schlangen Giftschlangen. Natürlich muß sich der Mensch möglichst vor jedem Schlangenbiß schützen, da auch Verletzungen durch ungiftige Tiere zu schlimmen Blutvergiftungen führen können. Hier seien nur einmal einige Schlangen giftiger Art genannt, von denen mein Dschungelbuch später noch mehr erzählen wird.

Honigsauger (ganz links)
aus der Familie der tropischen Sperlingsvögel.
Fairy Blue Bird (links), nur
in den Tropen vertreten.
Pirol (oben), in tropischen
Breiten mit 26 Arten
vertreten. In Europa
kommt er nur in einer Art
vor. Rechts: Schmuck-
baumschlange

Besonders furchteinflößend und
sehr häufig ist die Kettenviper, die
bis zu 1,60 m lang werden kann und
1,5 cm lange Giftzähne besitzt. Dem
Menschen gegenüber verhält sie
sich eigentlich sehr friedliebend, es
sei denn, sie wird extrem gereizt.
Doch der Respekt, den man ihr zollt,
hat seine Ursache bereits in ihrem
angsterregenden, lauten Gezische.
Auch die Grubenottern, die ihren
Namen dem sogenannten „Gruben-
organ" verdanken, sind giftige Artgenossen. Diese etwa 4 mm breiten
Gruben liegen zwischen den Augen
und der Nasenöffnung. Innerhalb der
Grube befindet sich ein stark durch-
blutetes Häutchen, das ganz sensi-
bel auf Temperaturunterschiede
reagiert. Dadurch ist die Grubenotter
in der Lage, sich nähernde Wärme-
quellen, also zum Beispiel warmblü-

Ceylon-Lanzenotter.
Diese Grubenotternart
bringt ihre Jungen lebend
zur Welt. Die Schlangen-
brut auf dem Bild oben
umfaßt 27 Junge. Rechts:
Lanzenotter mit erbeute-
tem Frosch. Diese Schlan-
gen jagen auch kleinere
Vögel und Säugetiere

tige Lebewesen, mit einer erstaun-
lichen Zielsicherheit zu orten.
Viele Giftschlangen besitzen ein
ausgesprochen schön anzusehendes
Äußeres. Doch besonders schön,
und das drückt auch der Name
schon aus, ist die Schmuckbaumschlange. Diese zur Familie der
Nattern gehörende Schlange ist an
der Ober- und Bauchseite bunt
gefärbt. Sie ist seit einiger Zeit als
Flugschlange anerkannt. Oft flacht
sie nämlich ihren Körper so ab, daß
im Gleitflug darunter eine Art Luftkissen entsteht: Auf diesem Luftkissen
überbrückt sie schräg nach unten
Entfernungen bis zu 20 Meter. So
wechselt die Schmuckbaumschlange
mühelos von einem Baum zum
anderen. Sehr schnell und sicher
ist sie deshalb auch beim Beute-
machen.

Eine gemeinhin auch als Brillenschlange bekannte Schlange, die Kobra, gehört ebenfalls zur Familie der Nattern. Gattungsmäßig zählt sie zu den Giftnattern und ist als sehr gefährlich eingestuft. Wenn sich eine Kobra in Gefahr sieht, richtet sie den vorderen Teil ihres Körpers auf, spreizt den Kopf und faucht drohend ihr Gegenüber an. Dabei spannt sich die Nackenhaut, so daß die Brillenzeichnung sehr deutlich hervortritt. Insgesamt wirkt der Kopf hutförmig, was zu einem weiteren Namen der Kobra geführt hat: „Hutschlange".

Bei weitem noch aggressiver ist die grüne Peitschennatter, die zur Gattung der Trugnattern gehört, wenn sie auch nicht giftig ist. Wenn ich sage, sie sei nicht giftig, so gilt das für den Menschen. Giftzähne besitzt sie nämlich durchaus, doch befinden sie sich weit hinten im Rachen, das heißt, sie kommen erst zum Einsatz, wenn das Reptil seine Beute bereits hinunterschluckt. Dennoch reißt die Peitschenschlange bei jeder wirklichen und vermeintlichen Gefahr weit das Maul auf, um sich einen höchst gefährlichen Anschein zu geben.

Eindrucksvoll sind auch die Pythonschlangen, die eine Unterfamilie der Riesenschlangen bilden. In diese Unterfamilie gehört zum Beispiel die Gattung des Netzpython, der eine der allergrößten Schlangen überhaupt ist. Vollkommen ungiftig, aber dank seines massigen Körpers auch mit unglaublichen Kräften versehen, erbeutet und tötet der Python seine Opfer, indem er sie umschlingt und so lange würgt und umklammert hält, bis diese ersticken. Diese Pythonart wird allerdings auch bis zu 10 m lang und nicht selten 115 bis 120 kg schwer. Dementspre-

chend sind seine Opfer so große Tiere wie Gazellen und Reptilien, aber auch Vögel verachtet ein Netzpython nicht.

Nach diesen Schilderungen von Schlangen, die also sowohl am Boden als auch in der mittleren Etage, in den Ästen der Bäume, ihren Lebensraum haben, möchte ich noch etwas genauer auf dieses mittlere Stockwerk des Regenwalds eingehen. Hier lebt – zumindest für das menschliche Auge sichtbar – die größte Zahl verschiedenster Tiere.

Grüne Peitschennatter, aus der Familie der Trugnattern. Für den Menschen stellt sie keine Gefahr dar. Es beeindruckt dennoch, wie weit die Peitschenschlange bei Gefahr das Maul aufreißt

Den Ton geben jedoch – von den Vögeln einmal abgesehen – meist die Affen an. Sie sind es, die ständig Bewegung in den Urwald bringen, die in ganzen Horden auftauchen, bei nahender Gefahr lauthals Warnschreie ausstoßen. Vor allem die Gibbons und Rhesusäffchen hangeln sich unablässig durch die Zweige. Doch auch den Nasenaffen kann man auf Borneo noch begegnen, und auch die großen, leider ein wenig selten gewordenen Orang-Utans bewegen sich durch den Dschungel. Sie sind wie andere große, stattliche Tiere Pflanzenfresser. Früher dachte man, die wunderschönen Axishirsche seien auch reine Grasfresser, doch ich konnte sie mehrere Male beim Aasfressen beobachten, wenngleich sie sich dabei nicht ganz so leidenschaftlich verausgaben, wie dies beispielsweise ein Tiger oder ein Waran tut. Von Tigern habe ich ja schon ausführlich erzählt, von den Waranen dagegen und insbesondere den Komodo-Waranen soll später noch die Rede sein. Diese riesigen Reptilien, die durch ihren Körperbau so urwelthaft anmuten, daß man sich an Dinosaurier erinnert fühlt, sind Aasfresser, greifen aber auch als Raubechsen große Tiere wie Hirsche und Büffel an, wie ich als erster im Film dokumentieren konnte. Die kleineren, vorwiegend aasfressenden Bindenwarane lassen sich sogar erfolgreich mit Giftschlangen ein. Ein mindestens ebenso geschickter

Oben: Honigsauger, einer der vielen Sperlingsvögel des Regenwalds. Ganz oben im Bild eine Flugschlange, die einen soeben erbeuteten Frosch, ihre „Lieblingsspeise", verzehrt. Auch die Lanzenotter rechts gehört zu den Schlangen, die mit Vorliebe Jagd auf Frösche machen. Hier beim Fressen gleich mehrerer Frösche

Schlangenbezwinger ist der Mungo. Die Mungos gehören zur Familie der Schleichkatzen. Obwohl sie nur etwa die Größe eines Wiesels erreichen, sind diese kleinen Tiere so aggressive Angreifer, wenn es um das Erbeuten von Schlangen geht, daß in Indien sogar Schaukämpfe zwischen Kobra und Mungo veranstaltet werden. Die gewandten Mungos sind als „Schlangenvertilger" so hochgeachtet, daß sie einen besonderen Schutz genießen, und weshalb es wohl von ihnen noch eine große Anzahl gibt.

So können die Schlangen, die ärgsten Freßfeinde der Vögel, nicht überhandnehmen, was für den Naturhaushalt sehr bedeutend ist. Gerade im tropischen Regenwald, wo nur selten zwei Bäume der gleichen Art nebeneinander stehen, übernehmen nämlich vielfach die Vögel die Aufgabe der Bestäubung. Dazu benutzt die Natur folgenden Mechanismus: Bestimmte Signalfarben ihrer Blüten und einzelne Duftstoffe bilden einen Schlüsselreiz für ganz bestimmte Vogelarten, genau hier Nektar zu saugen und dabei den Samen von einer Pflanze zur anderen zu übertragen. Besonders häufige Blütenbesucher sind die Nektarvögel, die auch den Namen „Honigsauger" tragen.

Eine ganz andere Welt tut sich im untersten Stockwerk, also am dunklen, moderigen Dschungelboden, auf. Am besten zu erkennen und zu beschreiben ist das Gewim-

mel und geschäftige Hin- und Her-
eilen mit Hilfe der Makroobjektive
einer Kamera. Die Insektenwelt
wartet dank ihres Artenreichtums
durch immer neue Formen und
Verhaltensweisen ständig mit Überraschungen auf.

Ameisenarten, rote und schwarze,
Käfer, darunter so große und fremdartig aussehende wie der Nashornkäfer, gibt es hier; kleine Raupen,
die versuchen, sich so schnell wie
möglich Tarnung zu verschaffen, um
größeren Raubinsekten wie der
Gottesanbeterin und dem Skorpion
nicht ins Visier zu geraten. Auch die
vielen Blutegel, die für Menschen
wirklich eine Plage sind und vor
denen man nie sicher sein kann,
gleich welche Vorsichtsmaßnahmen

man auch getroffen haben mag,
kommen hier unten vor.

Von den für viele spektakulärsten
Tieren, von den großen Raubtieren
wie Tigern, Bären und Leoparden,
bekommt man sehr oft nur die
Spuren ihrer Fußtritte am weichen
Boden zu sehen. Diese scheuen
Tiere kann man nur vor die Kamera
bekommen, wenn man zuerst
aufmerksam den Boden betrachtet
und sich dann leise anschleicht,
wobei allerdings die Gefahrenmo-
mente nicht vernachlässigt werden
dürfen.

Eine andere stattliche Tierart des
Dschungels ist leider stark vom
Aussterben bedroht. Ich meine den
Elefanten. Auf Sri Lanka leben heute
zwar noch zwischen 3000 und

**Im kunstvoll gesponne-
nen Netz wartet die Spin-
ne auf ihre Opfer (oben
links). Die Raupe (unten
links) hat noch viele ande-**

4000 Elefanten, aber nur, weil Schutzgebiete eingerichtet wurden. Viel gefährdeter scheinen sie auf Sumatra und Borneo zu sein, wo in den letzten Jahren wieder viel weniger Exemplare gezählt wurden. Von den Elefanten werden wir in meinem Dschungelbuch noch viel hören, und ich bin sicher, daß den grauen Koloß jeder so ins Herz schließen wird, wie ich es getan habe.

Verläßt man den Grasdschungel im Landesinnern und begibt sich beispielsweise in die Mangrovesümpfe, so kann man unzähligen, meist sehr gefährlichen Krokodilen begegnen. Auch viele Schlangen, die richtige Wasserschlangen sind, kann man dort entdecken. An den Ufern eines

Flusses, zum Beispiel am Mahavehli, kann man außerdem noch die Welt der kleinen Wassertiere, der Krebse, Wasserflöhe, Lurche und anderer Kleintiere, erleben.

Nach diesem Überblick möchte ich nun erzählen, wie und warum manche Tierarten schon seit Millionen von Jahren im Dschungel leben und überleben konnten. Viele kleine Wunder der Verwandlungskunst und tausend Tricks der Tarnung gibt es dabei zu entdecken. Ich bin sicher, daß die Erhaltung des Regenwalds, die in manchen Gegenden Südostasiens schon mit effektiven Mitteln begonnen wurde, angesichts all dieser Naturwunder vielen noch stärker am Herzen liegen wird.

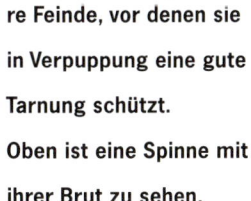

re Feinde, vor denen sie in Verpuppung eine gute Tarnung schützt. Oben ist eine Spinne mit ihrer Brut zu sehen,

rechts eine gut geschützte Raupe. Noch fühlt sich der Käfer auf dem gut getarnten Schuppentier sicher

WIE ÜBERLEBT MAN
MILLIONEN JAHRE?

Sinharaja Adaviya, „Dschungel des Löwenkönigs", nennen die Einwohner Sri Lankas einen wunderbaren Regenwald, der im äußersten Südwesten ihrer Insel liegt.

Er ist viele Millionen Jahre alt, und wenn es im Dschungel des Löwenkönigs auch sehr wahrscheinlich nie Löwen gab, so stellt er doch ein tropisches Urwaldparadies dar. Während all der langen Zeit war dieser Dschungel nämlich noch nie von einer klimatischen oder geologischen Katastrophe heimgesucht worden. Und nicht zuletzt verdient er die Bezeichnung „königlich" deswegen, weil er zu den wenigen Flecken unserer Erde zählt, die auch gänzlich

unberührt von menschlichen Eingriffen blieben.

Der Dschungel des Löwenkönigs wird auch in Zukunft nicht angetastet, da er seit einigen Jahren unter Naturschutz steht. Nur noch für wissenschaftlich orientierte Untersuchungen können Expeditionsteams hoffen, eine Genehmigung zum Betreten des Dschungels erteilt zu bekommen.

So begab auch ich mich mit meinen Begleitern über die ehemaligen Holzfällerstraßen zunächst in die Randgebiete dieses Regenwalds. Dabei sah ich leider unzählige, stark ausgelichtete Dschungelflecken, auf denen die noch stehenden Bäume

aufgrund der jetzt viel zu stark herabprallenden Sonne kümmerlich eingegangen waren. Doch dieser Mißstand betraf gottlob wirklich nur die Randgebiete. Dem Innern des Urwalds näherten wir uns auch nicht auf alten Holzfällerstraßen, sondern über kleine, kristallklare Flüßchen. Bereits das Eindringen in diese Wildnis, die noch kaum ein Mensch betreten hat, vermittelte uns einen Eindruck von Schönheit und Gefahr, von Paradies und Hölle zugleich – alles Bezeichnungen, die auf den Regenwald gleichermaßen zutreffen. Hier fühlt man sich wirklich wie in ein anderes Erdzeitalter versetzt, vor allem wenn man zum erstenmal den

Waranen gegenübersteht – so urwelthaft muten diese Reptilien an. Vieles in ihrem Aussehen weckt Assoziationen zu den Sauriern aus grauer Vorzeit: Die Warane haben einen länglichen, nach vorne hin ein wenig zugespitzten Kopf, an den sich ein ebenfalls sehr langer, aber schlanker Hals anschließt. Der restliche Körper wirkt sehr gedrungen. Dieser Eindruck verstärkt sich noch durch die kräftigen, kurzen Beine. Ihren noch einmal körperlangen Schwanz setzen die Warane je nach Element, in dem sie sich gerade bewegen, sehr sinnvoll ein: im Wasser als Antrieb oder Steuerruder, an Land als Kletterhilfe oder aber

Bindenwarane. Wie Urtiere aus grauer Vorzeit muten sie an, dennoch sind Bindenwarane im südostasiatischen Raum noch weitverbreitet. Eine wichtige Aufgabe erfüllen sie als Aasfresser. Der Mensch wird von ihnen nie wirklich angefallen. Sieht sich ein Waran allerdings in die Enge getrieben, schlägt er schon mal mit seinem kräftigen Schwanz zu als wirkungsvolle Waffe gegen Feinde. Mit solchen Schwanzschlägen wehrt der Waran zum Beispiel Schlangen ab oder trägt auf diese Weise Duelle mit anderen Waranen aus, sei es wegen territorialer oder wegen Beutestreitigkeiten. Auch ich bekam von Zeit zu Zeit diese Schwanzschläge zu spüren, als Warane das Gefühl hatten, ich sei ihnen ungebührlich nahegetreten. Das ist zwar ungefährlich, kann aber äußerst schmerzhaft sein, vor allem wenn das Reptil dabei mit der äußersten Schwanzspitze trifft.

Aber auch viele kleinere Lebewesen, beispielsweise die bis zu 25 cm lang werdenden Tausendfüßer, stammen schon aus grauer Vorzeit. Fossile Funde dieser Gliederfüßer lassen Spuren bis in das Erdzeitalter Silur

erkennen. Sie existierten also mit noch heute identischem Bauplan schon vor über 400 Millionen Jahren, auch wenn sie damals bis zu zwei Meter lang werden konnten. Heute gibt es in der Gattung der Tausendfüßer zwar viele verschiedene Arten, es treten aber typische gemeinsame Kennzeichen hervor: der längliche Körper, der deutlich sich abgrenzende Kopf und die große Zahl von Körperteilstücken, die jeweils mit einem oder zwei Paar Beinen versehen sind. Tausendfüßer bevölkern die unterste Etage des Regenwalds, den moderigen Boden. Sie ernähren sich vor allem vom Fallaub und geben dem Dschungelboden durch ihre Exkremente wichtige Nährstoffe wieder zurück.

Am Dschungelboden halten sich

auch Skorpione gerne auf. Tagsüber befinden sich die zu den ältesten Spinnentieren gehörenden Skorpione meistens in selbsthergestellten, unterirdischen Bauten, da sie das helle Tageslicht scheuen. Oder sie flachen ihren Körper so ab, daß sie gut getarnt unter Steinen oder in Felsspalten Platz und Ruhe finden. Die Vorfahren der Skorpione lassen sich wie die der Tausendfüßer bis in den Silur zurückverfolgen und sind damit entwicklungsgeschichtlich genauso alt. Und ebenso stimmen noch viele Kennzeichen der heutigen Skorpione mit denen ihrer Jahrmillionen alten Vorfahren überein.

Der Skorpion kann seinen Giftstachel, der auf ihn – aus menschlicher Sicht – immer wieder ein schlechtes Licht wirft, nach allen Seiten

Ebenfalls schon sehr „betagte" Tiere: der Tausendfüßer (links) und der Skorpion (oben). Bereits vor vielen Millionen Jahren existierten sie mit identischem „Bauplan". Gefährliches Merkmal des Skorpions: sein Giftstachel

hin bewegen und auf diese Weise gezielt und effektiv einsetzen. Dies geschieht bei ihm zur Verteidigung oder aber beim Erbeuten sehr großer, sich widersetzender Tiere. Ansonsten jagt dieses Raubinsekt ganz anders. Die Beute, zumeist andere Insekten, wird mit den Scheren gepackt und zerrissen. Dann sorgt ein Verdauungssaft dafür, daß sich die Nahrung noch im Mundvorraum auflöst. Auch auf den Tausendfüßer würde das älteste Spinnentier der Welt sehr gerne Jagd machen. Doch der sondert aus genau diesem Grund ein so übelriechendes Sekret ab, daß der Skorpion lieber auf das restliche Angebot zurückgreift.

**Schlanklori (links), ein
Äffchen, das als lebendes
Fossil gilt und wie der
Plumplori zur Familie der
Loris gehört**

Ebenfalls Millionen Jahre überlebt zu
haben scheinen die Schlankloris,
eine putzige Affenart im Dschungel
des Löwenkönigs, die nur auf Sri
Lanka und in einem kleinen, angrenzenden Teil Südindiens vorkommt.
Man bezeichnet diese Affenart zu
Recht als lebendes Fossil, da sie vor
ca. 50 Millionen Jahren schon zu
einer Zeit voll entwickelt war, zu der
das Urpferd noch vier Zehen hatte
und nicht größer als ein Hase war.
Der ein wenig fremd anmutende
Name „Schlanklori" kommt aus dem
Altholländischen, von „Loeri", was
soviel wie Clown bedeutete. So
benannten vor einigen Jahrhunderten holländische Seefahrer diese

kleinen Äffchen, die bis zu 20 cm
groß werden. Meiner Meinung
nach paßt dieser Name aber nicht
so richtig, da ihr Gesichtsausdruck
für mich eher eine ständige Traurig-
keit und Ängstlichkeit widerspiegelt.
Sie registrieren auch alles, was
ihnen neu oder ungewohnt
erscheint, mit Überraschung und
manchmal sogar mit offensichtlichem Entsetzen. Auch meine Kamera erspähten sie sofort, da sie mit
ihren im Verhältnis zum Körper
riesengroßen Augen den Regenwald
auch bei Dunkelheit mühelos durch-
dringen.

Der Fleckenkantschil (oben), nur 30–35 Zentimeter groß, ist der Vorfahr aller uns bekannten Hirscharten

Da ich oben schon vom „Urpferd" sprach: Ein ähnliches Urtier ist mir im Dschungel des Löwenkönigs auch sehr oft begegnet. Es handelt sich dabei um den Zwergkantschil, auch Hirschferkel genannt. Auf den ersten Blick scheint er die Miniaturausgabe einer Antilope zu sein, ist er doch nur 30–35 cm hoch und geweihlos. Dennoch ist der Kantschil ein Vorfahr fast aller uns bekannten Hirscharten. Fossile Funde weisen darauf hin, daß er wie das „Urpferd" schon im Eozän, also vor 40 bis 50 Millionen Jahren, in genau derselben Form existierte, bevor dann Hirsche und andere Hornträger in der Entwicklungsgeschichte auftauchten.

Damit gehören die Kantschile oder Hirschferkel also auch zu den Millionen Jahre alten zoologischen Relikten der Urzeit. Heute leben diese pflanzenfressenden Wiederkäuer nicht nur im feuchten Dschungel, sondern auch in felsigen und trockenen Gebieten.

In einer anderen Gegend Sri Lankas, einem heiligen Berg mit dem Namen Adamspeak, auf den ich im einzelnen noch zurückkommen werde, begegnete ich bei meinen Ausflügen mit der Kamera weiteren Tieren, die mir außerordentlich vorsintflutlich erschienen. Eines davon war das Schuppentier, das manchmal auch als Tannenzapfentier bezeichnet wird. Wie der Name schon sagt, trägt es nämlich eine Art Panzer aus dachziegelartigen Schuppen. Sie bestehen aus einer festen Hornmasse und machen das Schuppentier nahezu unverwundbar. Aus genau diesem Grund, nämlich der Unverletzlichkeit, waren ihre Artgenossen, die im Mittelalter noch in China verbreitet waren, zu Tausenden getötet worden.

Aus ihrem Schuppenkleid stellte man nämlich Panzerhemden für Krieger her. Doch am Adamspeak lebten die Schuppentiere bislang völlig unbehelligt, und wenn sie das Gefühl haben, ihnen drohe dennoch Gefahr, so rollen sie sich ganz einfach klein zusammen.

Viel kleiner als das bis zu 1,50 m groß werdende Schuppentier sind die vielen Echsenarten, denen ich im unberührten Dschungel am Heiligen Berg begegnet bin. Einige dieser „Miniatursaurier" leben nur hier, sind also endemische, das heißt auf diese Verbreitungsgebiete beschränkte Tierarten. Einer dieser Millionen Jahre alten Echsenart bin ich länger als gewöhnlich auf den Fersen geblieben und konnte so die

Das Schuppentier, auch Tannenzapfentier genannt, bei der Suche nach Ameisen und Termiten. Rechts oben im Bild ein Plumplori, ein etwa 35 Zentimeter großer Halbaffe aus der Familie der Loris

ganz spezielle Lebensweise der Otocryptis verfolgen. Nachdem ich ihr nämlich schon einige Zeit „Gesellschaft geleistet hatte", grub dieses kleine, selber nur 10 cm groß werdende Reptil ein etwa ebenso tiefes Loch. Bei dieser Arbeit war die Echse allerdings häufig zu Ruhepausen gezwungen, wobei ich nicht mit Sicherheit sagen kann, ob dies nur an dem erforderlichen Kraftaufwand oder auch an meinen irritierenden Filmleuchten lag. Außerdem hatte ich den Eindruck, daß die Otocryptis bei der Eiablage sehr unschlüssig war. Dann legte sie aber doch drei Eier in den Dschungelboden, schaufelte das Loch wieder zu und überließ alles andere der Natur. Die Jungen, die sich dann dreißig Tage

Otocryptis auf einem Pilz. Diese schon Millionen Jahre alte Echsenart ist ein außerordentlich schnelles und vorsichtiges Tier

später aus der Erde emporarbeiteten, waren von vornherein auf sich selbst gestellt. Da sie über gar keine Tarnung oder zumindest abschreckende Warnfarben verfügten, wunderte ich mich zunächst, wie sie im Dschungel wohl überleben sollten.

Das gelingt ihnen nun aber schon seit so langer Zeit, und nach nur kurzer Beobachtungszeit verstand ich auch, weshalb sie trotz fehlender Tarnung hervorragend an das Dschungelleben angepaßt sind: Die Otocryptis verfügt erstens über eine unglaubliche Schnelligkeit und zweitens über eine anscheinend angeborene Vorsicht. So entkommt sie drohender Gefahr meist doch noch rechtzeitig.

DIE RAFFINIERTESTEN VERWANDLUNGSKÜNSTLER

Andere Tierarten haben ausgeklügelte – ich möchte fast sagen: – "Sicherheitssysteme", mit deren Hilfe sie sich vor Freßfeinden schützen. Sehr erfolgreich ist dabei die Walzenrollschlange, die von den Bewohnern Sri Lankas häufig auch "Kobra an beiden Enden" genannt wird. Diese spezielle Art von Walzenrollschlange gibt es allerdings nur noch ganz selten, sie gehört zu einer Reliktgruppe mit ganz geringem Verbreitungsgebiet. Sie ist völlig ungiftig, doch wenn sie in Gefahr kommt, ahmt sie auf perfekte Art und Weise eine Kobra in Angriffsstellung nach: Dazu richtet sie ihren Schwanz auf und preßt ihn ganz breit. Er ähnelt dann exakt einem Kobrakopf, nicht einmal die kleinen Imitationsaugen fehlen. Der Angreifer ist natürlich über diese blitzschnelle Verwandlung seines Opfers zunächst sehr erstaunt und schreckt erst einmal zurück. Während dieser kleinen "Denkpause" schlängelt sich das harmlose Tier mit dem Kopf voraus in die Erde zurück, bis zuletzt auch der bedrohliche Schwanz bzw. "Kobrakopf" verschwindet.

Noch weitaus vielfältiger erscheinen mir immer die Verwandlungsmöglichkeiten eines Insekts, das ich selber aufgrund seines Aussehens nur durch Zufall als Insekt identifizieren konnte. Es handelt sich dabei um das "Wandelnde Blatt", das zur Gattung der Gespenstschrecken gehört. Diesem ungewöhnlichen Geschöpf kommt ähnlich wie dem

Das „Wandelnde Blatt" aus der Gattung der Gespenstschrecken ist ein Insekt, das sich perfekt tarnt. Oben im Bild das Ausschlüpfen eines „Wandelnden Blatts". Die wichtigste Überlebenshilfe der Raupe ist paradoxerweise eine rote Signalfarbe

Tausendfüßer eine wichtige Rolle im Zusammenspiel zwischen Tier- und Pflanzenwelt zu. Als Pflanzenfresser gibt es durch seine Exkremente dem ausgewaschenen, kargen Dschungelboden wichtige Nährstoffe gleich wieder zurück. Von diesen wenigen Momenten der Nahrungsaufnahme abgesehen, verharrt das Wandelnde Blatt allerdings den ganzen Tag fast bewegungslos, um die vielen Freßfeinde, vor allem Vögel, zu täuschen: Denn das Wandelnde Blatt hat wirklich die Erscheinungsform eines Laubblatts, es imitiert sogar die feinen Rotfärbungen der Blätter seiner Futterpflanze perfekt. Endgültig perfekt wird die Überlebenskunst des Wandelnden Blattes bei der Eiablage. Denn die 100 bis 200 Eier sehen keineswegs wie gewöhnliche Insekteneier aus, sondern wie ganz einfacher, robuster Pflanzensamen. Diese Insekteneier werden dann nicht etwa fein säuberlich abgelegt, sondern geradezu achtlos auf den Dschungelboden geworfen. Dort bleiben sie aufgrund ihres Aussehens meist völlig unbemerkt liegen, bis sich nach einigen Wochen schließlich ein neues Wandelndes Blatt aus der engen Umhüllung hervorarbeitet. Aber auch jetzt noch hält die Verwandlungskunst an: Das junge Insekt ist nämlich überraschenderweise knallrot, und das bedeutet ebenfalls Überlebenshilfe. Denn Rot signalisiert für die Feinde des Insekts: Vorsicht – Gift!

Das Wandelnde Blatt scheint um diese abschreckende Wirkung zu wissen und ist die ersten Tage nach der Verwandlung äußerst aktiv, bis es dann die richtige Futterpflanze gefunden hat. Wenn es dort zu fressen beginnt, verliert es auch innerhalb kürzester Zeit seine rote Farbe. Doch den Verlust der Warnfarbe macht der geschickte Überlebenskünstler durch die blattähnliche Form und die charakteristische Bewegungslosigkeit schnell wieder wett.

Andere ganz bewundernswerte Überlebenskünstler sind auch die Raupen vieler Nachtfalter und anderer Schmetterlingsarten. Ich beobachtete einmal eine Art, die als regelrechtes „Holzbündel" durch die Äste eines Baums kletterte. Um sich ein solches Aussehen zuzulegen, baut sich die geschickte Raupe aus kleinen dürren Zweigen diese Schutzhütte. Die „Bauarbeiten" nimmt sie dabei nur nachts vor, als ob sie instinktiv wüßte, daß sie in dieser Zeit weniger Gefahren von seiten der Vögel und anderer Insektenfresser ausgesetzt ist. Bei dennoch drohender Gefahr fällt sie in eine Erstarrung, klammert sich fest am Ast an und unterscheidet sich so kaum von einem ganz gewöhnlichen Dorn.

Auch eine andere Schmetterlingsraupe verwandelt sich je nach Entwicklungsstufe immer wieder neu und nimmt dabei die wunderlichsten Formen und Farben an. In ihrem ersten Stadium sieht sie doch

tatsächlich aus wie ein Vogelexkrement, was bei Freßfeinden kein Interesse, geschweige denn Appetit auslöst. Im zweiten Stadium, bevor sie zur Verpuppung übergeht, zeigt die noch wachsende Raupe schrille Warnfarben, die den anderen Tieren „Achtung – Gift!" signalisieren sollen. Doch um schließlich ein Schmetterling werden zu können, muß sie auch in das für sie sehr gefährliche Stadium der Verpuppung übergehen. Dazu bindet sie sich mit einem von ihr selbst gesponnenen Gürtelfaden fest an einen Ast, verharrt dann lange Zeit bewegungslos mit dem Aussehen eines abgebrochenen Zweiges, bis sie zum vollentwickelten Schmetterling geworden ist. Doch damit sind die Verwandlungskünste dieses Falters noch lange nicht erschöpft.

In seinen prächtigen Farben und seiner Musterung ist der Schmetterling nun auch noch die perfekte Nachbildung eines giftigen Artgenossen. Jede Echse wird sich hüten, diesen Schmetterling anzugreifen, falls sie auch nur ein einziges Mal dem giftigen und dementsprechend übelschmeckenden Vorbild begegnet ist. Nur wenn seinen Freßfeinden

diese Erfahrung fehlt, hat sich das Tier mit all seinen Verwandlungskünsten vom Vogelkot bis hin zu seiner imitierenden Prachtgestalt vergebens bemüht ...

Viele andere Täuschungsmöglichkeiten gibt es noch. So besitzen unzählige Schmetterlinge Schreckaugen oder zusätzliche Fühler, die aber nur Imitation sind, in der Hoffnung, so ihre ärgsten Feinde, die Vögel, zu verwirren und abzulenken.

Einen ganz besonderen Leckerbissen stellt für viele Tiere wohl auch eine Heuschreckenart, die Langfühlerheuschrecke, dar. Trotz ihrer grünen Tarnfarbe entgeht sie den Augen ihrer Feinde selten. Deshalb macht sie regelmäßig im Augenblick der Gefahr einen Kopfstand, um die Imitationsaugen an den Unterseiten ihrer Beine zu zeigen. Außerdem droht sie noch mit der Bewegung ihrer Bauchrippen.

Die zahlreichen Verwandlungen sind vor allen Dingen deshalb so wirkungsvoll, weil dabei oft eine andere Verhaltensweise, eine andere Form und Farbe erfolgreich vorgetäuscht werden. Diese Methode der Tarnung kennen wir auch unter der Bezeichnung Mimikry.

Heuschreckennymphe mit ihren Schreckaugen, um vor Freßfeinden besser geschützt zu sein. Unten im Bild eine Drachenkopfheuschrecke

TAUSEND TRICKS DER TARNUNG

Nicht nur in Sri Lanka, sondern auch in Borneo bin ich bei meinen Expeditionen in phantastische, gänzlich unberührte Regenwaldgebiete gelangt. Und so konnte ich auch am Berg Kinabalu jene sagenhaften Schutzmechanismen oder Tricks der Tarnung bewundern, die vielen kleinen Tieren zur Verfügung stehen, um sich gegen das „Gefressenwerden" möglichst gut zu schützen. Andererseits gibt es auch Pflanzen und Tiere, die nur aufgrund ihrer Tarnung zu Nahrung kommen.

Da ist zum Beispiel die Gottesanbeterin, ein Insekt, dessen Name über seine räuberischen Absichten hinwegtäuscht. Der Name rührt daher, daß dieses Insekt seine mit scharfen Krallen ausgestatteten Vorderbeine ständig wie zum Beten gefaltete Hände gegen den Himmel richtet. So fängt es sich sogar vorbeifliegende Insekten mühelos aus der Luft, denn die Gottesanbeterin verfügt einmal über scharfe Facettenaugen, denen kaum etwas entgeht, und dann noch über eine

perfekte Tarnung: Wenn eine Gottesanbeterin so scheinbar unbeteiligt am Boden sitzt, völlig unbewegt, sieht sie nicht anders aus als ein abgefallenes, dürres Blatt.
Es gibt noch relativ viele Arten der Gottesanbeterinnen, die wiederum zur Art der Fangschrecken gehören. Bei uns war die Gottesanbeterin in feuchtwarmen Gebieten früher durchaus verbreitet. Heute existiert sie nur noch selten bei uns, wie zum Beispiel im Kaiserstuhl in Baden-Württemberg, und steht auf der

Roten Liste der vom Aussterben
bedrohten Tiere.
Als wahre Meisterin unter den Gottesanbeterinnen gilt die Orchideen-
Gottesanbeterin. Solange sie sich
noch durch den Dschungel bewegt,
läuft sie zwar große Gefahr,
aufgrund ihrer auffallenden Musterung entdeckt und gefressen zu
werden. Hat sie aber ihren Lieblings-
ort, eine weiße Orchidee, einmal
erreicht, so ist sie in absoluter
Sicherheit. Nun sieht sie keiner ihrer
Feinde mehr, da sie sich durch ihre

große Ähnlichkeit mit der Orchidee
so gut wie gar nicht mehr von dieser
unterscheidet.
Entdeckt ein Vogel trotz aller
Tarnung eine Gottesanbeterin, so
besitzt sie noch eine weitere
Möglichkeit, sich zu retten: Die
Gottesanbeterin spannt dazu ihre
Flügel weit auf, und zum Vorschein
kommen die Unterseiten der Flügel
mit schmückenden Schreckaugen.
Mit einem bißchen Glück läßt sich
der hungrige Vogel davon irritieren
und geht wieder auf Distanz.

Die Gottesanbeterin, ein
zur Gattung der Fang-
schrecken gehörendes
Raubinsekt. Völlig unbe-
wegt sieht sie einem
verdorrten Blatt verblüf-
fend ähnlich. Zu nahe
vorbeifliegende Insekten
sind ihre Beute. Rechts
oben: Um selbst Feinde
abzuhalten, besitzt das
Tier große Schreckaugen

Das Chamäleon paßt sich seiner Umgebung durch ständige Farbwechsel sowie durch Nachahmen der Astbewegungen meisterhaft an

Noch perfekter schützt sich meiner Meinung nach eine winzige Raupe vor der Vogelwelt. Als ob sie wüßte, daß Schlangen die natürlichen Feinde der Vögel sind, imitiert sie diese: Sie besitzt nicht nur eine Nachahmung von Schlangenaugen, sondern auch auffallend rote Schreckfühler, die eindrücklich ihre Wirkung tun, wenn sie von Vögeln bedrängt wird. Die Überlebenstricks der Raupen sind so vielfältig, daß ich beim Filmen auf immer neue Varianten gestoßen bin. Zum Beispiel sah ich einmal einen ungewöhnlich kleinen Tannenast, der sich außerdem noch bewegte, was mich doch ein wenig stutzen ließ. Bei näherem Betrachten „entpuppte" sich der Ast als eine Schmetterlingsraupe, der die

wundersamen Kräfte der Natur eine an Tannenzweige erinnernde Tarnabdeckung mitgegeben hatten. Meisterhaft getarnt ist auch eine nur daumennagelgroße Jagdspinne, die ein äußerst schneller und angriffslustiger Jäger ist. Ihre Tarnung besteht einzig und allein darin, stundenlang bewegungslos zu verharren. So wird sie nicht bemerkt, schleicht sich dann lautlos an ihr Opfer heran und erbeutet es blitzschnell im Sprung. Geradezu sprichwörtlich geworden ist das Chamäleon aufgrund seiner unglaublichen Fähigkeiten, sich farblich an seine Umgebung vollständig anzupassen. Dabei sind die Tricks der Tarnung durch Farbanpassung noch lange nicht erschöpft. Um völlig ungesehen zu bleiben, ist das

Chamäleon sogar in der Lage, exakt den Bewegungsrhythmus der Äste und Blätter, auf denen es gerade sitzt, mitzuvollziehen. Wenn sich das Chamäleon von einem Freßfeind entdeckt sieht, versucht es diesen durch groteske Farbwechsel abzuschrecken. Es nimmt dann eine rot-blaue Färbung an, die Kehlhaut leuchtet knallig in Gelb-Rot – eine Farbkombination, die durchaus das Fürchten lehren kann. So ganz und gar ans Baumleben angepaßt, späht das Chamäleon auch hier seine freßbare Beute aus. Dazu benutzt es seine in alle Richtungen drehbaren Augen. Hat sich eine Beute genähert, so schleudert das Chamäleon seine überlange Zunge, an deren Ende sich eine klebrige Sauggrube befindet, zielgenau hinaus. Das Opfer bleibt fast immer kleben, das Chamäleon zieht seine Zunge wieder ein und lauert auf neue Nahrung. Die Echsenarten sind mit ihren Grün-Braun-Färbungen von Natur aus gut getarnt. Bei einer Echse, der Schönechse, konnte ich beobachten, daß sie auch noch zu anderen Mitteln greift: Wenn sie von einer Schlange, ihrem ärgsten Todfeind, bedroht wird und keine Möglichkeit zur Flucht mehr sieht, legt sie sich auf den Rücken und stellt sich tot. Manchmal muß sie dabei bis zu einer ganzen Stunde in dieser Haltung bleiben, aber diese Geduld wird – meistens – durch Erfolg belohnt. Die Schönechse scheint instinktiv zu wissen: „Wer läuft, der stirbt."

Verwandlungskünste und tausend Tricks der Tarnung – Überlebenshilfen im Dschungel für Jäger und Gejagte. Auch Flucht und schneller Rückzug können wirksame Lebensretter sein, ebenso die „Flucht nach vorn". Als Beispiel dafür sei eine kleine Wasserschnecke genannt, beliebte Nahrung von Fischen. Dieses scheinbar wehrlose Insekt behauptet sich in einem feindseligen Lebensraum außerordentlich gut. Die Wasserschnecke hat an beiden Brustseiten äußerst lange und ziemlich starke Dornfortsätze. Mit diesen kann sie den zuschnappenden Fisch so empfindlich verletzen, daß dieser die kleine Schnecke sofort wieder ausspeit.

Die Schönechse, von Natur aus bereits durch eine Grün-Braun-Färbung getarnt, verfügt noch über eine weitere Überlebenstaktik: Droht Gefahr, so stellt sie sich tot, bis der Freßfeind das Interesse verliert

Auch die Kannenpflanze, der immer wieder Insekten in die Falle gehen, kann man als meisterhaft angepaßtes Lebewesen des Dschungels betrachten. Von dieser fleischfressenden Kannenpflanze gibt es viele Arten, die meisten sind in Sri Lanka zu finden. Sicherlich hat es Jahrtausende gedauert, bis sich diese perfekte Insektenfalle entwickeln konnte. Fleischfressend gleicht diese Pflanze einen Nachteil des Dschungelbodens aus: Liefert dieser zu wenig Stickstoff und Mineralien, so entzieht die Pflanze sie eben den Insekten. Wie aber funktioniert nun dieser Insektenfang im Detail? Die Blätter der Kannenpflanze haben ungefähr die Form eines Krugs. Sie können je nach Art mehr oder weniger dick, sogar ein wenig fleischig aussehen. Besonders der Kannenrand ist immer ein bißchen verdickt. Er ist mit Drüsen besetzt, die eine sehr wichtige Rolle spielen: Sie produzieren einen süßlichen Nektar, der Ameisen und andere Insekten anzieht. Unterhalb dieses Kannenrandes befindet sich eine glatte Zone, die deshalb auch Gleitzone genannt wird. Auf diesen spiegelglatten Wänden rutschen die Insekten unweigerlich ab und fallen geradewegs ins Innere der Kannenpflanze. Dort landen sie in einer wäßrigen Lösung, die ebenfalls aus Drüsen der Pflanze abgegeben wird, und ertrinken. Diese Flüssigkeit ist gleichzeitig auch das Verdauungssekret der Blätter und enthält Fermente zur Eiweiß-

aufspaltung und Ameisensäure. So
werden die gefangenen Insekten,
meist Ameisen, zersetzt. Die Pflanze
gewinnt dabei Stickstoffverbindun-
gen, die von der Innenfläche eines
Kannenblattes sofort aufgenommen
werden können. Damit wird der
Stickstoffmangel des Bodens ausge-
glichen.

**Kannenpflanzengewächse
locken Ameisen und
Insekten mit Hilfe eines
süßlichen Nektars an.
Vom glatten Rand
rutschen die Opfer meist
in den Pflanzenkelch, wo
sie von Verdauungsflüs-
sigkeit zersetzt werden**

Interessant ist auch die Beobachtung, daß ausgerechnet das Sekret,
das für die Ameisen todbringend ist,
den Larven der Moskitos als Nähr-
lösung dient. Während Ameisen sich
vor meinen Augen buchstäblich
auflösten, schwammen diese kleinen Larven vollkommen munter
zwischen ihnen herum. Auf die größte existierende Kannenpflanze bin
ich am Fuß des Kinabalu gestoßen.
Ihre kannenartigen Blätter fassen bis
zu vier Liter der Verdauungsflüssig-
keit. Sie heißt Nepenthes Raja und
ist endemisch für den Kinabalu, das
heißt, sie kommt nur dort und
nirgendwo sonst auf der Welt vor.

WO DER REGENWALD
GERETTET WURDE

Die Appelle dürfen nicht verstummen: Der tropische Regenwald *muß* unter allen Umständen gerettet werden, wollen wir weltweite Klimaveränderungen noch vermeiden und dafür sorgen, daß viele hundert Tier- und Pflanzenarten nicht noch vor ihrer Entdeckung aussterben. Gottlob stießen nicht alle Appelle auf taube Ohren, und so ist in einigen tropischen Gebieten auch etwas von aktivem Schutz des Regenwalds zu spüren.

Neurodungen zur Nutzung des Bodens nehmen nicht mehr in so unvernünftigen Ausmaßen zu, der Export tropischer Hölzer in die westlichen Industrienationen ist stellenweise vollständig gestoppt, und man versucht sogar, dem Dschungel sein altes Territorium wieder zurückzugeben.

In diesem Kapitel sprach ich schon von einem prächtigen Urwaldparadies auf Sri Lanka, dem Sinharaja Adaviya, dem „Dschungel des Löwenkönigs". Der Wald selbst mußte nie in einer besonderen Aktion gerettet werden, weil er durch einen glücklichen Zufall sowohl jeder klimati-

schen als auch geologischen Katastrophe entgangen ist. Doch rundherum wurden in ganz Sri Lanka – genauso wie in den anderen äquatorialen Gebieten Afrikas, Südamerikas und eben im gesamten indomalaysischen Raum – große Waldstücke gerodet und durch Plantagen und andere landwirtschaftliche Nutzungsflächen ersetzt.

Besonders in Sri Lanka wurde der Teestrauch durch die englischen Kolonialherren eingeführt und ist seither zu einem bedeutenden wirtschaftlichen Faktor geworden, auf

den man dann natürlich nicht einfach verzichten wollte und konnte, als die ersten negativen Folgen für das ökologische Gleichgewicht sichtbar wurden. Ebenso fremd war einst der Gummibaum in Sri Lanka, und heute stehen in alten Dschungelgebieten ausgedehnte Gummibaumwälder. Die Kautschukproduktion wurde schnell zur wirtschaftlichen Notwendigkeit, der große Nachteil kristallisierte sich auch hier erst viel zu spät heraus: Nach 60 bis 70 Jahren der Kautschukgewinnung ist der Plantagenboden dermaßen ausgelaugt, daß darauf außer Farnen nichts mehr gedeihen kann. Doch nicht nur wegen des Profitstrebens mußte der Dschungel weichen. Schon vor den Tee- und Kautschukplantagen waren die Einheimischen gezwungen, Dschungelboden zu roden, um ihr Grundnahrungsmittel, den Reis, anzubauen.

Doch wie gesagt, dieses kleine Gebiet im äußersten Südwesten Sri Lankas ist von alledem verschont geblieben und wird nun auch noch lange fortbestehen, da die Ansätze der Regierung, den Dschungel des Löwenkönigs unter Naturschutz zu stellen, ernst gemeint und wirksam sind. Jeder Zutritt ist genehmigungspflichtig geworden, und in den Randgebieten wurden und werden noch immer Pufferzonen geschaffen. So traf ich am Rand dieses Dschungelgebietes viele junge Frauen, die damit beschäftigt waren, junge Fichten zu setzen. Diese Montezumafich-

Diese in den Randgebieten des Dschungels angelegten Fichtenplantagen bilden eine schützende Pufferzone zwischen Urwald und landwirtschaftlichen Anbaugebieten

ten, die aus Mittelamerika stammen, wachsen im regenreichen, feuchten Klima besonders schnell – rasch entstanden Plantagen.

Diese Fichtenplantagen, die die Forstverwaltung nach wie vor unterhält, bilden ein breites Band rund um den Dschungel des Löwenkönigs, eine wirkliche Pufferzone also zwischen Urwald und landwirtschaftlichen Anbaugebieten.

Natürlich entspricht dies nicht dem natürlichen Charakter der Insel, aber es stellt dennoch eine Ideallösung dar, zumal das Fichtenholz ja von der Papierindustrie verarbeitet werden kann. So ist der Zellulosebedarf der Bevölkerung in diesem Teil Sri Lankas auf längere Sicht gedeckt, und es ist sichergestellt, daß nicht doch aus wirtschaftlichen Erwägungen eines Tages ein Grund gefunden wird, den bislang unberührten Dschungel des Löwenkönigs abzuholzen.

Man kann durchaus sagen, daß die Menschen auf Sri Lanka, von den englischen Kolonialherren einmal abgesehen, schon seit jeher bestrebt waren, möglichst friedlich und harmonisch im Einklang mit der Natur zu leben. Fast alle der kleinen Seen und der größeren Stauseen in Sri Lanka sind künstlicher Herkunft. Heute bieten sie einer großen Tierwelt Lebensbedingungen, die ansonsten undenkbar wären. Die meisten der Wasserstellen gehen auf die alten Königreiche zurück. So sagte Prakrama Bahu wörtlich: „Ich will jeden Tropfen Wasser, der vom Himmel fällt, für die Menschen nutzbar machen, bevor er das Meer erreicht." So entstand eine der wildreichsten Gegenden der Welt überhaupt, und auch heute noch leben in Sri Lanka zwischen 3 000 und 4 000 Elefanten, auf einer Fläche, die kaum größer als Bayern ist. Von den Menschen droht den Dickhäutern in Sri Lanka heute weniger Gefahr als in anderen Ländern. Die Elefantenjagd ist seit langem verboten, auch wenn die Einhaltung des Verbots nicht immer leicht zu überwachen ist.

In Sicherheit fortbestehen kann der tropische Regenwald nicht nur dort, wo Menschen verantwortungsvoll handeln, sondern vor allem in Gebieten, die seit Millionen Jahren bestehen und von Eingriffen von außen verschont bzw. unberührt blieben. Ob es solche Orte überhaupt noch gibt? Allerdings – und einer davon

liegt mitten im Herzen Sri Lankas. Ich spreche vom Dschungel am Fuß des heiligsten Berges des Landes, am Adamspeak, der je nach Religionszugehörigkeit auch Berg des Adam, Berg des Buddha, Berg des Shiva oder Berg des Apostels Thomas genannt wird.

Seine Spitze ragt felsig in den Himmel, doch darunter liegt unberührter, geheimnisvoller tropischer Bergdschungel. Nur für Pilger ist der Adamspeak schon seit über 2000 Jahren ein Ziel, für das sie die Gefahren des Dschungels in Kauf nehmen. Bis vor wenigen Jahrzehnten zogen sie nachts, mit Fackeln ausgerüstet, durch den Urwald und erklommen den Gipfel. Mohammedaner, Buddhisten, Hindus und Christen – Menschen aller großen Religionen waren und sind von diesem Berg magisch angezogen. In der gar nicht sehr auffallenden Felsvertiefung in der Form eines Fußabdrucks, sei er nun von Adam, Buddha, Shiva oder Thomas, fanden sie ein Symbol der uralten menschlichen Sehnsucht, Jenseitiges diesseitig sichtbar zu machen.

Mich persönlich faszinierte allerdings der Gipfel des Adamspeak weniger, mein Interesse galt dem unberührten Dschungel, abseits aller Pilgerrouten, der fast 100 Millionen Jahre alt ist. Natürlich war es mir nur mit Unterstützung von ortskundigen Männern möglich, in das Dschungeldickicht vorzudringen; ohne sie hätte ich mich angesichts der vielen Schluchten, reißenden Wildbäche und daher häufig sehr glitschigen Pfade niemals mitsamt meiner Kameraausrüstung durch den Dschungel bewegen können.

Die mühevollen Märsche wurden belohnt. Furchtlos begegneten uns die vielen Affen, deren Weg wir kreuzten. Diese Tiere haben am „Heiligen Berg" schon immer von Menschen unbehelligt gelebt, niemals wurde ihnen etwas zuleide getan. Das ist für viele andere Gegenden nicht selbstverständlich, in manchen Teilen Südostasiens finden regelmäßige Fangaktionen für Tierversuchszwecke statt, so daß die Affen dort beim bloßen Anblick der Menschen panikartig die Flucht ergreifen. Doch ich muß sagen, am Heiligen Berg bin ich so vielen Tieren in so großer Zahl begegnet, daß ich von Anfang an das Gefühl hatte, mich in einer Traumwelt zu befinden.

Noch unwirklicher, beinahe paradiesisch mutet die Pflanzenwelt dieses Berges an: Besonders nach der fast siebenmonatigen Regenzeit, in der ein starker Monsunregen herniederprasselt, stellt diese Welt einen botanischen Garten von unüberschaubarer Fülle dar. So viele Orchideenarten sahen wir, daß weder ich noch meine einheimischen Begleiter sie alle hätten einordnen und benennen können. Entsprechend der Vielzahl der Blumenarten gab es natürlich auch cinc Fülle der kolibriartigen Nektarvögel. Eine unvorstellbare Anzahl bunter Schmetterlinge machte die Farben- und Blutenpracht über alle Maßen schön: Diese Welt empfand ich als Paradies auf Erden – trotz der Gefahren, die sie wegen zahlreicher Schlangen, Skorpione und Raubtiere birgt. Sie wirkte auf

Herbstblattschmetterling, von dem es besonders im Bergdschungel des Adamspeak auf Sri Lanka noch viele Exemplare gibt. Darunter eine Bodenorchidee. Auch Orchideen fallen an diesem heiligen Berg unter Naturschutz

mich wie ein unschätzbarer Reichtum, der bereits um seiner selbst willen nicht angetastet werden, geschweige denn zerstört werden darf.

Den Einheimischen würde niemals in den Sinn kommen, hier auch nur eine winzige Blume oder Orchideenblüte abzureißen, denn für diese Menschen sind auch die Pflanzen lebende Wesen und Mitgeschöpfe, die am Heiligen Berg nach ihrer Auffassung unter ganz besonderem göttlichen Schutz stehen.

Es war auch hier in diesem Bergdschungel, wo ich dem seltenen Schuppentier, von dem ich schon erzählte, begegnet bin. Ausgiebig und oft beobachtete ich auch das Schauspiel des Fressens und Gefressenwerdens. So konnte ich zum Beispiel einer Bambusotter beim

Ein weiteres Prachtexemplar aus der bunten Welt der Schmetterlinge: ein Schwalbenschwanz-Schmetterling, den Werner Fend im Dschungelparadies des Kinabalu entdeckte

Erbeuten eines Frosches zusehen, aber kurz darauf schon war ihr Schicksal durch das Auftauchen eines Mungos besiegelt.

Der Dschungel am Adamspeak – gerettet bis in alle Ewigkeit? Wenn der göttliche Wille weiterhin geachtet wird, sicherlich.

Auch in einem anderen südostasiatischen Land scheinen Mystik, Religion und die Ehrfurcht vor der Unantastbarkeit der belebten Natur zu einer Einheit verschmolzen zu sein, die die Natur vor der Zerstörung bewahrt hat. Die Rede ist vom Kota-Kinabalu, auch „Geisterberg" genannt. Dieser Geisterberg liegt im Nordosten Borneos, und die Natur in seiner Umgebung stellt ebenfalls ein wahres Dschungelparadies dar. 1851 wurde der Kinabalu, der sage und schreibe 4 101 m hoch ist, von einem Engländer namens Hugh Low zum erstenmal bestiegen. Der Gipfel ist beinahe immer von Nebel- und Regenschwaden verhüllt. Vor seiner Erstbesteigung war der Kinabalu viele Jahrtausende lang ein sagen- und legendenumwobener Ort. Den Einheimischen gilt er noch heute als Aufenthaltsort der Geister und Gespenster, andererseits aber auch als Thron der Toten, der Drachen und Dämonen.

Diesem Umstand ist es auch zuzuschreiben, daß am Kinabalu noch heute eine Wunderwelt von Pflanzen und Tieren wie sonst kaum auf der Welt fortbesteht.

Ungefähr 5 000 mm Regen fallen jährlich auf die Berghänge. Talwärts beginnt erster Pflanzenwuchs in der alpinen Region auf etwa 3 000 m Höhe. Hier halten sich viele verschiedene Arten von Bartflechten auf glitschigem Stein. Sie sollen die Nahrung für viele Geister sein, von denen es in diesen kühlen Höhen eine größere Anzahl geben soll. Auf solcher Höhe sah ich bei meinen Ausflügen auch nur vereinzelt Vögel und Schmetterlinge. Doch nach wenigen hundert Höhenmetern tiefer nimmt die Zahl und Artenvielfalt der Lebewesen rapide zu. Auch die Pflanzenwelt erschien mir schlagartig viel bunter, lebendiger, und es stellte sich heraus, daß hier am Kinabalu mehr als die Hälfte aller Blütenpflanzen-Gattungen auf der ganzen Welt wächst und gedeiht.

Hier gibt es Bäume, Sträucher und Pflanzen, die im Himalaya, in China und Europa ihren Ursprung haben, während andere aus Australien und Neuseeland stammen und sogar solche, die Verbindungen zum amerikanischen Kontinent aufweisen. Allein 26 verschiedene Rhododendronarten sind am Geisterberg von Borneo gezählt worden, und alle, die ich entdeckt habe, waren so prächtig und groß, daß sie weithin sichtbar waren.

Je weiter ich nach unten abstieg, desto feuchter und schwüler wurden die Bedingungen. Dementsprechend reichhaltiger wird nicht nur die Flora, sondern auch die Fauna, also die Tierwelt, die sich in den vielfältigen Nischen hervorragend einrichten konnte.

Selbst die äußerst scheuen Sambarhirsche konnte ich filmen, und Seltenheitswert dürften auch meine Aufnahmen von einer Marmorkatze haben. Diesen Namen hat sie wohl wegen der marmorierten Zeichnung ihres Fells bekommen. Sie ist ein Raubtier, hauptsächlich auf Beute wie Vögel und kleinere Säugetiere aus. Ein ausgewachsenes Tier wird kaum größer als beispielsweise eine europäische Hauskatze.

Von vielen Affenhorden, denen wir mehr oder weniger zufällig begegneten, war eine der interessantesten eine Gruppe von schweinsschwänzigen Makaken. Das Leittier dieser Horde stand uns zunächst höchst mißtrauisch gegenüber, ließ sich

dann aber von einem Weibchen beruhigen, das ihm liebevoll die morgendliche Fellpflege verabreichte. So konnten wir uns bis auf wenige Meter dem Tier nähern.

Vor allem in den unteren Regionen des Kinabalu trafen wir auf immer exotischere Tiere, denen wir nicht nur Bewunderung, sondern auch gehörigen Respekt zollten. Skorpione, handgroße Vogelspinnen, die durchaus unangenehm reagieren können, wenn sie sich in irgendeiner Weise bedroht fühlen, säumten unseren Weg.

Spinnen mit ihrer Brut in glockenförmigen Gebilden. Diese auffälligen Gebilde führten auch zu dem Beinamen „Glockenspinne". Darunter: Vogelspinne. Die Vogelspinne lebt ohne Netz und tötet ihre Beute durch Gift

Doch das wohl ungewöhnlichste Tier dieser Gegend war und ist der Koboldmaki. Er scheint aus einer anderen Welt zu stammen – dieses nur rattengroße Äffchen. An eine Ratte erinnerte es mich unter anderem deswegen, weil es einen enorm langen Schwanz hat, dessen Ende behaart und dessen übriger Teil vollkommen nackt ist. Bei den Einheimischen heißt dieses groteske Wesen Tondirukut, was soviel bedeutet wie „zusammengesetzt aus mehreren Tieren": Der Koboldmaki hat nicht nur den Schwanz einer Ratte, sondern auch die Hinter- und Vorderbeine eines Frosches und die Ohren einer Fledermaus. Für die Jagd im nächtlichen Dschungel besitzt dieses Tier schließlich die Augen einer Eule. Auch wenn dieser Affe also ein zugegebenermaßen sehr seltsames Aussehen hat, so rückt er als Halbaffe entwicklungsgeschichtlich gesehen sehr in die Nähe des Menschen. Entlang der vielen kleinen Bäche und Rinnsale erhielt ich auch besonders intensive Eindrücke von der farbenprächtigen Welt der Schmetterlinge. Tausende konnte ich hier auf allerkleinstem Raum sehen. Ich war nicht in der Lage, mit Sicherheit alle diese unterschiedlichen Falter einordnen zu können, gibt es am Kinabalu doch mindestens 300 verschiedene Arten. Auch die Insektenforscher sind sich sicher, daß es in diesem Dschungelparadies noch zu zahlreichen Neuentdeckungen kommen wird.

Ähnliches gilt auch für die Libellen. Diese Raubinsekten flogen in gleicher Form, nur um einiges größer, schon vor 300 Millionen Jahren in Gesellschaft der Dinosaurier umher. Sie tauchten ebenfalls in immer neuen, schillernden Variationen auf. Das Dschungelparadies am Kinabalu, das nicht zuletzt auch wegen seiner rund 300 verschiedenen Farnarten (das sind so viele wie auf dem ganzen afrikanischen Kontinent) „Paradies der Fülle" genannt wird, kann dank der positiven Bemühungen der Menschen in diesem Teil von Borneo möglicherweise noch lange fortbestehen.

Die 750 Quadratkilometer Natur auf und um den Kinabalu herum werden geschützt. So ist Natur vor Raubbau und Zerstörung gerettet worden. Wenn ich auch während meiner vielen Expeditionen immer wieder auf noch unberührte Dschungellandschaft gestoßen bin, so habe ich doch nirgends so intensiv das Gefühl verspürt, das Paradies auf Erden gesehen zu haben wie hier. Vor 2 500 Jahren sagte Buddha schon: „Der Wald ist ein wundersamer Organismus von grenzenloser Güle, er gewährt Schatten und Zuflucht sogar dem, der ihn zerstört."

Am Adamspeak, dem heiligsten Berg Sri Lankas, im Dschungel des Löwenkönigs, aber auch an jenem wunderbaren Geisterberg von Borneo ist der Regenwald aufgrund des festverwurzelten Glaubens an Gott, an Götter und Dämonen, aus Vernunftgründen ebenso wie aus einfacher Ehrfurcht vor dem, was die Natur in perfekter Harmonie geschaffen hat, gerettet worden. So kann der tropische Regenwald dort weiterhin nach Buddhas Leitgedanken nicht nur Schatten und Zuflucht, sondern auch ökologischen Ausgleich und intakte Lebensräume für Lebewesen aller Art bieten.

Etwa die Hälfte aller ursprünglich auf der Erde vorkommenden Regenwälder existiert noch. Es bleibt zu hoffen, daß aus dem Bestreben vieler einheimischer Bewohner, die Vernichtung aufzuhalten, gelernt wird. Ihr Beispiel möge ebenso in anderen Regionen Schule machen und nicht zuletzt auch auf uns, denen Zivilisation und Profitdenken den Blick für unsere Mitgeschöpfe in der Natur verstellt haben, seine Wirkung nicht verfehlen.

Der Koboldmaki (links) ist wohl eines der seltsamsten Tiere der südostasiatischen Inselwelt – Werner Fend entdeckte ihn im Regenwald am Fuße des Kinabalu auf Borneo. Die einzelnen Körperteile dieses „Gespenstaffen" scheinen so schlecht zueinander zu passen, daß die Eingeborenen glauben, er sei aus mehreren Tieren zusammengesetzt.

Wie eine ägyptische Pyramide ragt der Adamspeak (oben) mit seinem noch unberührten Dschungelparadics in den Morgennebel über Sri Lanka – ein Mysterium, das schon viele Menschen angezogen hat

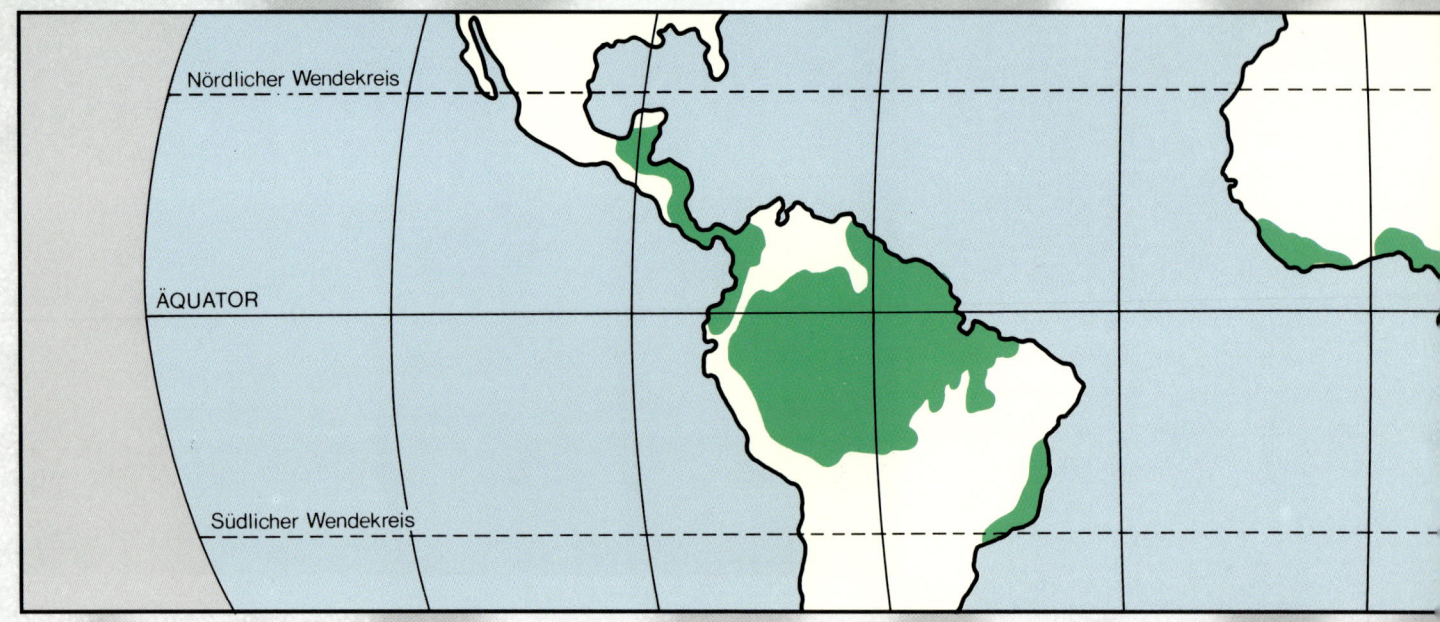

Nördlicher Wendekreis

ÄQUATOR

Südlicher Wendekreis

Vielfalt mit System – Der Regenwaldgürtel

Der tropische Regenwald stellt mit seiner Fülle an Pflanzen und Tieren den artenreichsten Lebensraum unserer Erde dar.

Dieser immergrüne und so reich strukturierte Wald liegt in den dauerfeuchten Tropen, im sogenannten Regenwaldgürtel, wo im Jahresdurchschnitt mit hohen Niederschlägen zwischen 2 000 und 4 000 mm zu rechnen ist bei annähernd gleichmäßiger Verteilung. Das bedeutet, daß es keine jahreszeitlichen Schwankungen des Klimas gibt, die sich aufs Pflanzenwachstum fördernd oder begrenzend auswirken könnten.

Auch die Temperaturen, die im Durchschnitt zwischen 24° und 28°C liegen, sind nur einem tageszeitlichen Wechsel unterworfen, das Jahr über hingegen gleichbleibend.

Der Regenwald besteht aus drei Stockwerken oder Etagen: unten aus der Strauchschicht, dann den mittelgroßen Bäumen, die bereits ein dichtes Kronendach bilden und nur noch von den 50 Meter hohen Baumriesen in der „dritten Etage" überragt werden. Diese Etagen-Struktur ermöglicht ein schier unerschöpfliches Pflanzenwachstum, zusätzlich begünstigt von einer intensiven Sonneneinstrahlung. Vor allem die hohe Artenvielfalt der Bäume unterscheidet den Regenwald von den Laub- und Nadelwäldern unserer gemäßigten Breiten. So können im tropischen Regenwald auf einem einzigen Hektar Boden manchmal 150 bis 200 verschiedene Baumarten vorkommen.

Doch auch die mannigfaltigen Epiphyten – das sind Gewächse, die auf anderen Pflanzen wachsen und nicht mit dem Boden verwurzelt sind – und die vielen Tiere, die hier ihren Lebensraum haben, machen den Regenwald zu einem einzigartigen Ökosystem.

Der gesamte Regenwaldgürtel erstreckt sich auf die dauerfeuchte Tropenzone, das heißt, wir finden Regenwälder in Teilen Südostasiens, im Kongo-Becken, im Amazonas-Becken und auch an der Ostküste Madagaskars.

In all diesen Verbreitungsgebieten wurde der Regenwald in den letzten 30 Jahren durch unaufhaltsame Rodung und durch Ackerbau extrem vermindert. Mehr als sieben Millionen Quadratkilometer Regenwald, eine Fläche der Größe Australiens, wurden vernichtet. Dabei spielen vor allem die wirtschaftlichen Interessen der Industriestaaten an den tropischen Hölzern zur Gewinnung von Zellulose und Möbelproduktion eine entscheidende Rolle. Bis heute bedienen sich viele große Industrieunternehmen, die vor allem den gewaltigen Papierbedarf der „zivilisierten Welt" beliefern, des Regenwalds als „Holzvorratskammer".

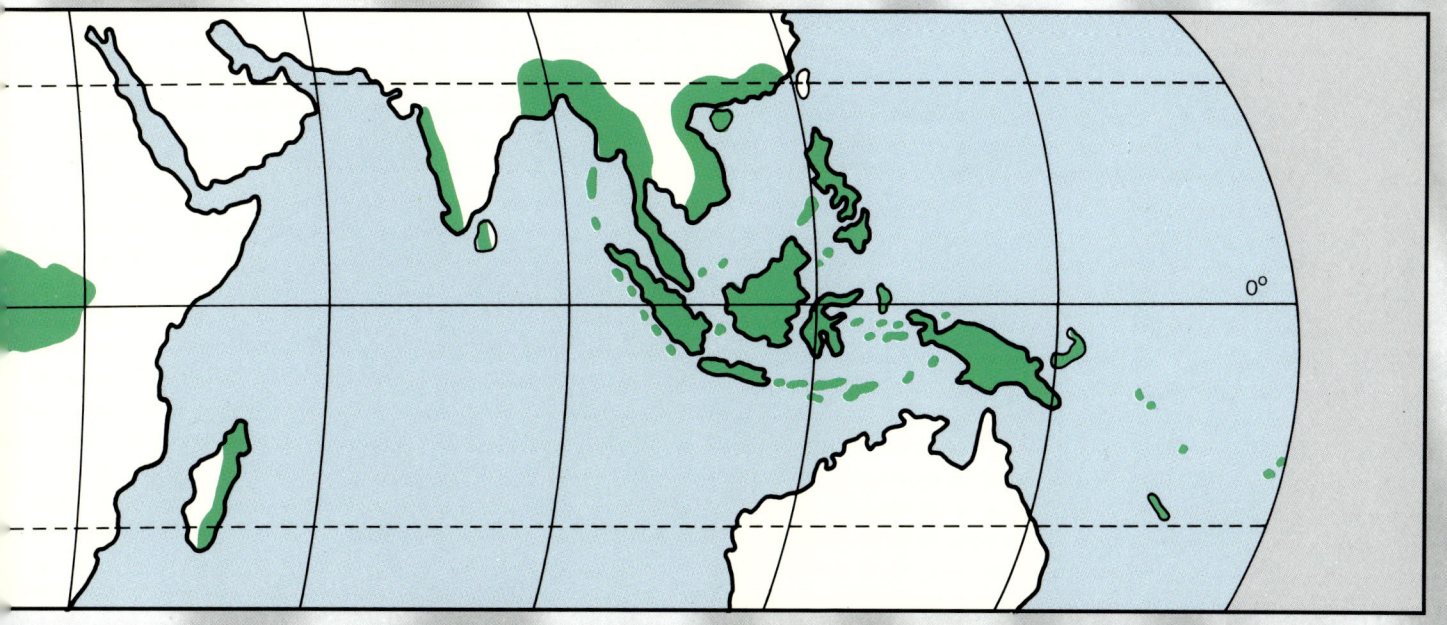

Der Nährstoffkreislauf im Regenwald

Bei aller üppigen Vielfalt ist der Boden der tropischen Wälder paradoxerweise ausgesprochen nährstoffarm. Die meisten Nährstoffe sind nämlich in denjenigen Pflanzen gespeichert, die prozentual auch den höchsten Anteil an der pflanzlichen Masse im Regenwald ausmachen: in den Bäumen. Ins Verhältnis zueinander gebracht, enthalten die Pflanzen rund das Zehnfache aller wichtigen, normalerweise im Boden gespeicherten Mineralstoffe, wie z. B. Kalium und Magnesium. Auf diesen nährstoffarmen Böden ist für den tropischen Regenwald nun dank der großen Artenvielfalt von Bäumen ein „geschlossener" Nährstoffkreislauf typisch. „Geschlossen" heißt hier, daß in diesem System beinahe keine Nährstoffe verlorengehen. Denn das Regenwasser ist bereits von den Bäumen äußerst gut gefiltert, bevor es den Boden erlangt. Das heißt, an den Boden geht

eigentlich nur ohnehin schon nährstoffarmes Wasser „verloren". Die herabfallenden Blätter, die wegen des Fehlens von ausgeprägten Jahreszeiten, wie Herbst und Frühjahr unserer Breiten, kontinuierlich fallen, werden von den zahlreichen Mykorhizzen, den Wurzelpilzen, die hier in Symbiose mit den Urwaldbäumen leben, sofort zersetzt, so daß der umgehenden Rückführung von Restnährstoffen aus diesen Blättern nichts im Wege steht.
So erklärt sich auch, weshalb im Regenwald niemals eine dicke Humusschicht zu entdecken ist: Die Zersetzungsvorgänge laufen viel zu schnell ab; jeder Nährstoff wird gespeichert, und zwar im Gegensatz zu anderen Wäldern nicht hauptsächlich im Boden, sondern in den Pflanzen selbst.
Damit ist auch klar, warum eine dauerhafte, intensive landwirtschaftliche Nutzung von abgeholzten oder

brandgerodeten Flächen nicht möglich ist: Eine Humusschicht fehlt, und dem kargen Boden müßte durch Düngen erst zugeführt werden, was die Nutzpflanzen herausholen sollen. Nach zwei, drei Jahren ist der Boden restlos ausgelaugt, neue Flächen werden abgeholzt. Und so wild wuchernd der Regenwald auch erscheinen mag: Wo dieser „geschlossene" Nährstoffkreislauf einmal aufgebrochen und zerstört wurde, da regeneriert er sich nicht mehr, jeder Hektar ist unwiederbringlich verloren.

DIE TOLLKÜHNSTEN
MÄNNER DES DSCHUNGELS

Menschen, die oft gezwungen sind, sich in Gefahr zu begeben, kennen meist auch die Warnzeichen: Hier signalisieren Tigerspuren zwischen den Luftwurzeln der Mangrovesümpfe in den Sunderbans, daß der Tod stets in der Nähe und deshalb größte Vorsicht geboten ist

Jeder Mensch, der den Dschungel betritt, kann in gefahrvolle Situationen geraten. Wie gut man die Gefahren des Dschungels auch kennen mag – sie sind nie in allen Einzelheiten kalkulierbar. So ist Vorsorge ebenfalls nur begrenzt möglich, denn aufgeschreckte Schlangen und Tiger, in die Enge getriebene Skorpione und andere giftige Insekten, plötzlich auftauchende Krokodile, die manchmal sogar Boote umwerfen, weil sie die menschlichen Eindringlinge in ihrem Lebensraum nicht dulden wollen, sind nicht immer vorherseh- und damit auch nicht

kalkulierbar. Begegnungen dieser Art kommen größtenteils per Zufall zustande. Ob sie tragisch oder glimpflich ausgehen, hängt nicht nur von Geschicklichkeit und Können des Betroffenen, sondern meist auch vom Glück ab.

Die Menschen, die in den Regionen des Regenwalds leben, sind schon immer die besten Kenner der Gefahren des Dschungels gewesen. Doch andererseits waren sie auch immer die Hauptleidtragenden, wenn es von Zeit zu Zeit zu großen, oft gehäuft auftretenden Unglücksfällen kam, zum Beispiel durch menschen-

fressende Krokodile oder Tiger. Menschen in Regenwaldgebieten errichteten zu allen Zeiten ihre Wohnstätten am Dschungelrand. Sie haben auch schon vor langer Zeit damit begonnen, sich zum größten Teil von ihrer eigenen landwirtschaftlichen Produktion zu ernähren und dem gefahrvollen Dschungel möglichst fernzubleiben.

Doch bei meinen zahlreichen Aufenthalten in den Regenwäldern Südostasiens sind mir auch andere Menschen begegnet, Männer, die mit gefahrvoller und äußerst anstrengender Arbeit direkt im Dschungel ihren

Lebensunterhalt verdienen. Zu diesen Abenteurern, ob sie aus wirtschaftlichen Gründen oder aus Sehnsucht nach Abenteuern und Nervenkitzel zu ihren gefährlichen Berufen gekommen sind, zähle ich vor allem die Elefantenfänger, denen ich mich in Assam anschließen durfte, die Honigsammler aus den Sunderbans und die Wurfnetzfischer Sri Lankas, die nie vor Krokodilen sicher sind. Die zu diesen drei „Berufsständen" gehörenden Männer sind, wie wir sehen werden, wirklich die tollkühnsten Männer unter der einheimischen Bevölkerung.

Hungrige Krokodile sind nicht nur schnell, sondern auch in höchstem Maße angriffslustig. Die Chancen, solche Attacken zu überleben, sind gering. Bis zum letzten Augenblick erfordert die Arbeit der Wurfnetzfischer daher äußerste Konzentration

DIE ELEFANTENFÄNGER
VON ASSAM

Um die indischen Elefanten spinnen sich viele Mythen und Sagen. Viele Europäer gehen auch heute noch immer davon aus, daß der Elefant in den asiatischen Ländern als „heiliges" Tier betrachtet wird. Dies trifft so nicht zu, statt dessen bewundern und respektieren die Menschen die Elefanten wegen ihrer Güte, Kraft und Klugheit. Gerade was diese „Intelligenz bei Tieren" betrifft, so ist der Elefant für sie das weitaus klügste Tier der ganzen Welt – für Forscher, die Pferde als „intelligenter"

bezeichnen, hätten sie nur ein verständnisloses Lächeln übrig. Der Elefant ist Symbol für Würde und Majestät, er gilt sogar als ausgesprochener Glücksbringer. Dennoch gibt es auch in Indien Kinder, die noch nie in ihrem Leben einen Elefanten gesehen haben, so wie auch bei uns Großstadtkinder viele Tiere nur aus Büchern oder allenfalls von einem Zoobesuch kennen. Und mit Sicherheit kann man sagen, daß der Elefant auch in Indien heute ein sehr seltenes Tier ist.

Nach ungenauen Schätzungen gibt es dort noch ungefähr 8 000 bis 9 000 Exemplare – im Vergleich zu Afrikas annähernd 300 000 Elefanten eine kleine Zahl. Andererseits sind diese wenigen Elefanten im Verhältnis zur Größe des Lebensraums immer noch zu viele. Denn die zunehmende Bevölkerung und die im Zuge dessen immer größer werdenden Anbauflächen haben den Lebensraum der Elefanten, der eigentlichen Ureinwohner also, erheblich eingeengt.

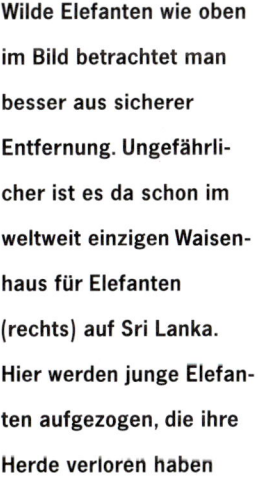

Wilde Elefanten wie oben im Bild betrachtet man besser aus sicherer Entfernung. Ungefährlicher ist es da schon im weltweit einzigen Waisenhaus für Elefanten (rechts) auf Sri Lanka. Hier werden junge Elefanten aufgezogen, die ihre Herde verloren haben

Es verging noch kein Tag, an dem man in indischen Zeitungen nicht irgendwelche Schlagzeilen wie diese lesen konnte: „Elefanten terrorisieren Teeplantagen" oder „Hirten durch Elefantenüberfall vertrieben".
Diese Übergriffe hängen aber nicht mit einer eventuell zunehmenden Bösartigkeit von Elefanten zusammen, sondern sind einzig und allein auf das immer massivere Vordringen der Menschen in den Dschungel zurückzuführen. Besonders in Assam und Bengalen wurden für die Teeplantagen große Dschungelstükke gerodet, die seit Jahrtausenden Elefantenpfade sind. So kam es bei den Konflikten zwischen Elefanten und Menschen immer wieder zu Blutvergießen, besonders wenn Elefanten auch die Hütten der Plantagenarbeiter umwarfen, die darin befindlichen Vorräte auffraßen oder etwa

Reisfelder zertrampelten und dem betroffenen Bauern damit seine Lebensgrundlage entzogen.
Je deutlicher dieses „Revierproblem" zutage trat, desto intensiver fuhr man fort, die ohnehin geringe Zahl der Elefanten zu dezimieren. Schlimmstenfalls geschah dies durch Abschüsse, doch in den meisten Fällen versuchte man, die Elefanten einzufangen, sie zu zähmen oder aber sie in anderen Gebieten neu anzusiedeln.
Traurigerweise verursachten aber auch viele dieser Fangmethoden starke Verletzungen oder sogar den Tod der Tiere. Besonders die schon seit Jahrhunderten gebräuchlichen Fallgruben trugen dazu bei:
Selbst in eine gut mit Laub und kleinen Ästen ausgepolsterte Grube kann ein Elefant so unglücklich stürzen, daß er sich schwer verletzt.

Noch schlimmere Folgen kann es haben, wenn ein Elefant auf ein weiteres, schon in der Fallgrube befindliches Tier stürzt – nicht selten haben Elefanten schon so den Tod gefunden.

Weitaus besser für die Tiere, aber ebenso selten ist die Methode, Elefanten mit dem Lasso einzufangen. Dabei riskiert man im Gegensatz zu allen anderen Fangmethoden nicht den Tod der Elefanten, jedoch besteht diese Gefahr für den Fänger. Diese gefährliche und einzigartige Fangmethode üben nun schon seit vielen hundert Jahren die Katscharies und ausnahmslos die Angehörigen dieses Stammes aus. Von Generation zu Generation wird dieser Beruf des „Elefantenfängers" weitergegeben, und die Katscharies sind auf diese Tradition zu Recht stolz. Dennoch muß man auch feststellen, daß im Lauf der Jahre schon viele ihrer Stammesgenossen von den mächtigen Beinen wilder Elefanten zu Tode getrampelt, eine ebenso große Zahl von Stoßzähnen der in Wut geratenen, angreifenden Bullen aufgespießt wurden.

Von alledem hatte ich bis dahin nur aus Erzählungen gehört, aber einen Elefantenfang selbst hatte ich noch nicht miterlebt oder gar im Bild festgehalten. So beschloß ich, eine solche spektakuläre Aktion wie den Elefantenfang mit dem Lasso einmal mit der Kamera festzuhalten und so einem Millionenpublikum zugänglich zu machen.

Elefantenfänger haben soeben ihr Lager aufgeschlagen. Nur mit dem Lasso geht es auf die Jagd nach wilden Elefanten. Werner Fend begleitete diese Gruppe bei ihrem abenteuerlichen und keineswegs ungefährlichen Unternehmen

Diese Fangaktionen fanden bei den Elefantenfängern von Assam, den besten Kennern dieser Tiere überhaupt, selbstverständlich auch vom Rücken ihrer gezähmten, zu Jagdelefanten erzogenen Tiere statt. Für mein Vorhaben bekam ich von Einheimischen die Elefantenkuh „Ratna Mala" zur Verfügung gestellt. „Ratna Mala" heißt auf deutsch „Perlenkettchen", was bei einem solchen Koloß, wie es Ratna Mala war, etwas befremdend wirkt. Doch der Besitzer wollte damit zum Ausdruck bringen, welchen großen Wert das Tier für ihn hatte. Einst galt Ratna Mala als einer der zuverlässigsten und begabtesten Jagdelefanten im ganzen Land. Als ich sie zum erstenmal sah, war Ratna Mala bereits 60 Jahre alt und wog etwa vier Tonnen. Daß mich die Katscharies, die sich acht Monate im Jahr in Dschungelcamps aufhalten, um auf Elefantenfang zu gehen, nicht gleich mit meinem Anliegen zurückwiesen, hatte ich auch der angesehenen Elefantendame zu verdanken. Ehrfurchtsvoll begrüßten sie uns, vielmehr begrüßten die waghalsigen Männer Ratna Mala, und nach kurzer Beratung waren sie sich einig: Ratna Mala und ihr europäischer Reiter durften sie zum Elefantenfang in den Dschungel begleiten. Warum sie mir als Fremdem diese Ehre erwiesen? Wahrscheinlich waren sie der Meinung, man dürfe der altehrwürdigen Elefantenkuh diesen Ausflug in ihre Heimat nicht verwehren.

Die Elefantenjagd mit dem Lasso betrieb man wie gesagt seit jeher nur im Bundesstaat Assam, und früher fingen die Katscharies jährlich bis zu 600 wilde Elefanten ein. Heute sind diese Zahlen bedeutend niedriger, sie liegen bei ungefähr 300 Jungtieren pro Jahr, aber dies ist bereits auf den insgesamt verringerten Bestand an Elefanten zurückzuführen. Doch zurück zum waghalsigen „Mela Shikar", wie die Inder den Elefantenfang mit dem Lasso nennen.

Die große Routine und Erfahrenheit der Katscharies bemerkte ich schon bei den Vorbereitungen zum Abmarsch in den Dschungel: Innerhalb kürzester Zeit war der Reiseproviant in dicke Bambusrohre gefüllt, die Ausrüstungsgegenstände, wie Kochgeschirr, Seile etc. und auch meine Kameras, sorgfältig festgezurrt.

Bei normalen Ausritten sitzt der Elefantenführer vorne zwischen den Ohren des Tieres, der „Passagier" hinter ihm. Doch beim „Mela Shikar" ist es genau umgekehrt: Vorne sitzt der Fandi, „Fand" heißt in der Eingeborenensprache soviel wie Lasso, dahinter sitzt der Mahaut, also der Elefantenführer, und die speziell für dieses Unternehmen ausgebildeten Elefanten heißen „Kunkis". Das Lasso liegt dabei immer griffbereit vor dem Fandi.

Nach einigen Tagesritten begann ich genau wie die anderen Männer damit, öfter einmal im Sattel zu stehen. Die Elefanten haben nämlich eine recht unruhige Gangart, die nicht etwa nur sanft schaukelnd ist, sondern wirklich hohe Ansprüche an das Gleichgewichtsvermögen des Reiters stellt.

Außerdem stellte ich fest, daß mein Mahaut, der allerdings noch sehr jung war, gelegentlich mehr von Ratna Mala betreut und gelenkt wurde als sie von ihm.

Werner Fend unterwegs auf Ratna Mala, die für ihre treuen und zuverlässigen Dienste im Laufe vieler Jahre auch den Kosenamen „Perlenkettchen" erhalten hat. Normalerweise dulden die Elefantenfänger keine Fremden bei ihrer gefährlichen Arbeit, aber bei Ratna Mala war Werner Fend gut aufgehoben

**Bevor die Fangaktion
beginnt, wird ein wichti-
ges Hilfsmittel, das Lasso,
auf seine Festigkeit
geprüft. Ein Lasso, das im
entscheidenden Moment
reißt, bringt nicht nur
Ärger, weil dann alle
Mühe umsonst war; es
kann auch die gesamte
Fängermannschaft in
größte Gefahr bringen.
Deshalb knüpfen die
Elefantenfänger vom
Stamm der Katscharies
ihre Lassos auch selber**

Ebenso konnte ich mich davon überzeugen, daß der Ortssinn der Elefanten dem der Fandis und Mahauts
häufig überlegen war, obwohl sich
doch auch diese Männer, die sich
hier bis zu acht Monate im Jahr
aufhielten, sehr gut im Dschungel
auskannten. Oft fanden die Elefanten, die ausnahmslos aus dieser
Gegend stammten und hier früher in
ihrer eigenen wilden Herde lebten,
von selbst die weniger beschwer-
lichen oder kürzeren Wege.
Die Elefantenfänger behaupten ohnehin, daß es für die Kunkis ein ausge-
sprochenes Vergnügen sei, wieder in
ihre alte Heimat zurückzukommen,
sie würden sich sogar auf diese
Ausflüge freuen. Deshalb hatten sie
ja auch Ratna Mala dieses Vergnügen nicht verwehren wollen und
dafür sogar mich als lästiges
Anhängsel in Kauf genommen.

Ratna Mala demonstrierte mir jeden
Tag, was sie alles gelernt hatte. Ständig schien ihr bewußt zu sein, daß
die Menschen, die sich auf ihrem
Rücken befanden, sie an Höhe über-
ragten und außerdem viel empfind-
licher waren als ein Dickhäuter: So
bog sie im dichten Dschungelge-
strüpp bei jedem Schritt Äste,
Lianen und dornige Zweige beiseite,
knickte oder riß sie ab, und das
alles geschah so behend, daß sie
dabei ihr Schrittempo kein bißchen
verlangsamte.
Nicht ganz ohne Schrecken stellte
ich fest, daß sie von Zeit zu Zeit
auch eine für mich gar nicht sichtbar
gewesene Bambusviper oder eine
andere Schlange von einem herunterhängenden Ast beiseite schleuder-
te – es war schon fast unheimlich,
mit welcher Präzision dieses Tier alle
Gefahren und Hindernisse aus dem

Weg räumte. Anscheinend konnten diese klugen Elefanten mit der Zeit einen regelrechten Beschützerinstinkt dem Menschen gegenüber entwickeln. Mit der Zeit wurde ich dann immer gespannter, wann es nun zu einem Zusammentreffen mit der ersten wilden Elefantenherde kommen würde. Möglichst viele Jungtiere sollten auch dabei sein, denn nur die werden von den Katscharies eingefangen und gezähmt.

Als wir eines Vormittags gerade eine kleine Pause mitten auf einer kleinen Lichtung einlegten, drang durch das Gezwitscher vieler Vogelstimmen ein winzig kleiner Trompetenstoß, kaum wahrnehmbar durch diese Geräuschkulisse. Dieses leise Stimmchen konnte nur einem Jungelefanten gehören. Wir bewegten uns nun langsamer vorwärts, durchquerten zunächst die Lichtung, um dann durch ein Gelände voll von riesigen Bambusbüschen weiter vorzudringen. Allerdings mußten wir uns wegen dieser Bambuspflanzen sehr in acht nehmen, da die Spitzen abgebrochener Rohre messerscharf sind und gefährliche Verletzungen hervorrufen können. Schließlich ging die

Bambuslandschaft in eine Art Savanne über, mit solch einem hohen Grasmeer, das wir nun überhaupt keine Sicht mehr hatten. Nur vereinzelte Geräusche bestätigten, daß wir uns nach wie vor in der richtigen Richtung bewegten. Als wir erneut auf einer Lichtung angelangt waren, hielten wir an und hörten auch schon, kurz nachdem unser eigenes Getrampel verstummt war, das leise Trompeten eines Jungtieres.

Nun wurde es wirklich ernst, und die Katscharies begannen sofort, die gesamte Umgebung sehr aufmerksam zu prüfen. Das ist deshalb absolut notwendig, weil sich innerhalb einer Herde, die Jungtiere mit sich führt, nur diese Jungtiere, deren Mütter sowie die sogenannten Tanten – Elefantenkühe, die entweder gar kein Junges oder einen nur halbwüchsigen und daher ungefährlichen Elefantenbullen mit sich führen – und eine Leitkuh befinden. Diese Leitkuh führt die ganze Herde an und hält sie zusammen.

Die gefährlichen Bullen aber halten sich meist verstreut irgendwo im Umkreis auf und greifen dann oft völlig unerwartet an.

Der gemeinsame Marsch, den auch eine Königskobra aufmerksam verfolgt, durch den Dschungel.
Oben links Werner Fend auf Ratna Mala, unten eines der Fangteams, bestehend aus einem Fangelefanten, einem Mahaut und dem Lassowerfer

Im nächtlichen Lager
werden sagenhafte
Geschichten über Elefan-
ten erzählt. Unten im
Bild Werner Fend beim
Filmen einer wilden
Herde

Zu Verletzungen und auch Todesfällen bei den Elefantenfängern kam es meist dann, wenn ein rasender Elefantenbulle die auf die Herde konzentrierte Fangmannschaft überraschend von hinten angriff.
Wir pirschten also äußerst langsam und vorsichtig in Richtung der noch immer nicht sichtbaren Herde. Die einzige, aber sehr zuverlässige Orientierungshilfe waren uns dabei die Rüssel unserer Elefanten – als perfekte Entfernungsmesser. Haben die Kunkis nämlich eine fremde Herde gewittert, so strecken sie den Rüssel zunächst hoch in die Luft, je näher sie dieser Herde dann kommen, um so mehr neigen sie ihren Rüssel wieder zur Erde.
Ganz plötzlich, und zwar so, daß ich ihn erst Sekunden später bewußt wahrnehmen konnte, brach auf

einmal ein Höllenlärm los: Alle Elefanten schienen gleichzeitig Trompetenstöße von sich zu geben, was insgesamt zu einer Mischung aus Donnergrollen und einem Gezeter führte, das mir einen ungefähren Eindruck vom Weltuntergang vermittelte. Der Grund für den plötzlichen Lärm: Die Mahauts standen auf, die Fandis begannen ihre Lassos zu schwingen, und unsere Fangmannschaft kam in Bewegung. Doch wegen der viel zu schlechten Sicht

verfehlten die Lassowerfer ihr Ziel, die Jungelefanten. Und aufgrund des ohrenbetäubenden Lärms, der bei dem darauffolgenden Tumult entstand, stoben nicht nur die wilden Elefanten, sondern auch unsere Kunkis auseinander.
Damit war der erste Fangversuch zwar gescheitert, doch ich war um einige Erfahrung reicher. Ich hatte bemerkt, daß ich mich im Ernstfall nur auf meine Elefantin Ratna Mala und meinen Mahaut verlassen konnte, weil sich in solch einer Situation natürlich zunächst einmal jeder selbst der Nächste sein mußte. Außerdem hatte sich gezeigt, daß in dramatischen Augenblicken auch die bestdressierten Fangelefanten ihr Training vergessen und panikartig reagieren können.
Die Fangmannschaft blieb immer acht Tage lang im Dschungel auf der Suche nach Herden wilder Elefanten, um dann ins Basislager zurückzukehren. Es ist dabei durchaus normal, daß einige dieser Achttage-Expeditionen völlig ergebnislos verlaufen, da man sich eben tagelang durch den Dschungel bewegen kann, ohne auf die geringste Spur von Elefanten zu stoßen, oder aber man kommt, wie es bei uns der Fall war, nicht nahe genug an sie heran, um die Lassos zielsicher zu werfen.
Die Pause, die wir nach acht Tagen im Basislager einlegten, war vor allem für unsere Kunkis sehr nötig, damit sie sich von den Anstrengungen ein wenig erholen konnten.

Außerdem mußten sie wieder aufge-
füttert werden: In freier Wildbahn
widmen sich Elefanten 18 Stunden
des Tages allein der Nahrungsaufnahme, so lange dauert es, bis die
Vegetarier die benötigten 400 Kilo
Grünfutter abgerupft haben, die sie
täglich verspeisen.

Deshalb wurden auch unsere Kunkis,
die während des Marschs durch den
Dschungel trotz der viel größeren
Strapazen nur einen Bruchteil ihrer
gewöhnlichen Futtermenge aufnehmen konnten, im Lager sehr
verwöhnt. Auf dem Speisezettel standen jetzt nicht etwa riesige Mengen
an Grünfutter, sondern die bei
Elefanten besonders beliebten Bana-
nenstauden, dazu ein spezielles,
mehliges Kraftfutter, in Form großer

Brotfladen gebacken. An all diesen
Details bemerkte ich, daß es wirklich
eine besondere Beziehung zwischen
diesen Menschen und ihren Elefanten gibt, die weit über die gute
Behandlung von „Mitarbeitern"
hinausgeht.

Wenige Tage später machte unser
Trupp eine kleine Elefantenherde
von etwa zehn Tieren aus, die, da
der Wind aus der entgegengesetzten
Richtung kam, unser Anpirschen
noch nicht gewittert hatten. Dieses
Mal war auch das Gelände für die
Fänger sehr viel günstiger, denn die
wilde Herde graste am Rand einer
Lichtung und hatte direkt hinter sich
ein ziemlich undurchdringliches, sehr
dichtes Gehölz, das eine Flucht in
diese Richtung verhinderte.

**Elefanten im Waisenhaus
von Sri Lanka sind hier
sicher besser aufgehoben
als in einem Zoo, der sie
in ihrem Lebensraum
sehr einengt**

Die 400 Meter Entfernung, die noch zwischen uns und der wilden Elefantenherde lagen, waren gerade richtig, um die Herde mit einer schnellen Attacke in die Enge zu treiben. Gleichzeitig starteten alle vier Fangelefanten und preschten in einem unglaublichen Tempo, wie man es diesen großen und schweren Tieren gar nicht zutrauen möchte, auf die Herde zu, die erst aufblickte und Verwirrung zeigte, als die Kunkis schon die halbe Strecke zurückgelegt hatten.

Ich folgte mit meinem Mahaut und Ratna Mala in angemessener Entfernung zu den Fängern, um ihnen auf keinen Fall ins Gehege zu kommen und auch um mich und meine Kamera bei dieser Aktion nicht in Gefahr zu bringen.

Als die Fänger schon ganz nahe waren, ertönten die ersten lauten, warnenden Trompetenstöße der wilden Herde – der Überraschungseffekt war auf jeden Fall geglückt. Da die Herde nun wegen des dichten Gehölzes in ihrem Rücken nicht ohne weiteres flüchten konnte, war es den vier Kunkis ein leichtes, dieses unbeschreibliche Durcheinander von riesigen grauen Leibern einzukreisen. Die ganze Szene war von immer durchdringenderen, markerschütternden Urlauten begleitet. Wirkliche Einzelheiten der schnellen Fangaktion bekam ich jedoch nur zu sehen, weil einer der Jungelefanten, verfolgt von einem der Kunkis, für etwa eine halbe Minute

Beim Fang zittert die Luft vom Aufstampfen und Trompeten der Tiere. In diesem Tumult benötigt der Fänger nun höchste Konzentration, um sein Lasso um den Hals eines wilden Elefanten zu werfen und dann schnell mit einem Hilfsseil zu fixieren

am Rand der tobenden Herde sichtbar wurde:

Der Fandi warf das dicke, sechs Kilo schwere Seil über den Kopf des Jungelefanten. Der geriet in Panik, sobald er das beachtliche Gewicht in seinem Nacken spürte, gab einen hohen Trompetenstoß von sich und versuchte zu fliehen. Doch dadurch zog sich das Lasso um seinen Hals zusammen. Sofort beugte sich der Fandi von seinem Kunki tief zu dem viel kleineren Jungelefanten hinunter. Sekundenschnell fixierte er das Fangseil genau an der richtigen Stelle mit einer Schnur, so daß es sich nicht weiter zusammenziehen konnte. Dies ist der heikelste Punkt beim Elefantenfang. Nur wem es gelingt, nach dem Zielen und Treffen mit aller Besonnenheit dieses Artistenstück auszuführen, kann sich mit dem Jungtier von der Herde entfernen, ohne es mit dem Lasso zu strangulieren. Dies tat der Fandi dann auch, und wir schlossen uns ihm schleunigst an, denn nun begannen die ersten Elefanten, seitlich auszubrechen und über die offene Ebene zu fliehen.

Zwei weitere Kunkis folgten nach, einer mit, einer ohne Fang. Das allererste Gebot war nun, sich so schnell wie möglich von der wütenden Herde und den ja mit großer Wahrscheinlichkeit in der Nähe grasenden Bullen zu entfernen. Sobald sich die erste Panik innerhalb der Herde gelegt hat, suchen die Tiere oft ihr verlorengegangenes Jungtier.

Nach dem Fang muß
schnell der Rückzug ins
Lager angetreten werden.
Die Gefahr der Verfolgung
durch die „bestohlene"
Herde ist sehr groß. Jetzt
wird ohne Pause geritten,
bis das sichere Lager
erreicht ist

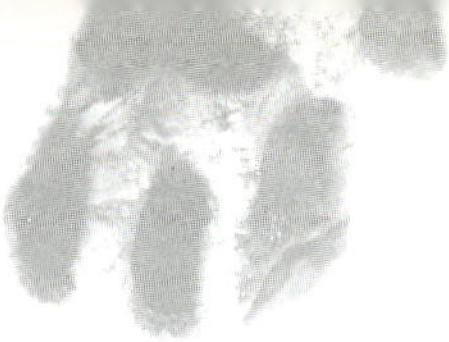

Wenn man sich vorstellt, welche geballte Kraft ein einzelner Elefant schon verkörpert, so ist sie bei einer ganzen Herde schier grenzenlos. Größte Vorsicht ist angesagt

Kaum ein Wort wechselten die Männer untereinander. Alles war dem Ziel untergeordnet, die Jungelefanten möglichst schnell zum Basislager in ein Gehege zu bringen. Mir schien, als seien sich die Katscharies durchaus darüber im klaren, was für einen großen Verlust ihr Fang für die wilde Elefantenherde bedeutete. Dennoch handelten sie nach einem klaren Dschungelgesetz: Wenn sie stärker, schneller, geschickter und vorsichtiger sind, bleiben sie Sieger. Beim geringsten Fehler dagegen steht ihr Leben auf dem Spiel. Die Notwendigkeit, wilde Tiere einzufangen, ist für sie seit Jahrhunderten eine Selbstverständlichkeit. Auch heute noch gibt es einen Bedarf an zahmen Elefanten, wenn er auch gesunken ist. Und da sich Elefanten in Gefangenschaft nun einmal nicht oder nur ganz selten vermehren, muß man eben immer wieder für „Nachschub" aus dem Dschungel sorgen.

Schon bei dieser ersten, glücklich verlaufenen Fangaktion war mir die Gefährlichkeit und Raffinesse des Elefantenfangs klar vor Augen geführt worden. Eine beängstigende, den Katscharies jedoch geläufige Situation trat ein, als wir Wochen später eine andere Elefantenherde aufgespürt hatten.

Wie gewohnt näherten wir uns ihr langsam und vorsichtig gegen den Wind. Die Jungtiere lärmten und balgten, so daß es den Anschein hatte, wir könnten die Herde unbemerkt einkreisen. Doch plötzlich blitzte es vor uns auf, als ob im Dschungel zwei Lichter kurz aufgeflammt wären. Ich stand noch völlig irritiert vor dieser seltsamen Erscheinung, da hörte ich den lauten Ruf des Elefantenfängers, der unsere Gruppe anführte. Was mir da wie Blendwerk erschienen war, war in Wirklichkeit Elfenbein, das das Sonnenlicht reflektiert hatte, Elfenbein von zwei gewaltigen Stoßzähnen, die sich seitlich hin- und herbewegten! Mit Entsetzen bemerkten wir: Ein riesiger Elefantenbulle wollte uns angreifen! Jetzt ging es ums nackte Überleben. Gerade noch rechtzeitig konnte ich reagieren, da brach die wilde Jagd schon los. Denn jeder Elefantenjäger weiß, daß bei einem Angriff eines Bullens mit riesigen Stoßzähnen die Rettung nur in der Flucht liegen kann. Gottlob hatte das Elfenbein die Sonne in unsere Richtung reflektiert, nicht auszudenken, was passiert wäre, hätten wir uns dem mächtigen Tier noch weiter genähert, denn der Angriff eines stoßzahntragenden Bullen ist unaufhaltsam.

Das markanteste Merkmal des Elefanten, sein Rüssel, hat viele Funktionen: Mit ihm greift er nach der Nahrung, spritzt sich Wasser zu oder gibt wie hier im Bild warnende Trompetenstöße von sich

Doch auch so war unsere wilde Flucht beängstigend genug: Von Zeit zu Zeit drehte ich mich um und bemerkte bald, daß der Bulle immer näher an Ratna Mala herankam, während unsere anderen Kunkis schon weit voraus waren. Jetzt machte sich Ratna Malas hohes Alter eben doch bemerkbar. Einige Warnschüsse, die ich aus meinem Colt abgab, konnten den Bullen nicht sonderlich beeindrucken.

Noch zögerte ich, wirklich gezielt auf dieses stattliche Tier zu schießen. Da nahm mir Ratna Mala die Entscheidung ab und vollbrachte etwas Unglaubliches: Der vier Tonnen schwere Dickhäuter schlug einen Haken wie ein kleiner, leichtfüßiger Hase! Seitlich von uns zweigte in beinahe rechtem Winkel ein kleiner Trampelpfad ab, bei dem mörderischen Tempo, das Ratna Mala vorlegte, ohnehin kaum erkennbar. In genau diesen kleinen Weg hinein schlug sie einen Haken, dabei verlangsamte sie ihr Tempo bei diesem Manöver kein bißchen.

Der größten Gefahr waren wir jetzt zwar gerade noch einmal entgangen, doch nun fragte ich mich, ob Ratna Mala wohl die anderen Elefanten wiederfinden könnte. Schließlich bestand unsere Hauptausrüstung nicht wie bei den anderen aus Proviant, sondern zum größten Teil aus meinen Kameras. Bevor ich mir weiterhin quälende Fragen stellen und mir Schreckenssituationen ausmalen konnte, gelangten wir ans

Jungelefanten und Fangmannschaft sind gerade im Lager angekommen. Gleich nach der Ankunft wird versucht, die eingefangenen Elefanten zu füttern, um sie möglichst schnell an die Nähe der Menschen zu gewöhnen. Dabei kommt es auch zu gelegentlichen „Hungerstreiks"

Ufer eines mäanderreichen Dschungelflusses, der zu dieser Jahreszeit viel Wasser führte. Den überquerten wir, und – siehe da – eine Flußbiegung weiter oben standen auf derselben Uferseite wie wir unsere Expeditionsgefährten. Ihnen gegenüber, am anderen Ufer, stand der nach wie vor wütende Bulle, der aber offenbar zögerte, ihnen über den Fluß nachzufolgen.

Nun hatte ich selbst eines der Abenteuer erlebt, die bei den Katscharies durchaus nicht selten sind, und mich höchstpersönlich von ihrer gefährlichen Lebensweise überzeugen können – ein beeindruckendes und beängstigendes Schauspiel zugleich. Weniger aufregend, aber ebenso interessant war es, die auf den Fang folgende Arbeit der Katscharies im Basislager zu beobachten. Direkt nach ihrer Ankunft im Dschungelcamp mußten die wilden Elefanten mit dem Training beginnen. Um sich von den Aufregungen des Fangs zu erholen, wurden sie zunächst für eine Weile festgebunden. Doch man stellte ihnen sofort einen Kunki zur Seite, der insbesondere die jüngeren Tiere allein durch seine Anwesenheit schnell beruhigen konnte. Das wird dadurch möglich, daß Elefantenkinder daran gewöhnt sind, auch von einer gewissen Anzahl von „Tanten" erzogen zu werden.

Die eigentliche Zähmung war folgendermaßen aufgebaut:

Zunächst mußte sich der Neuankömmling daran gewöhnen, das

Futter aus den Händen seines Trai-
ners anzunehmen. Erst sträubten
sich die Tiere dagegen ganz erheblich, doch da die Hauptbeschäfti-
gung eines Elefanten nun einmal
das Fressen ist, war dieser Wider-
stand in den meisten Fallen nach
kurzer Zeit überwunden. Bei anderen
Fangmethoden als der, die bei den
Katscharies üblich ist, werden auch
erwachsene Bullen gefangen. Sie zu
zähmen, ist entweder völlig unmög-

Nach kurzer Zeit werden
die eingefangenen Elefan-
ten, die auch in der Wildbahn sehr an Reinlichkeit
gewohnt sind, zum Bad
geführt, um sie von Para-
siten, zu befreien

Elefanten verfügen über
ein sehr ausgeprägtes
Sozialverhalten innerhalb
ihrer Herden. Oben: Junge
Elefanten beim Spiel.
Links die Fütterung eines
Jungtiers im Elefanten-
waisenhaus von Sri Lanka

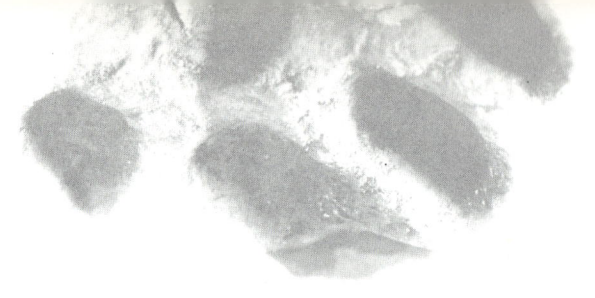

Bei den Menschen, denen die Elefanten als Reittiere oder als eifrige Arbeiter dienen, genießen diese Tiere eine besondere Wertschätzung und Zuneigung

lich oder aber nur mit brutalen Methoden zu erreichen. Doch im Lager der Katscharies waren solche grausamen Vorgehensweisen völlig ausgeschlossen. Ich hatte vielmehr den Eindruck, daß diese verwegenen Männer eine echte Zuneigung zu ihren Schützlingen empfanden. Die Elefantentrainer, traditionsgemäß alles Moslems, sangen den jungen Elefanten jeden Morgen auf dem Weg zur Tränke ein jahrhunderte-

altes Lied vor. Es sollte sie besänftigen und davon überzeugen, daß sie es im Dienst des Menschen mindestens ebenso gut, wenn nicht noch besser haben sollten als in der freien Wildbahn. Eine der vielen Strophen, mit der sie den neuen Schützling beschworen, ist mir in Erinnerung geblieben:

Vergiß den Dschungel, aus dem du
gekommen.
Du bist der Sohn einer berühmten
Mutter,
Doch vergiß die Bindung zu ihr.
Ein schönes, großartiges Leben
erwartet dich.
Viele Süßigkeiten wirst du be-
kommen.
Du wirst Städte und Tempel sehen,
Du wirst durch reiche Basare ziehn.
Vergiß die Herde, mit der du den
Dschungel durchstreift hast,
Klug und mächtig wirst du sein,
Elefant.
Alle Menschen, die dich sehen,
werden dich lieben.
Wo immer du hinkommst, wirst du
die Herzen der Menschen bewegen.
Schwester und Bruder wirst du uns
sein.
Im Namen Allahs und der Propheten,
bleibe bei uns,
Du wirst es nie bereun!

Geschmückte Tempel-

elefanten, wie sie in Indien

zu sehen sind

Das religiöse Fest in

Kerala, Südindien, das

mit stoßzahntragenden

Elefanten begangen wird.

Links: Junge Inderin bei

religiöser Handlung vor

Ganesh, dem Hindugott

mit Elefantengesicht

Nachts werden die Elefanten ans Feuer gewöhnt, damit Ausbruchsversuche unterbleiben. Nach ihrer Grundausbildung werden sie zum Kauf angeboten

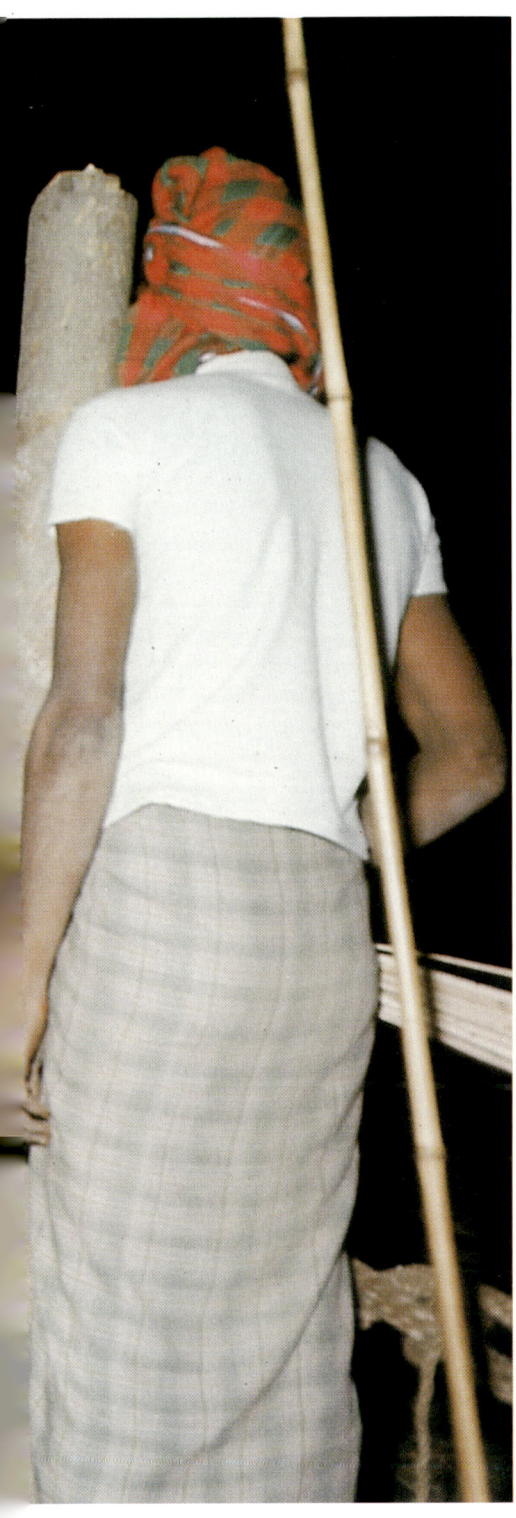

In der folgenden dreiwöchigen Grundausbildung lernten die Elefanten im Lager, sich an das Feuer bei Nacht zu gewöhnen. Ohne dieses konsequente Nachttraining wären sie nämlich ständig unruhig, würden Ausbruchsversuche unternehmen und sich dabei verletzen.

Dann lernten sie, einfache Kommandos zu befolgen. Und in erstaunlich kurzer Zeit gewöhnten sie sich daran, mit den Menschen und ihren zahmen Artgenossen, den Kunkis, zusammenzuleben. Tatsächlich schien nach einigen Wochen die Bindung des Elefanten zum Menschen bereits stärker zu sein als die zu seinen Artgenossen in der Wildnis.

Für die Elefantentrainer lag übrigens klar auf der Hand, daß sich wilde Elefanten besser erziehen lassen als in Gefangenschaft geborene. Der Grund, den sie dafür angaben, war nicht gerade ein Kompliment für die menschliche Rasse: Sie erklärten, daß die Jungen, wüchsen sie von Anfang an in menschlicher Gesellschaft auf, viel zu viele schlechte Eigenschaften von uns Menschen übernähmen. Die Erziehung der Elefantenkinder innerhalb ihrer Herde sei um einiges klüger und konsequenter.

Wenn die Ausbildung im Lager dann beendet ist, wechseln die Elefanten ihren Besitzer. Je nachdem, wozu dieser das Tier einsetzen möchte, lernen die gelehrigen Dickhäuter dann noch eine Menge hinzu.

Die Katscharies, die Elefantenfänger aus Assam, aber kehren immer wieder in den Dschungel zu ihrem gefahrvollen Beruf zurück, um wilde Elefanten einzufangen. Sie werden auch weiterhin Kopf und Kragen riskieren, erstens, weil sie sich ihrem Beruf aus Tradition verpflichtet fühlen, zweitens aber auch, um den Elefanten, der sonst früher oder später dem Menschen wegen Platzmangels feindlich gegenüberstehen würde, zu einem seiner treuesten Freunde und Helfer zu machen.

DIE WURFNETZFISCHER
VON SRI LANKA

Anderen mutigen Männern, ja wirklich todesmutigen Männern, begegnete ich auf Sri Lanka. Es waren die Wurfnetzfischer, die ich im Südwesten dieser Insel in zahlreichen Lagunen antraf. „Killer mit den hundert Dolchen" nennen viele Anwohner der Lagunen- und Mangrovegebiete Sri Lankas mit einem schreckenvollen Unterton die vielen Krokodile.

Es gibt hier zwei Arten von Krokodilen, das Sumpfkrokodil und das Leistenkrokodil, unterschiedliche Tiere, die aber für den Laien nur schwer unterscheidbar sind. Die Leistenkrokodile heißen auch Salzwasserkrokodile, da sie von Zeit zu Zeit die Lagunen verlassen und das offene Meer aufsuchen können. Die Bezeichnung „Leistenkrokodil" geht

dagegen auf ein äußerliches Merkmal zurück: Hinter den Augen befindet sich eine erhöhte Hornhautausbildung, also eine Art Leiste, die je nach Alter sehr unterschiedlich stark oder schwach ausgeprägt sein kann. Weshalb können aber beide Arten der asiatischen Krokodile, die sonst getrennte Lebensräume haben, hier auf gemeinsamem Raum existieren?

Es geht dabei weniger ums „Können"
als vielmehr ums „Müssen". Denn
auch hier breitet der Mensch sein
Territorium immer mehr aus, so daß
diese Krokodile zwangsweise in
einen gemeinsamen Lebensraum
zurückgedrängt wurden.
Für die Menschen sind die Salzwasserkrokodile bei weitem die gefährlichsten. Blitzartig und völlig unverhofft können sie auftauchen und mit
ebensolcher Schnelligkeit angreifen.
Den Opfern bleibt häufig nicht
einmal mehr die Zeit, einen Schrek-
kens- oder Schmerzensschrei auszu-
stoßen. Daß Krokodile Menschen
töten, ist zwar kein alltägliches
Geschehen, aber leider auch kein
Ereignis von Seltenheitswert.

In dieser Lagune gehen
Wurfnetzfischer ihrer
Arbeit nach. Sie wissen
genau, daß es hier Kroko-
dile gibt, in besonders
großer Zahl die aggressi-
ven Salzwasserkrokodile
(rechts). Doch das kann
die Fischer nicht von der
Arbeit abhalten, denn nur
so können sie für ihren
Lebensunterhalt sorgen

Der Klosternovize Mega-
spitia Ratnasen wird zu
Grabe getragen. Vor weni-
gen Tagen war er hier
einem Krokodil zum Opfer
gefallen, als er ein Bad im
Fluß nahm

So erlebte ich die Beerdigung eines 17jährigen Mönchs mit, der einige Tage zuvor im Rachen eines Krokodils sein Ende gefunden hatte. Direkt neben dem Kloster verlief der Fluß Maduganga, dort gingen die Klosterschüler mit ihrem Lehrer immer im etwa hüfthohen Wasser baden – völlig sorglos, da Angriffe von Krokodilen dort seit vielen Jahren nicht mehr vorgekommen waren.

Ganz nahe am Ufer war der junge Mönch gewesen, als er urplötzlich von dem Reptil gepackt wurde und vor den Augen seiner Mitschüler im Wasser verschwand.

Wo immer Krokodile angreifen und Menschen töten, werden sie auch gejagt. Behördliche Bewilligungen dafür bekommt man allerdings nur unter ganz bestimmten Voraussetzungen bzw. traurigen Umständen. So existiert beispielsweise eine Auflage, die besagt, daß mindestens drei Menschen ihr Leben verlieren müssen, bevor eine solche Fangbewilligung erteilt wird. Doch höchst selten hält sich die Bevölkerung an solche, ihr – verständlicherweise – grotesk erscheinenden Vorschriften

und greift immer wieder zur Selbsthilfe. Aus Tümpeln, Teichen, Flüssen und Lagunen fangen die Menschen Krokodile, die in der betreffenden Gegend zur tödlichen Gefahr geworden waren.

Meist geschieht der Fang mit schweren geköderten Haken, die an starken Seilen ausgeworfen und verankert werden. Leider ist es aber objektiv gesehen kaum möglich, mit völliger Sicherheit nur jene Krokodile zu fangen, die den Tod oder Verletzungen von Menschen verursachten. Die Fähigkeit der Leistenkrokodile, auch einem Leben im Salzwasser angepaßt zu sein, hat dazu geführt, daß gerade diese für den Menschen so gefährlichen Tiere das größte Verbreitungsgebiet aller Krokodile haben. Natürlich gibt es auf Sri Lanka aber auch Krokodilgebiete, die nicht vom Menschen mitbevölkert werden. Dies sind die großen Schon- und Schutzgebiete der Insel. In der Einrichtung dieser Gebiete kommt ganz stark ein Tierschutzgedanke zum Ausdruck, der besonders durch den hier verbreiteten buddhistischen Glauben geprägt ist.

Die wohl eindrucksvollste Konzentration von Krokodilen konnte ich übrigens einmal in einem See im Süden des Landes filmen. Denn während der regenlosen Monate schrumpfte dieser See auf einen Bruchteil seiner eigentlichen Größe zusammen, so daß man wirklich den Eindruck hatte, vor lauter Krokodilen das Wasser nicht mehr zu sehen.

Handy Silva wird gebeten,
keine Fangaktion zu star-
ten, da in Klosternähe
keinem Tier etwas zuleide
getan werden soll – auch
„Menschenfressern" nicht

Oben: Der Wurfnetz-
fischer Siripala mit der
Tätowierung auf der Brust
„Im Tod ist Seeligkeit".
Ohne diese schicksalerge-
bene Einstellung ginge
ihm und auch dem Wurf-
netzfischer rechts im Bild
die Arbeit sicherlich noch
schwerer von der Hand

Doch ich möchte zurückkommen zu
den Wurfnetzfischern, die mit stoi-
schem Gleichmut Tag für Tag in eben
den Lagunen, in denen es vor Krokodilen von Zeit zu Zeit wimmeln kann,
ihrem Beruf nachgehen.
Stundenlang stehen die Wurfnetzfischer jeden Tag direkt im Wasser –
mit den lauernden Krokodilen beinahe auf Tuchfühlung. Als ich ihnen bei
der Arbeit zusah, verstärkte sich bei
mir der Eindruck, als ignorierten sie,
daß schon viele ihrer „Berufskolle-
gen" bei der Ausübung dieser Tätigkeit ums Leben gekommen waren.
Ich fragte die Fischer, warum sie
sich trotz aller Gefahr nicht von
dieser Arbeit abhalten ließen, und
bekam zur Antwort:
„Das ist nun einmal meine Arbeit.
Ich weiß, daß sie gefährlich ist, denn
in dieser Lagune leben menschenfressende Krokodile – aber ich habe
eine Familie zu versorgen. Reis kann
ich keinen anpflanzen, dazu ist es
hier zu trocken – und wenn es
regnet, kommen die Elefanten und
fressen die Ernte weg. Es gibt keine
andere Arbeit als den Fischfang für
mich."
Auf seiner Brust hatte der Fischer
Siripala, von dem diese Aussage
stammt, die Worte „Maranäa Säpei"
eintätowiert: „Im Tod ist Seligkeit",
und darin kommt die schicksalserge-
bene Grundeinstellung dieser
Männer zum Ausdruck, ohne die sie
ihre riskante Arbeit in den südlichen
Lagunen Sri Lankas sicherlich nicht
ausüben könnten.

Es ist kein seltener Anblick – Krokodile so nah am Ufer der Lagune. Die natürliche Beute der Krokodile sind Huftiere, die sich zu nah ans Wasser gewagt haben. Doch in dieser Gegend greifen Krokodile den Menschen sogar an Land an. Rechts im Bild ein gefangenes, menschenfressendes Krokodil

DIE HONIGSAMMLER
DER SUNDERBANS

Die dritte Gruppe wagemutiger Männer, die mir auf meinen Expeditionen begegnet sind, waren die Honigsammler der Sunderbans. Wir hörten ja schon im ersten Kapitel von den Gefahren, die die menschenfressenden Tiger in den Sunderbans mit sich bringen.

Dort, wo der Tod das wohl am meisten geheimnisumwitterte und unheimlichste Gesicht hat und wo jeder Mensch den Dschungel nach Möglichkeit meidet, ausgerechnet dort gehen die Honigsammler mit ähnlich stoischer Ruhe wie die Wurfnetzfischer ihrer Arbeit nach.

Am 1. April versammelten sich alle Männer, um in den „Rachen des Satans" aufzubrechen, wie sie den sumpfigen, gefahrvollen Dschungel in Bangladesh nennen. Für alle, auch für ihre Familienangehörigen, war es ein schicksalhafter Tag, denn jeder wußte, daß Dutzende der mutigen Männer innerhalb der folgenden Wochen der Tod erwartete. Bevor sie abfuhren, beteten sie zu Allah, nicht nur, um Schutz vor den gefürchteten Tigern zu erbitten, sondern auch vor Giftschlangen, Krokodilen, Haien und vor den verheerenden Wirbelstürmen, die alljährlich aus dem Golf

von Bengalen hereinbrechen können wie zuletzt – mit katastrophalen Auswirkungen – im Mai 1991. Sie alle wußten, daß sie bei ihrer Arbeit als Honigsammler in den Sunderbans stündlich ihr Leben riskierten. So lebten sie ihr Leben in der Gewißheit, daß es jeden Augenblick beendet sein könnte. Dennoch ruderten sie schnell und zügig in Richtung dieser Sumpfhölle, wahrscheinlich um ihr Unbehagen und die große Angst so schnell wie möglich zu überspielen, denn sie bedeutete nur ein weiteres Hemmnis bei ihrem ohnehin riskanten Vorhaben.

Die Honigsammler
brechen pünktlich am
1. April auf in die Sunderbans – Mütter und Kinder
(links) bleiben zurück. Die
Männer wollen die besten
Sammelstellen aufsuchen,
obwohl sie aus Erfahrung
wissen, daß in dieser
Sumpfhölle jeder zehnte
von ihnen Tigern, Krokodilen oder Giftschlangen
zum Opfer fallen wird

Oben im Bild die größte Gefahr für die Honigsammler: die menschenfressenden Tiger dieser Gegend. Ständige Wachsamkeit und großes Geschick im Spurenlesen sind die einzigen Überlebenstricks. Unten: Honigsammler beim Anfertigen einer Rauchfackel

Ich begleitete sie zu den Honigsammlerstellen, und ich muß sagen, es kam tatsächlich zu keiner Landung, bei der ich nicht Tigerspuren gesehen hätte.
Immer nur bei Ebbe verließen die Honigsammler die Boote, um ihrer mühsamen Arbeit nachzugehen. Bei Flut stand das Wasser vier Meter höher, reichte bis an die unteren Blätter der Bäume und machte damit die Honigsuche vollkommen

unmöglich. Nun zwängten sich die Männer also einzeln durch den dichten und dornigen Dschungel und stapften durch den zähen Schlamm. Dabei, so erschien es mir, vertrauten sie voll und ganz auf Allah und die Dschungelgöttin Banbibi, denn in solch dichtem Dschungel ist die Gefahr am größten – der Tod lauert überall.
Erst wenn ein Bienennest gefunden war, kamen die Honigsammler zusammen, um mit Fackeln, die aus Schilf gebunden wurden, innerhalb von zehn Minuten das Nest auszuräuchern und die Wabe zu ergattern. Diese Rauchfackeln haben immer nur eine Brenndauer von etwa zehn Minuten, so daß die ganze Aktion bis dahin beendet sein mußte, denn es sind auch schon Honigsammler an einer zu großen Anzahl von Bienenstichen gestorben.
In diesem Fall aber lief alles ganz glimpflich ab: Zwar hatte auch ich wegen mehrerer Stiche schmerzende und dick angeschwollene Finger,

Zunächst werden die
Bienen mit Rauchfackeln
vertrieben. Leider weiß
man nie im voraus, ob
sich die Mühe auch lohnt,
denn nicht immer sind
die Waben gut gefüllt

Eine auf Beute lauernde Kobra, die beim leisesten Anzeichen von Gefahr auch Menschen angreift, was bei ihrem giftigen Biß meist tödlich endet. Rechts oben im Bild der Schnitt von Nipapalmen. Mit diesen Wedeln werden die Hütten abgedeckt

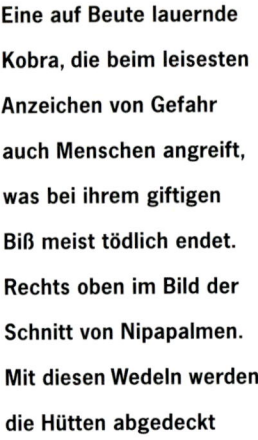

doch ich konnte noch mit der Kamera festhalten, wie einer der Männer – triumphierend sozusagen – mit dem „Lohn der Angst" dem Boot zustrebte.

Im Boot stellte man dann fest, daß es ein schlechter Tag gewesen war, die Wabe war nämlich nicht einmal zur Hälfte mit Honig gefüllt. Doch ich glaube fast, meine Enttäuschung darüber war größer als die der Honigsammler. Für sie galt ganz einfach: Morgen ist wieder ein Tag, dann kommt der nächste Tag, und so geht das – wenn alles gutgeht – zweieinhalb Monate lang. Innerhalb dieser Zeit muß das kärgliche Jahreseinkommen der Honigsammler vollständig verdient sein. Da sie kein Land besitzen, können sie als

Bauern nichts erwirtschaften und müssen deshalb jeden Bissen Brot für sich und ihre Familien im gefährlichen Mangrovedschungel der Sunderbans verdienen.

Ich fragte mich, ob der süße Honig für diese Männer nicht einen sehr bitteren Nachgeschmack haben mußte. Es war schließlich keiner unter ihnen, der nicht schon einen Freund oder Verwandten durch Tiger, Giftschlangen oder Krokodile verloren hatte.

Soviel ist sicher: Die verwegensten Männer des Dschungels, seien es nun die Elefantenfänger von Assam, die Wurfnetzfischer aus Sri Lanka oder die Honigsammler der Sunderbans, riskieren ihr Leben nicht etwa aus angeborener oder übertriebener Kühnheit. Vielmehr fühlen sie sich ihrer Lebensweise entweder traditionell oder religiös verpflichtet, oder aber sie sehen sich aus wirtschaftlichen Gründen dazu gezwungen. Und man darf nicht vergessen, daß neben Kraft, Geschick und Ausdauer auch die Ergebenheit in ihr Schicksal zu den wichtigsten Überlebenshilfen der mutigsten Männer des Dschungels gehört.

Die friedvolle Stimmung
auf dem Bild links
täuscht. Viele, die wie die
Fischer oben am Ganges
saßen, wurden nachts von
Tigern überrascht, sogar
von ihren Booten geholt
und kehrten so nicht
wieder zu ihren Familien
zurück

Assam und die Sunderbans

Assam, 1950 nach der Unabhängig-keitserklärung Indiens zum Bundes-staat erklärt, liegt im Nordosten Indiens, umgeben von Bhutan, Tibet, China, Birma und Bangladesh; vom übrigen Indien ist Assam durch Bangladesh beinahe abgeschnitten. Neben der Hauptstadt Dispur ist auch Gauhati als wichtige Stadt Assams zu nennen.

Da Assam in der Zone der wechsel-feuchten Tropen liegt, wird sein Klima vom Monsunrhythmus bestimmt. Schon im Brahmaputratal und an den Gebirgsrändern werden sehr hohe Niederschlagsmengen zwischen 3 000 und 5 000 mm im Jahr gemessen. Doch mit 10 000 bis 11 000 mm Regen, die jährlich am Shillong-Plateau gemessen werden, ist diese Region die niederschlags-reichste der Erde. Assam ist auch der waldreichste Staat Indiens; immerhin 34 % der Fläche sind hier von dichtem tropischem Regenwald bedeckt, der große Teile des Landes zu einer undurchdringlichen Sumpf- und Waldwildnis macht.

Den wichtigsten Wirtschaftszweig stellt die Teeproduktion dar, die hauptsächlich in Plantagenbetrieben erfolgt. Standort für diese Plantagen sind höher gelegene Terrassen an den Ufern des Brahmaputra und die Ränder der Gebirgszüge. Doch auch Jute, Reis, Zuckerrohr und Baum-wolle sowie Kartoffeln und Orangen auf dem Shillong-Plateau sind wich-tige Anbaufrüchte, die – wie der Tee – ebenfalls exportiert werden.

Das Mündungsgebiet von Ganges und Brahmaputra: Schauplatz zahlloser Tra-gödien und Katastrophen

Elefanten

Zwischen Land und Meer am Golf von Bengalen, dort, wo Ganges und Brahmaputra ins Meer münden, liegen die Mangrovesümpfe der Sunderbans. Eine wahre Sumpfhölle sind die Sunderbans, eine insel-reiche Gezeitenküste, etwa halb so groß wie Hessen. Gefahr droht im „Rachen des Satans", wie die Einhei-mischen die Sunderbans nennen und wo das Wasser bei Flut um vier Meter ansteigt, in vielfacher Hinsicht: Krokodile, Haie, menschenfressende Tiger und alljährlich vom Golf von Bengalen hereinbrechende und verheerende Wirbelstürme fordern hier immer wieder zahlreiche Menschenleben.

Weit über 100 000 Opfer forderte z. B. die größte Flutkatastrophe seit über 100 Jahren, die im Mai 1991 über die Sunderbans hereinbrach.

Elefanten sind die einzigen heute noch lebenden Vertreter aus der Familie der Rüsseltiere. Rüsseltiere zeichnen sich durch eine ausgespro-chen dicke Haut und auffallende Stoßzähne aus; außerdem durch ihr Greiforgan, den Rüssel, der eigent-lich eine Verlängerung von Nase und Oberlippe ist. Rüsseltiere sind die größten und schwersten heute noch existierenden Landsäugetiere. Der bekannteste Vorfahr der Elefanten ist das Mammut.

Man unterscheidet innerhalb der Gattung zwei Arten von Elefanten: Zur ersten gehört der Afrikanische Elefant, den man am besten an seinen extrem großen Ohren erken-nen kann; er erreicht eine Schulter-höhe von bis zu vier Metern, und das ausgewachsene Tier wiegt bis zu sechs Tonnen. Sowohl die männ-lichen als auch die weiblichen Tiere tragen Stoßzähne, die beim ausge-wachsenen, männlichen Tier unge-fähr 2 bis 2,50 Meter lang werden können und dann ein Gewicht von etwa 50 Kilogramm haben.

Zur zweiten Elefantenart zählt der Asiatische Elefant, der heute noch in vier Unterarten vorkommt. Es gibt sie in Indien, auf Sri Lanka, Sumatra und Borneo. Der Indische Elefant ist heute noch am häufigsten anzutref-fen. Der Ceylon-Elefant existiert noch in etwa 2 500 Exemplaren; noch stärker gefährdet ist der Sumatra-Elefant und der Malaya-Elefant, der nur noch auf etwa 750 Exemplare geschätzt wird.

Im Unterschied zum Afrikanischen Elefanten hat der Asiatische, also auch der Indische Elefant, einen klei-neren Kopf, dessen Ohren ebenfalls viel kleiner sind. Bei einer Schulter-höhe von 2,50 bis 3 Meter erreicht der Indische Elefant ein Gewicht von etwa vier bis fünf Tonnen. Stoßzähne bilden nur die Bullen aus, bei weib-lichen Tieren sind sie die Ausnahme. Elefanten sind Herdentiere, die allein 18–20 Stunden des Tages mit der Nahrungsaufnahme verbringen. Geradezu sprichwörtlich ist das gute Gedächtnis der Elefanten; ihre Lern-fähigkeit wird dazu genutzt, um sie zu Arbeitstieren abzurichten. Bei guter Pflege erreichen Elefanten ein hohes Alter: Ihre Lebenserwartung beträgt zwischen 50 und 70 Jahren. Zu Kultzwecken zähmte man Indische Elefanten und noch andere inzwi-schen ausgestorbene Unterarten bereits im 3. Jahrtausend v. Chr.

DAS GEHEIMNIS
DER SILBERNEN GÖTTER

Traditionelle Silber-
masken und selten gewor-
dene „Bergbewohner":
ein Braunbär und ein
Schneeleopard

Majestätisch und un-
nahbar: Gletscher mit
Gipfelhöhen von 6000 bis
7000 Meter

DAS REICH
DER SILBERNEN GÖTTER –

Eine unglaubliche Pracht in 4500 Metern Höhe: Weideröschen, soweit das Auge reicht ... Für Werner Fend und seinen Begleiter angesichts der Strapazen, die der Himalaya sonst bereithält, eine willkommene Ruhepause

Im folgenden Abschnitt will ich meine Leser in die Erlebniswelt der Hochtäler des Himalaya führen. Nun wird sich mancher fragen, was das Hochland der Himalaya-Gebirgskette in meinem Dschungelbuch zu suchen hat. Die Antwort ist leicht: Zunächst einmal kommt der Begriff „Dschungel" aus dem Hindustani „dschangl", und dieser Begriff bezieht sich nicht nur auf tropisches Regenwaldgebiet, sondern auch auf jedes Busch- und Strauchgebiet in Bergregionen.

DSCHUNGEL AM HIMALAYA

Das Himalaya-Gebiet zählt so gesehen auch den Dschungel zu seinen Naturschönheiten und Schätzen. Angesichts der großen Ausdehnung gibt es verschiedenste Klima- und Vegetationszonen: Im Süden der hohen Gebirgspässe liegen feuchtwarme tropische Wälder mit üppigster Vegetation, die von den großen Monsunregenfällen während der Sommermonate geprägt sind. Nördlich dieser Himalaya-Pässe befindet sich ein sehr unfruchtbares Gebiet; kahle Hügel und felsige Täler beherr-

schen dort das Landschaftsbild. Hier können nur einige Hartgrasarten gedeihen, die Tieren wie Yaks, Schafen und Ziegen als Nahrung dienen. Dementsprechend kann sich die Bevölkerung auch nicht von der Landwirtschaft, sondern nur von der Viehhaltung ernähren.
Das Kulu-Tal, im indischen Himachal Pradesh gelegen, war für mich bei vielen Expeditionen, von denen ich hier noch berichten werde, immer ein idealer Ausgangspunkt. Dieses Tal ist über 80 km lang, doch als

Schneise zwischen zwei Bergketten gelegen, hat es in der Breite an keiner Stelle eine Ausdehnung von mehr als 2 km.

Ursprünglich hieß das Kulu-Tal „Kulanthapita", was gleichbedeutend ist mit dem „Ende der Welt". So nannte man das Hochtal im westlichen Himalaya-Gebiet Indiens, weil hinter den letzten vereinzelten Hütten die Schnee- und Eiswüsten der mächtigen Sechs- und Siebentausender aufragen. Dort hat menschliche Zivilisation keine Überlebenschance mehr. Doch im Kulu-Tal leben insgesamt etwa 200 000 Menschen. Viele Burgen und Palastruinen zeugen von bewegter Vergangenheit und alter Kultur.

Lange galt das kleine Königreich Kulu als ein Ort, an dem es Fürsten und andere „vornehme" Menschen aus alt angestammten Geschlechtern der Rana und Takur ebenso gab wie Flüchtlinge, Abenteurer und, ein wenig abseits gelegen, stille, ehrwürdige Eremiten, die hier in der Einsiedelei zurückgezogen lebten.

Damals, also bis etwa ins 17. Jahrhundert hinein, hatten die einfachen Bauern im Tal nicht immer einen leichten Stand. Ob streitsüchtige Dorfregenten oder beutegierige Eroberer von außerhalb im Spiel waren, alle möglichen Rechte, vor allem die Rechte auf Landbesitz, waren sehr umkämpft. Mehr als einmal versuchten sowohl Heere aus dem Norden als auch aus dem Süden, die Bergvölker zu unterwerfen. Doch Land und Freiheit wurden erfolgreich verteidigt, und heute stört niemand mehr den Frieden des fruchtbaren Kulu-Tals.

Im Kulu-Tal, wo jedes Jahr ein großes Götterfest stattfindet, wird auch intensive Landwirtschaft betrieben. Oben im Bild die Ernte des roten Reis von Kulu, bei der alle Bewohner mithelfen. Umgeben ist das Kulu-Tal, das im Bundesstaat Himachal Pradesh liegt, von gewaltigen 7000ern wie auf dem Bild rechts

Im Frühjahr prägen Hunderttausende von Obstbäumen mit ihrem Blütenmeer die Landschaft, und auf den Reisfeldern gedeiht der rote Reis von Kulu, den es nur hier, in der fast 2 000 Meter hoch liegenden Talsohle, gibt.

Der Reisanbau bedeutet für die Bewohner des Kulu-Tals keine lästigen Mühen, im Gegenteil, das Stecken der jungen Reispflanzen wird wie ein großes Fest zelebriert. Grundstücksgrenzen werden während dieser Tage im Jahr nicht beachtet. Statt dessen hilft jeder jedem, bis die letzte Reispflanze in die bewässerten Felder gesteckt ist. Alle glauben daran, daß der einzigartige rote Reis von Kulu nur ein Geschenk der Götter sein kann. Deshalb werden diese auch vier Monate lang, vom Tag des Pflanzens bis zur Ernte, immer wieder um Hilfe angefleht: Sie sollen bitte ihre schützende Hand über die Terrassenfelder halten, damit das Hauptnahrungsmittel, der Reis, gut gedeihen möge. Und tatsächlich haben Mißernten im Kulu-Tal Seltenheitswert: Dürre und Trockenheit gibt es praktisch nie; nur von Zeit zu Zeit auftretende Wolkenbrüche können den Fluß Bias mit seinen Nebenarmen über die Ufer treten lassen und so die Ernte vernichten. Doch dies geschieht selten. Etwa 360 Hauptgötter können die Bewohner des Kulu-Tals aufzählen. Manche dieser Götter waren selbst einmal Menschen und leben nun als Silbermasken fort.

„Einst stieg ein Fremdling, dessen Namen man nicht kannte, von den schneebedeckten Gipfeln herunter, um unter uns Menschen zu leben. Die wenigen, die ihn sahen, stellten fest, daß er ein eigenartig schimmerndes Antlitz hatte. Doch er zog sich schnell in eine nur schwer zugängliche Höhle zurück, betete und fastete, wie es viele der Eremiten taten. Alle Menschen bewunderten ihn, so wie sie auch die anderen Eremiten bewunderten, denn sie schätzten ihre innere Kraft, mit der diese in der Lage sind, solch ein stilles, von der Welt abgekehrtes Leben zu führen. So verehrten sie auch den Fremdling mit dem geheimnisvollen Glanz auf dem Gesicht.

Silbermasken, die wie diese Maske die unterschiedlichsten Gesichter der Götter zeigen sollen, werden von einigen kunsthandwerklich begabten Männern Kulus hergestellt. Dieses Handwerk hat eine lange Tradition und hält den Glauben an die vielfältigen Götter wach

Es folgte ein langer, strenger Winter, so daß selbst in den sonst so milden Regionen des Kulu-Tals wochenlang hoher Schnee lag. Die ganze Zeit über sorgten sich die Menschen, der fremde Eremit könne in diesen harten Zeiten verhungern. So stiegen sie mit Einsetzen des Tauwetters sofort zu ihm hinauf. Doch alles, was sie noch in der Höhle vorfanden, war eine silberne Maske, die wunderbarerweise die Gesichtszüge des Fremden trug. Nun verkündeten die Menschen, der Eremit, von den Gipfeln der Berge gekommen, sei auf dem Berg Deotibba, den schneebedeckten Thron der Götter zurückgekehrt ..."
Daß die Gottheiten wie Könige auf Berggipfeln thronen, legt bereits das Landschaftsbild im Himalaya-Gebiet nahe. Doch diese Vorstellung geht auch auf geschichtliche Vorgänge zurück:
Ich sprach anfangs schon davon, welch großes Hin und Her es um die Besitzverhältnisse in den fruchtbaren Tälern der Himalaya-Region gab. Außerdem stießen ja hier viele Völker mit unterschiedlichen Sprachen und Glaubensauffassungen aufeinander. Daß sich aus den zahllosen Gegensätzen kein heilloses Durcheinander, sondern eine gemeinsame Lebensform entwickeln konnte, ist zum großen Teil einem berühmten Raja, dem Raja Jagat Singh, zu verdanken: Er ließ im 17. Jahrhundert das berühmte Götterbildnis des Raghunath aus Uttar

Pradesh ins Kulu-Tal verlegen. Dieser Gottheit übertrug er seine eigenen Königsrechte. Das bedeutete, daß von nun an eine Gottheit an höchster Stelle des Staates stand, in deren Namen alle wichtigen administrativen und politischen Entscheidungen getroffen wurden. Der ursprüngliche König, also jener Raja Jagat Singh, galt als direkter Untergebener der Gottheit und handelte in allen Belangen nach ihrem Willen. Die Bewohner der Dörfer des Kulu-Tals fühlten sich ihm bald ebenso untergeben wie der ehemalige König der Gottheit. Denn zahlreiche Hindu-Götter der einzelnen Dörfer hatten sich dem obersten Talgott schließlich auch „unterwerfen" müssen. Heute hat diese Art von „Verfassung" zwar keine Gültigkeit mehr, dennoch ist es unzweifelhaft gelungen, die Völker- und Glaubensvielfalt mit Hilfe solcher übergreifender Wertvorstellungen in Einklang mit einer gemeinsamen Überzeugung zu bringen. Für religiöse und ethnische Konflikte ist bei dieser – im übrigen für viele Himalaya-Gebiete typischen – Lebensform kaum Raum geblieben. Von der harmonischen Übereinstimmung, zumindest in diesem Bereich der Kultur, kann sich jeder überzeugen, der das Fest der silbernen Götter in Kulu besucht.

Die Bewohner des ganzen Tals, Zehntausende von Menschen, rüsten sich dann. Aus verborgenen Schatzkammern werden überall die Silbermasken geholt. Indem man sie auf Sänften bindet, diese mit Seidenbändern, Kronen und Amuletten schmückt, ihre Sänften mit Schirmen und Baldachinen überdacht, erwachen nach den Vorstellungen der Bewohner die Götter wieder zum Leben und treten in der maskenbehängten Sänfte in Erscheinung. In wie vielen solcher kunstvollen Silbermasken eine Gottheit Gestalt annimmt, hängt vom Reichtum der einzelnen Dorfgemeinschaften ab. Als ich das

Fest miterlebte, sah ich Sänften mit 20 und mehr Masken. Alle trugen sie menschliche Züge. Die silbernen Götter haben Eltern, Geschwister, Mann oder Frau, sie können sogar eigene Kinder haben. Auch in ihrem Verhalten sind sie durchaus menschlich, sie freuen sich über ihre Anbetung und werden zornig, wenn man sie unbeachtet läßt. Geradezu trotzig, launisch und tief beleidigt haben die verschiedenen Dorfbewohner ihre Gottheiten schon erlebt. Nur wenn sie der Meinung sind, die Götter hätten ihnen zu übel mitgespielt, wagen die Menschen, die Entscheidungen der Götter in Frage

zu stellen. Ansonsten herrscht die feste Überzeugung vor, Gottheiten und Natur bildeten ein Ganzes, dessen Schalten und Walten man sich unterordnen müsse.
Doch zurück zum großen Fest der silbernen Götter, dem Dusserah-Fest in der Hauptstadt Kulu.
Der erste große Höhepunkt dieses Festes ist natürlich das Aufeinandertreffen der Götter aus den verschiedenen Dörfern. Mit ihnen ziehen die Menschen, die sich ihren Gottheiten tief verbunden fühlen. Während der ersten Begrüßung verneigen sich die Götter ehrfurchtsvoll, sie hüpfen vor Freude über das Wiedersehen und umkreisen einander. Dann ziehen sie gemeinsam weiter zu ihrem Ziel, dem Hauptplatz von Kulu. So gibt man ihnen Gelegenheit, erst mit allen Göttern aus der Umgebung Wiedersehen zu feiern und sich einzustimmen auf den großen Augenblick, in dem ihnen Raghunath gegenübertritt, jener höchste Gott des Tals, der die Oberherrschaft über alle lokalen Gottheiten des Tals innehat. Dieser göttliche, aber auch weltliche Herrscher wartet in aller Abgeschiedenheit in einem Tempel darauf, daß ihm die Götter ihre Aufwartung machen. Die Gläubigen, die mit den Göttersänften zum Tempel gezogen sind, haben nicht das Recht, sich der Statue des göttlichen Herrschers bis ins Innere des prachtvollen Tempels zu nähern. Sie bleiben ehrfurchtsvoll am Eingang stehen, und es bleibt den Priestern

vorbehalten, das rituelle Bad des Gottes Raghunath vorzunehmen, das zu den Vorbereitungen für den festlichen Höhepunkt gehört. Während im Tempelinnern die Statue des höchsten Gottes entblößt wird, mit Wasser und Milch übergossen wird, wobei der Milch eine besonders reinigende Wirkung zugeschrieben wird, haben die Gläubigen ein heiliges Feuer angezündet: Zum Erntedank werfen sie Reis, Weizen, Gerste und Haferkörner in die Flammen. Ihr Dank ist zwar allen Göttern gewidmet, doch beten sie vor allem zu Raghunath, der im Tempel sein reinigendes Bad empfängt.

Ich hatte das große Glück, durch das Teleobjektiv das erhabenste Heiligtum dieses Tempels zu betrachten, was sonst außer den auserwählten Priestern niemandem gestattet ist. Diese Statue des höchsten Gottes war kaum mehr als eine Handbreit hoch und schimmerte in mattem Gold. Daß das Bildnis Raghunaths aus Gold gefertigt war, überraschte mich nicht. Denn im höheren Wert des Goldes kam auch symbolisch zum Ausdruck, daß dieser Gott über den örtlichen silbernen Göttern residierte. Nach dem rituellen Bad der Skulptur läuft das Zeremoniell unter genauer Beachtung der Tradition weiter so ab: Zunächst trägt der Priester mit einem feinen Pinsel rote und weiße Symbole auf der Stirn des „Gottes" auf, deren tiefere Bedeutung nur ihm bekannt sein dürfte. Dann setzt

Prachtvolle Sänften mit Blumenschmuck und vor allem zahlreiche Silbermasken, die die Gegenwart der Götter veranschaulichen sollen. Auf diesen Sänften tragen die Menschen ihre „Götter" dann zum Götterfest von Kulu

der Priester der göttlichen Statue als Symbol für ihre geistliche und weltliche Macht eine Art Krone auf. So hebt er sie auf den mit Samt bezogenen Thron. Nun wird Raghunath noch mit Blumengirlanden geschmückt und mit einzelnen Blüten so lange umhüllt, bis er fast darin verschwindet.

Damit ist das Zeremoniell abgeschlossen. Raghunath ist nun bereit, die Huldigungen all der silbernen Götter entgegenzunehmen, und auf ein Zeichen aus dem Tempel beginnt mit überschwenglicher Fröhlichkeit das Fest.

Nun tanzen die silbernen Götter und die Menschen: Das ist der Höhepunkt des Dusserah-Festes auf dem Hauptplatz von Kulu.

Die Träger der Göttersänften erzählten mir, es seien unbekannte, große Kräfte, die sie zu den seltsamen Verrenkungen bei ihren Tänzen veranlaßten. Diese geheimnisvollen Kräfte ließen sich ihrer Meinung nach nur aus dem Willen der Götter erklären, und wehren könnten sie sich dagegen beim besten Willen nicht. Auf diese Weise treffen die silbernen Götter eine Woche lang täglich zusammen und in harmonischem Einklang mit ihnen auch die Menschen: Sie alle tanzen zu Ehren der Obergottheit Raghunath; sie tanzen aus Freude über die eingebrachte Ernte; sie tanzen, weil während des Dusserah-Fests symbolisch das Gute seinen Sieg über das Böse feiert.

Alle Männer und Frauen
auf diesen Bildern stam-
men aus einem der
höchstgelegenen Dörfer
dieser Himalaya-Region.
Um am großen Dusserah-
Fest teilzunehmen, das
einmal im Jahr im Kulu-
Tal stattfindet, nehmen
sie den anstrengenden
Abstieg gerne in Kauf

BÄRENFANG AM HIMALAYA

Vor diesem landschaftlichen und kulturellen Hintergrund des Kulu-Tals haben auch meine aufregenden Expeditionen in die unbewohnten Regionen des Himalayas stattgefunden.

So unternahm ich einmal im Auftrag der Forstbehörde des Staates Himachal Pradesh eine Film- und Fangexpedition in die Bärengebiete eben jenes Bezirks Kulu. Im Rahmen meiner Expedition sollte ich für Informationen über den Wildbestand sorgen und auch feststellen, wie ernst und häufig die Konfrontationen zwischen Bären und Menschen inzwischen waren. Erschwerend kam hinzu, daß ich versuchen sollte, in kritischen Gegenden Bären einzufangen.

In vielen Gebieten des Bezirks Kulu weiden nämlich von April bis Oktober mehrere hunderttausend Schafe und Ziegen, etwas weniger Kühe. Mit ihren Hirten ziehen diese großen Herden von Hochtal zu Hochtal, aber in diesen Tälern sind auch die schwarzen und die braunen Bären beheimatet.

Für das Fortkommen in diesem Gelände ist Erfindungsreichtum gefragt. Links im Bild eine waghalsige Flußüberquerung, bei der die Ausrüstungsgegenstände auf aufgeblasenen Büffelhäuten deponiert wurden, um sie vor dem Wasser zu schützen. Oben im Bild die glitzernden Schneeberge, die am Ende des Kulu-Tals zu sehen sind

Es war völlig alltäglich geworden, daß diese Herden von den Bären angegriffen wurden, so daß es der Forstbehörde sinnvoller erschien, einige der Bären wegzufangen, die besonders viele Schafe und Ziegen rissen, als durch zu langes Zögern Abschüsse durch die Hirten und einheimischen Bewohner heraufzube-schwören.

Besonders zu Beginn meiner Expedition traf ich mit vielen Augenzeugen und Betroffenen solcher Begegnungen zwischen den Herden und Bären zusammen. Ein Schäfer berichtete mir: „Hier an dieser Stelle griff ein Bär noch letzte Nacht meine Herde an, und dort, ein wenig weiter, tötete er dann eine Ziege. Es war ein sehr großer Bär, und ich hatte alle Mühe, ihn zu vertreiben."

Wie gefährlich es sein kann, Bären von gerissenen Tieren zu vertreiben, hatte der Hirte Dari Das aus dem kleinen Dorf Burua erfahren. Als ein Schwarzbär seine Herde angriff, wollte Hari Das dazwischentreten. Daraufhin ließ der Bär die gerissene Ziege zwar liegen, stürzte sich dafür aber auf den Schäfer. Dieser hatte noch einmal Glück und wurde nur an Kopf und Armen von den Bären-krallen verletzt.

Schlimmer erging es dem Schäfer Otram, der ebenfalls aus dem Dorf Burua stammt: Er verlor vor einigen Jahren beim Kampf mit einem Braun-bären fast sein Leben. Der Bär zerbiß ihm den Kiefer und die Backenknochen, außerdem wurde

Otram auf dem rechten Auge blind. Er selber schilderte mir den Vorfall so: „Es war vier Uhr nachmittags, als der Bär meine Herde angriff. Ich schrie aus vollem Hals, um ihn zu vertreiben. Da fiel der Bär über mich her und riß mich zu Boden. Ich lag auf dem Rücken, das Tier über mir. Mit beiden Beinen versuchte ich, den Bären von mir zu stoßen. Doch er biß in mein Gesicht und schnappte nach meinen Beinen, bevor er davonrannte."

Bärenbegegnungen mit tödlichem Ausgang sind dennoch relativ selten. Allerdings führte mich ein Mann, Tikma Ram aus Manali, zu einer Stel-le, an der vor einigen Jahren sein 18jähriger Sohn Lal Chand von einem Schwarzbären getötet worden war. An der Todesstelle hatten die Eltern ein paar Steine aufgeschich-tet, Tikma Ram legte bei seinem Besuch einen Strauß frischer Wiesen-blumen nieder, wie er es wohl immer tat. Diese Grabstelle und ein altes, vergilbtes Foto von ihrem Sohn ist alles, was den Eltern von ihm geblieben ist.

Es gibt viele Schafhirten (wie oben), die von Bären angegriffen wurden. Ihre Auskünfte und detaillierten Beschreibungen des betreffenden Schaf- und Ziegenräubers sollten Werner Fend helfen, auf die richtige Spur zu kommen. Dieser Bär, der bereits so häufig ange-griffen hatte, mußte lebend eingefangen werden. Von solch einer spektakulären Bärenfang-aktion wie dieser verspricht man sich bei der Forstbehörde vor allem, daß illegale Abschüsse durch Wilderer unterbleiben

Solch ein Tier, das wiederholt Schaf-
oder Ziegenherden angriff, sollte ich
nun einfangen. Dazu mußte ich mich
zunächst einmal in die Nähe dieser
großen Herden begeben, die sich in
Höhe von 3 000 bis 5 000 Meter
aufhalten.

Als Begleiter brauchte ich noch einige Träger, denn bereits meine Film-
und Fotoausrüstung bedeutete eine
beachtliche Last, ganz zu schweigen
von der Verpflegung für etwa
15 Mann für jeweils mehrere Wochen.
Alle meine Männer trugen eine Last
von etwa 35 kg, und sie stiegen
damit mühelos in zügigem Tempo
auf; doch ich merkte bald, daß ich
die bei weitem schwierigste Aufgabe
jenen vier Männern zugeteilt hatte,
die den Bärenkäfig durch die unwegsame Gegend nach oben schleppen
mußten.

Dieser Käfig war nach meinen eigenen Vorstellungen zusammengebaut
und meiner Meinung nach „bären-
sicher". Darin wollte ich den Bären,
sobald er mit dem Narkosegewehr
betäubt war, ungefährdet ins Tal
hinabtransportieren.

Wir befanden uns auf einer Höhe
von ungefähr 3 400 m, als wir in
dieser sonst völlig unbewohnten
Gegend einen Hirten trafen, der
gerade dabei war, Milch von seinen
Kühen ins Tal zu tragen. Obwohl es
sehr selten ist, daß Bären auch Kühe
angreifen, kann es gelegentlich
vorkommen, und dieser Hirte konnte uns sogleich den ersten konkreten Hinweis auf Bären geben. Denn
einige Tage zuvor hatte er an einem
Wildbach eine seiner Kühe durch
einen Braunbären verloren.

So schlugen wir ein wenig oberhalb
dieses Wildbachs unser Lager auf
und nahmen zunächst eine kräftige
Mahlzeit ein, die aus Chapattis
bestand, bevor wir uns wirklich an
die Arbeit machten. Chapattis sind
die Brotfladen aus Weizenmehl, zu
denen wir im Lauf der folgenden
Wochen abwechselnd Hirsebrei und
Linsen, gelegentlich auch frisches
Gemüse und Reis aßen. Nach dieser
Stärkung und einer kurzen Pause
sondierten wir zunächst das unbekannte Gelände und bezogen dann
unsere Beobachtungsposten.

**Träger des Bärenkäfigs
und der anderen Aus-
rüstung. Die Gefühle der
Männer waren gemischt,
denn es ist nicht alltäg-
lich, bei einem Bärenfang
zu assistieren**

Als Chaman Lal, der Anführer meiner Träger, mich schon kurz darauf von seinem Ausguck aufgeregt herbeiwinkte, lief ich schnell mit Kamera und Stativ in diese Richtung, schon fest davon überzeugt, daß ich jetzt gleich den ersten Bären filmen würde. Doch statt des erwarteten Ungetüms bekam ich einen ungefähr maulwurfgroßen Hasen vor das Objektiv. Allerdings war es ein Pfeifhase, eines der wenig bekannten Tiere im Himalaya. In Europa existierte dieses Tier bis in die letzte Eiszeit hinein, dann ist es leider ausgestorben. Im Himalaya-Gebirge lebt der Pfeifhase in einer Höhe von 3 000 bis 5 000 Metern, viele Monate des Jahrs verbringt er schlafend unter den Schneemassen.

Da der erwartete Bär auch in den folgenden Tagen ausblieb, wollten wir uns bei den Schäfern der umliegenden großen Ziegen- und Schafherden weitere Informationen über die Bären besorgen. Auch sie hatten jüngst Bärenopfer zu beklagen, konnten uns zu Stellen mit frischgerissenen Tieren führen, an denen sich teilweise auch schon Geier und Adler gütlich getan hatten.

Die meisten Chancen für eine Bärenbegegnung rechnete ich mir aus, wenn ich nicht nur auf Zufallstreffen während eines Pirschgangs hoffte, sondern auch provisorische Unterstände errichtete. Schließlich wollte ich Bären ja nicht nur betäuben und einfangen, sondern vor allem interessante Filmaufnahmen dieser Tiere in

freier Wildbahn machen. Viele Ansitze der folgenden Wochen und Monate, sowohl tagsüber als auch nachts, verliefen völlig ergebnislos. Statt Bären bekam ich viele andere Tiere vors Objektiv, unter anderem ein Gural, eine Art Wildziege, die in Aussehen und Lebensweise unserer Gemse ähnelt und im Himalaya noch verhältnismäßig zahlreich vertreten ist.

Dann aber hatte ich endlich ein bißchen mehr Glück: Ich hatte Bärenspuren tief unten in einer Schlucht entdeckt und weiter oben, am Rand der engen Schlucht eine Höhle ausgemacht, die zu diesem Zeitpunkt offensichtlich von Bären begangen wurde. Erst am nächsten Tag bekam ich dann einen Bären zu sehen; es handelte sich allerdings um einen Schwarzbären, an denen mein Auftraggeber kein großes Interesse hatte. Deshalb hielt ich mich von dem mindestens 150 Kilo schweren Tier fern – und das war mein Glück. Als nämlich plötzlich, ganz in der Nähe meines Unterstands, vor der Bärenhöhle Junge erschienen, stellte sich heraus, daß ich es hier mit einer Bärenmutter zu tun hatte. Ich wußte von anderen Fachleuten, daß Bären, die Jungtiere mit sich führen, als besonders angriffslustig gelten und das zu Recht: Etwa 80 % aller Unglücksfälle, bei denen Menschen durch Bären zu Schaden kommen, gehen auf Schwarzbären zurück, die gerade Junge begleiten.

Doch ich konnte zunächst recht unbesorgt die Szene mit den putzigen Jungtieren vor ihrer Höhle mit der Kamera verfolgen, denn noch war die Bärenmutter weit entfernt von ihren Schützlingen. Von Zeit zu Zeit tauchte sie dann auf, doch sie schien ihre etwa drei Monate alten Jungen in völliger Sicherheit zu wähnen. Doch dann begannen die wirklich drolligen kleinen Kerle laut nach ihrer Mutter zu rufen, und ich wußte, daß diese nun jeden Augenblick zurückkommen konnte – ein guter Grund, mich rechtzeitig zurückzuziehen. So hatte ich mit der Kamera wieder einmal schöne Bilder festgehalten, aber unser Bärenkäfig war nach wie vor leer.

Aus dem Nachbartal, das aber leider nur über einen 4 800 Meter hohen Paß zu erreichen war, hatten wir Nachricht über mehrere Braunbären erhalten. Wie so oft in diesen Monaten nahmen wir voller Optimismus einen solchen Anstieg in Kauf und überstiegen diesen Paß.

Die jungen Schwarzbären, die hier vor ihrer Höhle spielen, sehen zwar sehr putzig aus, dennoch ist Vorsicht geboten: Das Muttertier kann nicht weit sein, und mit ihrem Beschützerinstinkt reagieren Bärenmütter auf vermeintliche Gefahren meist äußerst aggressiv

Unser neues Lager schlugen wir in der Nähe einer verlassenen Schäferhütte auf. Da wir wußten, daß die Braunbären tagsüber mit Vorliebe in solchen Hütten schliefen, begannen wir sogleich mit der Pirsch. Vorsichtig und langsam, entgegen der Windrichtung, schlichen wir uns an die Hütte heran. Alles deutete darauf hin, daß der Bär sich darin befinden könnte: Die Erde rund um die Hütte herum war gründlichst von Bärenkrallen frisch umgegraben. Mit dem Narkosegewehr nun direkt in die „Höhle des Bären" zu gehen, war eigentlich viel zu riskant. Schließlich dauert es nach dem Schuß einige Zeit, bis das Narkosemittel wirkt und der Bär sich nicht mehr bewegt. Wahrscheinlich lag es an meiner großen Ungeduld, nun endlich einen Bären einzufangen, daß wir dennoch in die Hütte gingen. Die Hütte war zwar leer, aber nun konnte es nur noch eine Frage der Zeit sein, bis ich in der Nähe unseres neuen Lagers auf den Bären stoßen würde, hatte

ich doch in der gesamten Umgebung frische Bärenspuren gefunden. Und tatsächlich, gleich bei unserem nächsten Pirschgang trafen wir, beinahe unverhofft, den Bären. Ich hatte wirklich den Eindruck, er habe uns bereits gewittert, als wir noch nichts von seiner Gegenwart ahnten. Nun sollte sich zeigen, daß ich nicht nur mit einem etwas zu schweren Käfig, dessen Träger mir immer nur in großer Entfernung folgen konnten, ausgerüstet war, sondern auch mit meinem Narkosemittel in Schwierigkeiten kommen konnte. Den Bären traf ich richtig, das sah ich deutlich, doch die Narkose wirkte nicht voll, so daß das Tier lediglich in seinen Bewegungen etwas langsamer wurde. Die Träger kamen und kamen nicht mit dem Käfig, und das Risiko, einen weiteren Schuß aus dem Narkosegewehr abzugeben, war zu groß: An solch einer Überdosis hätte das Tier sterben können. Schließlich blieb mir keine andere Wahl, als das Feld zu räumen, da die

Das Netz, in dem der Bär nach einem erfolgreichen Fang weitertransportiert werden soll, wird gründlich ausprobiert, sonst droht große Gefahr. Rechts: Hier gelang auch eine Aufnahme vom selten gewordenen Moschushirsch

Kräfte des Bären zusehends zurückkehrten. Dieser Rückzug bekam am nächsten Tag bereits symbolischen Wert: Es begann zu schneien, das heißt, für die Bären begann die Zeit des Winterschlafs. Wir stiegen wieder hinab, doch da meine Expedition nicht einzig und allein dem Bärenfang gegolten hatte, war die Enttäuschung über diesen mißglückten Fang nicht zu groß. Als ich meine Träger, die alle ausnahmslos ihr Bestes gegeben hatten, entlohnte, versprachen sie mir, im nächsten Frühjahr bei einer neuen Expedition wieder dabei zu sein.

Für das neue Unternehmen „Bärenfang" war ich aufgrund meiner Erfahrungen aus dem vorigen Jahr dann viel besser gerüstet. Als Bärenkäfig diente jetzt ein Drahtnetz ohne schwere Eisenstäbe. Es konnte problemlos einen Bären aufnehmen, war außerdem zusammenklappbar und konnte dadurch von einem Mann allein getragen werden, der immer in meiner Nähe sein konnte.

Dann hatte ich per Zufall auch noch die Möglichkeit, einige Pferde zu bekommen und eine geländekundige Führerin engagieren zu können, was uns die erste Etappe des Aufstiegs erheblich erleichterte. Doch auch diesmal bekam ich viele Tage lang erst eine Vielzahl anderer Tiere vor die Kamera und keinen Bären. Vor allem beeindruckten mich die prächtigen Bergfasane – Vögel, deren Abschuß mittlerweile verboten ist. Lange war vor allem der Monal, wie er hier genannt wird, ein vielgejagtes Geschöpf. Denn mit seinem Kopfschmuck, der dem des Pfaus ähnelt, verzieren die Einheimischen gerne ihre eigenen Kopfbedeckungen. Zu meinen sehr wertvollen Aufnahmen zählen auch die von dem äußerst scheuen Moschushirsch. Er ist geweihlos, besitzt aber Fangzähne. Doch ausgerechnet wegen einer Duftdrüse am Bauch, für die bis zu 2 000 DM bezahlt werden, ist er beinahe ausgerottet worden.

Wie schon bei unserer ersten Expedition trugen wir auch diesmal möglichst viele Informationen aus den umliegenden Schäferlagern zusammen. Wie erfuhren, daß Bärenangriffe weiterhin an der Tagesordnung waren, wir wurden sogar einmal selbst Augen- und Ohrenzeugen eines solchen Überfalls: Ganz plötzlich rissen uns wild anschlagende Hunde aus dem Schlaf. Die Schäfer rannten hektisch durcheinander, Ziegen meckerten aufgeregt, Lämmer blökten kläglich, und der alles durchringende Todesschrei einer Ziege, der auf den Tumult folgte, hallte gellend durch die Nacht. Mehr als ein Dutzend Tiere hatte diese Herde jetzt innerhalb weniger Wochen verloren. Doch da wir nun den ganz frischen Bärenspuren folgen konnten, kamen wir dem Braunbären schnell näher. Zunächst bekam ich den Bären nur in Reichweite meines Teleobjektivs zu sehen.

Doch bevor er sich vor unserem Trupp zurückziehen konnte, schnitt ich ihm den Weg ab, konnte aus nächster Nähe einen gezielten Schuß aus dem Narkosegewehr abgeben, und Sekunden später rollten wir das Tier schon mit vereinten Kräften ins Netz. Noch im Trancezustand funkelten uns die Augen des Bären an, als wolle er uns zu verstehen geben, wie zornig er über diese Niederlage sei. Vor dem Abtransport ins Tal betäubte ich das kräftige Tier dann noch einmal, damit es sich nicht bei seinen Befreiungsversuchen verletzen konnte. Außerdem hätten ihn die Träger sonst wohl kaum ins Tal schaffen können, schwer genug war er auch in betäubtem Zustand noch. Die Nachricht vom geglückten Bärenfang verbreitete sich wie ein Lauffeuer im ganzen Tal. So schnell kamen wir mit unserem „Schwertransport" gar nicht voran. Das ganze Dorf empfing uns bei unserer Ankunft,

doch viel Zeit zum Bestaunen des Braunbären blieb nicht. Denn der Weitertransport in den Zoo durfte schließlich nicht verzögert werden. So kam nun mein alter, etwas stabilerer Käfig aus dem Vorjahr wieder zum Einsatz, da er mir für einen längeren Transport geeigneter erschien als das enge Fangnetz. Nachdem ich mit zwei Antibiotika-Spritzen die Gefahr einer Sepsis durch die Einschußstellen gebannt und sich der Bär auch zusehends von seinem Schock erholt hatte, konnte er in zwei Etappen abtransportiert werden. Die letzten 200 km Entfernung zum Zoo überbrückte ein Fahrzeug mit Anhänger und Transportkäfig. Ich selbst blieb vorerst noch im Tal zurück, da noch andere Aufgaben in den Bergen auf mich warteten. Doch das Unternehmen „Braunbär" war vorerst abgeschlossen und damit der Beweis erbracht, daß es durchaus möglich ist, Schaf- und Ziegenkiller einzufangen, statt sie zu töten.
Erst Monate später besuchte ich „meinen" Bären im Zoo. Da hatte er sich längst an seine neue Umgebung gewöhnt, sich vom Fleischfresser zu einem Vegetarier gewandelt, und den Menschen, insbesondere mir, schien er auch nicht mehr böse zu sein. Nun war das Tier vom Schrecken der Schäfer zur Attraktion des Zoos geworden. Und wenn er hier auch nicht in Freiheit ist, dachte ich mir, so kann er doch in Frieden weiterleben.

Der lange verfolgte Bär endlich im Netz; danach wird er in den Zoo von Simla abtransportiert

ICH JAGTE EIN PHANTOM

Es war ebenfalls in dieser Region des Himalaya, wo ich einmal der feierlichen Beisetzung eines gerade 20jährigen jungen Mannes beiwohnte. Seine Leiche war hoch oben im Himalaya gefunden worden, völlig zerschmettert, nachdem Ramu, wie der junge Mann hieß, bei der Jagd abgestürzt war. Nach Beendigung der Zeremonie, bei der die Überreste verbrannt werden und die Asche dem Wind übergeben wird, flüsterten die Menschen im Dorf: „Die Götter haben ihm gezürnt. – Der Berg hat ihn beim Wildern erschlagen." – So beeindruckend ragen die Gebirgsketten auf, daß niemand hier an der Allmacht der Götter des Himalaya zweifelt.

Ich erzähle diese Begebenheit, weil auch ich wieder einmal in diese Berge hinauf mußte. Es war von Beginn an eine Expedition mit ungewissem Ausgang, denn ich suchte das seltenste Raubtier der Welt: Im Auftrag der Forstbehörde des indischen Staates Himachal Pradesh sollte ich diesmal einen Schneeleoparden fangen. Doch niemand konnte mir sagen, ob es den „Barfeni-Bagh", den Schneetiger, wie ihn die Einheimischen nennen, hier überhaupt noch gab.

Hier begann die Suche
nach dem Schneeleopar-
den. Doch einheimische
Kenner dieser Gegend
machten Werner Fend
keine allzu großen Hoff-
nungen, noch eines der
wunderschönen Raubtiere
zu entdecken. Nach ihrer
Meinung waren bereits
alle Exemplare durch
Trophäenjäger und Wilde-
rer ausgerottet worden

Ich rechnete mit einer ungefähren
Expeditionsdauer von fünf Monaten,
doch daraus sollten insgesamt fast
zwei Jahre werden. Die Suche nach
dem Schneeleoparden wurde zur
Jagd nach einem Phantom und
wurde manchmal so strapaziös, daß
ich kurz davor war, die Expedition
abzubrechen.
Für die Forstbehörde sollte ich in
erster Linie in Erfahrung bringen, in

Werner Fend und seine Begleiter auf ihrem anstrengenden Marsch im Himalaya

welchen Regionen dieses selten gewordene Raubtier noch lebte, beziehungsweise ob es überhaupt noch existierte, denn gesehen hatte es in Indien seit Jahren niemand mehr.

So begann ich meine Suche im Kulu-Tal, in Kulanthapita, dem Ende der Welt. Noch vor fünfzig Jahren hätte ich den Schneeleoparden hier ganz in der Nähe menschlicher Behausungen angetroffen. Bis in die Obstgärten soll er gekommen sein, von Zeit zu Zeit habe er sogar am hellichten Tag eine Ziege oder ein Schaf geholt – so berichteten es mir einige der ältesten Bewohner.

Doch obwohl ich im Lauf der Monate sicherlich weit über 100 verschiedene Träger hatte, war keiner unter ihnen, der je einen Schneeleoparden zu Gesicht bekommen hatte. Obwohl also niemand eine Vorstellung davon hatte, wie dieses sagenhafte Tier aussehen sollte, und die wenigsten von ihnen überhaupt an seine Existenz glaubten, setzten sie sich dennoch voll und ganz für unsere scheinbar aussichtslose Sache ein. Zunächst konzentrierte ich meine Suche auf alle Nebentäler von Kulu, die in 3 000 bis 5 000 Meter Höhe lagen. In diesen Zonen liegen ja auch die Hauptweidegebiete für die großen Ziegen- und Schafherden. Der Beginn meiner Arbeit stand bereits unter keinem guten Stern, ständige Wetterstürze, verbunden mit Schnee und Kälte, zogen teilweise Folgen von katastrophalen

Ausmaßen nach sich. Denn diese immer wiederkehrenden Wintereinbrüche waren ja nicht nur für die Bergsteiger, die ihren Gipfelsturm aufgeben mußten, und für mich als Tierfilmer enttäuschend, sie bedeuteten auch, daß Tausende von Tieren zugrunde gehen mußten. Ich mußte selber oft zusehen, wie Ziegen oder Schafe erschöpft in den Schneemassen steckenblieben oder von Lawinen in die Tiefe gerissen wurden – andere erreichten noch mit Mühe und Not das rettende Tal.

Trotz des schlechten Wetters, oder gerade deshalb, rechnete ich mir Chancen aus, zumindest anhand von Spuren festzustellen, ob der Schneeleopard überhaupt noch existierte. Dazu stellte ich mit Hilfe meiner Träger immer wieder an Wildwech-

seln meine Ausguckzelte auf, die wir, so gut es ging, mit weißen Stoffbahnen tarnten. In diesen Zelten blieb ich dann allein zurück, während meine Begleiter den Auftrag hatten, alle fünf bis sechs Tage Verpflegungsnachschub zu bringen und auch sonst nach dem Rechten zu sehen. Tagsüber zeigte ich mich nie außerhalb meines Verstecks, denn es konnte ja immer ein Wild in der Nähe sein, das mich dann sogleich bemerkt hätte.

Ich wartete Nacht für Nacht, und das einzige, was mich in diesen bitterkalten Nächten bei dem ununterbrochenen Knattern meiner Zeltplane im Wind aufrechthielt, war der Gedanke daran, daß bis jetzt noch kein einziger Meter Film von Schneeleoparden in freier Wildbahn existierte.

Solche waghalsigen Drahtseilakte, bei denen tiefe, gefährliche Schluchten überwunden werden, finden während der ganzen Expedition zum Fang des Schneeleoparden immer wieder statt. Anders kann man sich in diesen Regionen gar nicht fortbewegen und kann nur so jedes Versteck des scheuen Tiers aufspüren.

In diesen Gebieten, wo die 6000 bis 7000 Meter hohen Riesen des Himalaya aufragen, wird der Schneelcopard vermutet. Doch zunächst bekommen Werner Fend und seine einheimischen Begleiter ganz andere, jedoch ebenfalls interessante Tiere zu sehen. Oben ein Wildschaf. Es ist außerordentlich selten geworden und ein typisches Beutetier des Schneeleoparden

Die Hoffnung darauf bewegte mich in erster Linie zum Ausharren, die fragwürdige Aussicht, dieses Tier gar einzufangen, stand erst an zweiter Stelle.

Doch alle Versuche der ersten Wochen und Monate blieben völlig erfolglos. Selbst in den bewaldeten Gebieten, die ich später durchstreifte und von denen ich wußte, daß sie noch vor wenigen Jahrzehnten beachtliche Wildbestände aufzuweisen hatten, bekam ich nur wenige Tiere vor die Kamera.

Den ersten konkreten Hinweis auf den Schneeleoparden erhielt ich Wochen später von einem Hirten. Dieser führte uns in ein entlegenes Tal, etwa 4 400 Meter hoch. Dort hatte der Hirte immer wieder Schafe und Ziegen verloren, und zwar an ein mysteriöses Tier, das er nicht näher bestimmen konnte.

Zu meiner ganz großen Überraschung fand ich in diesem Tal Wildschafe, die man in dieser Gegend schon seit Jahren nicht mehr vermutet hatte. Und in den wenigen Gebieten, in denen sie noch vorkommen, sind sie äußerst selten geworden. Für mich war diese Entdeckung deshalb von großer Bedeutung, weil diese Wildschafe ursprünglich die hauptsächlichen Beutetiere der Schneeleoparden waren. Doch es gab wieder eine Ernüchterung: Obwohl wir viele Wochen in diesem Gebiet blieben, fanden wir nicht die geringste Spur, nicht das kleinste Anzeichen für die Gegenwart jenes seltenen Tieres, dem wir so gerne auf die Spur kommen wollten. So wechselten wir im Lauf der nächsten Monate wieder von einem Lager zum anderen, und jedes Hochtal wurde systematisch durchkämmt, bis schließlich die bewaldeten Regionen völlig hinter uns lagen.

In den folgenden Wochen wollte ich nun bis an die Gletscher in ungefähr 5 000 Meter Höhe vordringen. Denn ich wußte, daß es hier, speziell am Fuß des über 6 000 Meter hohen Bergs Deotibba, Steinböcke geben sollte. Somit war es auch im Bereich des Möglichen, hier unter Umständen Schneeleoparden anzutreffen.

**Im Gebirge droht von
viele Seiten Gefahr.
Nicht nur vor Raubtieren
muß man sich schützen,
auch der Steinschlag ist
gefährlich**

Heute frage ich mich manchmal,
woher ich damals immer wieder
diesen Optimismus nahm, voller
Hoffnung in ein neues Gebiet
vordrang, obwohl meine Bemühungen doch ständig von Mißerfolg
gekennzeichnet waren. Wahrscheinlich war es das Erbe westlicher Tradition, das mich davon abhielt, ganz
einfach kehrtzumachen und den
Strapazen ein Ende zu setzen. Als
Erbe westlicher Tradition verstehe
ich hierbei übrigens die Angst, sich
lächerlich zu machen aufgrund von
scheinbarer Erfolglosigkeit. Dabei
gab es eigentlich gar niemanden,
vor dem ich mich hätte blamieren
können, denn auch meine Träger
hätten wahrscheinlich liebend gerne
den Rückweg angetreten. Doch so
sammelten wir, was wir fanden, und
wenn es auch nur ein halb vermo-
dertes Steinbockgehörn war. Als ich
dann nach wie vor auf vorgeschobe-
nen, gut getarnten Posten allein
zurückblieb und tagelange Beobachtungen anstellte, versuchte ich so
unsichtbar wie möglich zu sein und
war im übrigen heilfroh, auf keinen
der mich umgebenden Sechs- und
Siebentausender zu müssen.
Doch als auch hier nicht das kleinste Anzeichen für die Gegenwart
eines Schneeleoparden sprach,
machte ich mir klar, daß ich mich
hier ja immer noch auf der Südseite
des Himalayagebirges befand, in
Gebieten, die eben doch von Zeit zu
Zeit von Menschen aufgesucht
wurden. Unter diesen Menschen

hatte es wahrscheinlich zu viele Jäger gegeben, und so begann ich mich mit dem Gedanken anzufreunden, über die hohen Pässe auf die entlegene Nordseite, nahe an die Grenze zu Tibet, vorzudringen. Also beschaffte ich mir die dafür nötige Spezialbewilligung und zog dann mit meinen Trägern und neuem Optimismus los. Jenseits der Pässe lebten zwar noch Menschen in der Provinz Spiti, jedoch in so geringer Zahl, daß ich hoffen konnte, dort noch jene „heile Welt" zu finden, in der auch der Schneeleopard ein Bestandteil ist.

Daß ich nun in eine ganz andere Welt kommen sollte, bemerkte ich schon an einem Tempel in etwa 5000 Meter Höhe, an dem die buddhistischen Gebetsfahnen im Wind flatterten und die magisch-mystischen Worte des Buddhismus „OM MANI PADME HUM" in die Steine gemeißelt waren. Ich wußte, als ich die erste Siedlung betrat, daß ich gleichzeitig das Reich Buddhas betreten hatte, eine Welt voller ungelöster Rätsel.

Doch an jenem Ort hatten auch die Hindugötter beziehungsweise ihre Statuen Platz zwischen den bildhaften und symbolträchtigen Ausdrucksformen des lamaistischen Kults. Hier herrschten Regeln und Gesetze, die mit unserer westlichen Denkweise nie zu erfassen sein werden – die aber, wie sich noch zeigen sollte, selbst auf meine Arbeit Einfluß nehmen sollten.

Um nach Spiti (links) zu gelangen, muß man den Kunsumpaß an der Grenze zu Tibet überschreiten. Ein ungewöhnlicher Unterstand (unten)

Viele der jungen Männer der Provinz Spiti waren in den folgenden Monaten meine Träger und ortskundigen Führer. Auch unter ihnen war zwar keiner, der den Schneeleoparden je gesehen hätte, dennoch zweifelte erstaunlicherweise niemand an seiner Existenz. Damit erhielt ich endlich jenen Hoffnungsschimmer, auf den ich so lange vergeblich gewartet hatte.

Schon bald nach meiner Ankunft führten uns Geier auf eine Spur, die auf ein Raubtier schließen ließ. Weit oberhalb unseres Lagers war nämlich ein Schaf gerissen worden, das Bisse an der Kehle aufwies und dessen Hinterteil gefressen war. Und allmählich erfuhr ich auch von meinen Begleitern, daß sie regelmäßig, allerdings nur bei Nacht, Schafe und Ziegen, manchmal auch Pferde, auf den Weidegebieten verloren, ohne daß jemand das Raubtier jemals gesehen hätte.

Nun suchte ich wieder Bergkämme, Felsen und Höhlen ab, doch wie schon so oft in den letzten Monaten fand ich rein gar nichts, was auf einen Schneeleoparden hätte schließen lassen. Die alte Routine – Zelte abbrechen, weiterziehen, Zelte aufstellen – begann damit von neuem.

Gefährliche Akrobatik bei der Jagd nach dem Schneeleoparden, von dessen Existenz Werner Fend überzeugt ist

Hier im Bild Werner Fend
mit seinem Narkosege-
wehr vor dem Steinunter-
stand, in dem er geduldig
auf den Schneeleoparden
gewartet hat

Doch dann entdeckten wir eines
Tages eine große Zahl von Steinbök-
ken, die ja ebenfalls Beutetiere der
Schneeleoparden sein sollten. Ohne
sehr große Begeisterung erinnerte
ich mich daran, daß ich, falls
möglich, auch ein Steinbockpaar für
einen indischen Zoo einfangen sollte,
da auch diese Tiere immer seltener
wurden und die Forstbehörde
großes Interesse gezeigt hatte.

Für dieses Vorhaben, das ich bei der
„Jagd nach dem Phantom" einschob,
wollte ich mit einem Yak, also einem
Grunzochsen, möglichst nah an die
Steinböcke heranreiten. Um dieses
Tier dazu zu bewegen, mich auf
seinem Rücken zu dulden, bedurfte
es allerdings einer Menge Salz und
tagelanger Geduld.

Doch schließlich war die Aktion
bestens vorbereitet, mit Narkosegewehr und Kamera am Gewehr selbst
ritt ich los. Ein Tarnnetz sollte meine
Chancen zusätzlich erhöhen.

Bei dieser Fangaktion bemerkte ich
bei meinen Trägern zum erstenmal
eine ungewöhnliche Zurückhaltung,
die sich zu offensichtlicher Lustlosig-
keit steigerte. Erst viel später erfuhr
ich, daß sie es aus religiösen Gründen einfach nicht gerne sehen, wenn
Tiere geschossen oder eingefangen
werden. Hinzu kam noch, daß erst
wenige Monate zuvor ein paar
umherziehende Jäger einen Stein-
bock lebend gefangen hatten, ihn
dann aber doch töten wollten.
Daraufhin hatten alle Bewohner der
umliegenden Dörfer schnell Geld

gesammelt, so daß sie dem Stein-
bock schließlich die Freiheit zurück-
kaufen konnten.

Von alledem wußte ich jedoch nichts,
als ich voller Überzeugung, nahe
genug an die scheuen Tiere heranzukommen, auf meinem Yak dahinritt.
Schnell traf ich auf ein Rudel Steinböcke, doch sei es, daß die guten
Wünsche meiner Träger den Tieren
zu Hilfe kamen oder daß der ständig
wechselnde Wind ihnen meine Witte-
rung zutrug – jedenfalls nahmen die
Tiere Reißaus, lange bevor ich sie in
Schußweite bekam. Auch andere
Fangaktionen scheiterten, so daß
auch ich daran das Interesse verlor.
Als ich meine „Steinbockaktionen"
einstellte, zeigten meine Träger
wieder fröhliche Gesichter.

Nach vielen Tagen, an denen ich die
Tier- und Pflanzenwelt beobachtete,
Spuren aus längst vergangenen
Zeiten fand, entdeckten wir wieder
einmal ein gerissenes Pferd. Alles
deutete darauf hin, daß hier das
„Phantom" am Werk gewesen war.
Rasch errichteten wir also zum
wiederholten Mal ein Versteck für
mich, das ich mittlerweile „Steinsarg"
nannte, halb im Scherz, halb im
Ernst. In diesem unbequemen Unterstand hatte ich dann wieder eine
Nacht voller Anspannung und
Nervenkitzel vor mir. Alles war wie
immer: Es war kalt, der Wind heulte,
und die Nacht nahm und nahm kein
Ende. Doch dann auf einmal: ein Tier
im kurzen Aufflammen meiner Hand-
lampe – der Schneeleopard. Sehen,

Fin Yak – das langhaarige
Rind der zentralasiati-
schen Hochländer, das von
den Einheimischen auch
als Lasttier genutzt wird

Es ist geglückt: Auge in Auge mit der seltenen Raubkatze, dem „Barfeni-Bagh" oder Schneetiger, wie ihn die Einheimischen nennen. Der Beweis für die Existenz der wunderbar gezeichneten Raubkatze ist erbracht

Erkennen und Durchziehen des Abzugs des Narkosegewehrs – das war alles, geschah beinahe gleichzeitig. Dann wieder Dunkelheit.

Nun mußte ich bis zum nächsten Morgen Geduld beweisen, doch als ich dann bei Tagesanbruch die Verfolgung aufnahm, war ich sicher, daß die Narkosespritze genau an der richtigen Stelle getroffen hatte. Dennoch suchte und suchte ich, ohne auf irgendeine Spur zu stoßen. Sehr bald quälte mich die Befürchtung, das Narkosemittel könnte vielleicht schon in seiner Wirkung nachgelassen haben. Außerdem wußte ich nicht: War das Raubtier geflohen, oder mußte ich womöglich mit einem Angriff rechnen? Dann entdeckte ich das „Phantom": Der Schneeleopard schlief noch, die Narkosespritze saß noch an der Einschußstelle und hielt in ihrer Wirkung an. Ganz langsam und vorsichtig näherten sich auch die Träger mit dem Drahtnetz und legten es um das Tier. Nachdem ich den Schneeleoparden noch mit einer Zeltplane zum Schutz vor der Sonne abgedeckt hatte, wollte ich erst für kurze Zeit ins Lager zurückkehren, da ich seit beinahe 30 Stunden weder geschlafen noch etwas gegessen hatte.

Nachdem gesichert ist, daß die Narkosewirkung anhält, wird der Schneeleopard mit vereinten Kräften ins Netz befördert: das Ergebnis monatelanger Entbehrungen und kräftezehrender Gewaltmärsche durch das unwegsame Gelände des Himalaya

Nun hatte ich ein Tier gefangen, von dem kein Zoo in ganz Indien auch nur ein einziges Exemplar besaß. Doch jetzt, als ich den Schneeleoparden im Netz hatte, war ich nach einigen Stunden der Besinnung fest entschlossen, ihm seine Freiheit bald wiederzugeben. Zu diesem Entschluß kam ich wahrscheinlich, weil ich all die vielen Monate mit Menschen zusammen war, die zu den Tieren eine so ganz andere Einstellung hatten. Deshalb wollte ich das stattliche Raubtier oben am Tempel freilassen und dabei filmen. Aber diese Szene wurde leider nie gedreht. Denn zwei Stunden, nachdem ich ins Lager zurückgekehrt war, mich ein wenig ausgeruht und über das Schicksal des Schneeleo-

parden nachgedacht hatte, stürmte einer meiner Träger zu mir hin: „Der Schneetiger ist weg! Das Netz ist leer!"

Jeder wird sich vorstellen können, wie hart mich diese Nachricht nach den Mühen der vielen Monate getroffen hat. Vor allem konnte ich mir gar nicht vorstellen, wie so etwas passieren konnte. Es konnte doch, ohne daß jemand von außen nachhalf, unmöglich sein, daß sich das Tier befreit hatte. Meine diesbezüglichen Fragen stießen bei meinen Trägern lediglich auf eine Wand von Schweigen und Achselzucken.

So konnte ich nun nicht einmal mehr Aufnahmen von den eleganten Bewegungen dieser Raubkatze machen, die man früher auch bei

Tag sehen konnte und die heute ausschließlich in die baum- und strauchlosen Regionen zurückgedrängt worden ist, in denen sie nun bei Nacht ein heimliches Leben führen muß.

Doch wenn ich heute an diesen Tag zurückdenke – an das leere Netz und den undurchschaubaren Gesichtsausdruck des Mannes, der mir das Verschwinden des „Schneetigers" mitgeteilt hatte, bin ich davon überzeugt, daß es richtig war, wie es schließlich gekommen ist. Es war plötzlich völlig unwesentlich, ob das Tier sich selbst befreit oder jemand absichtlich die Drähte gelokkert hatte. Wichtig war und ist, daß der Schneeleopard, dieses wunderschöne, leider so selten gewordene Tier in den Bergen des Himalaya weiterlebte und hoffentlich noch lange weiterleben kann.

Werner Fend mit der eleganten Raubkatze. Noch ist sie betäubt, und Fend ahnt nicht, wie schnell sie ihm wieder in die Bergwildnis entwischen wird

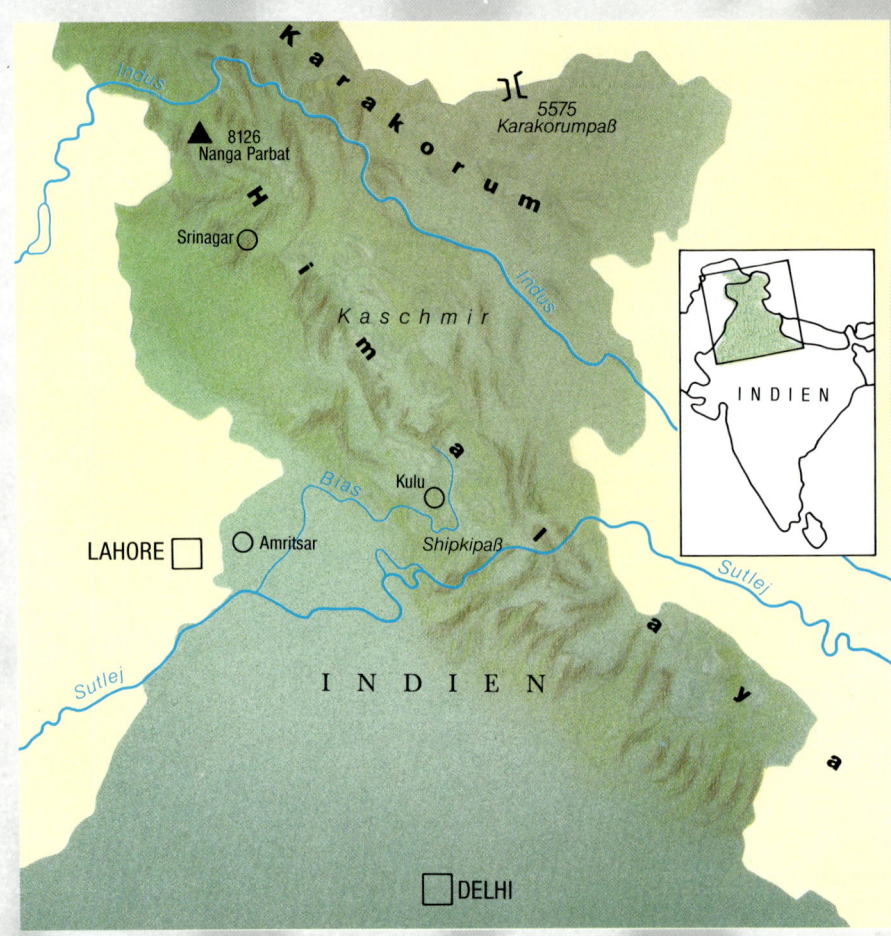

ketten des Himalaya, die ans Tiefland von Indus, Ganges und Brahmaputra angrenzen, übersteigen eine Höhe von 1 300 Metern im allgemeinen nicht. Daran schließt der sogenannte Vorder-Himalaya an, der mittlere Höhen zwischen 2 000 und 3 000 Meter – vereinzelt auch 4 000 Meter – erreicht. Der Hohe Himalaya, die Hauptkette des Gebirges, überragt diesen Vorder-Himalaya nochmals um einige tausend Meter Höhe und wird von den schneebedeckten Gipfeln der höchsten Berge der Welt gekrönt. Der bekannteste von ihnen ist der Mount Everest mit einer Höhe von 8 848 Meter.

Der nördliche Himalaya, der sogenannte Transhimalaya, ist wieder etwas „flacher", seine 3 000 bis 4 000 Meter hohen Gipfel liegen im Schutz des Hohen Himalaya. Der Himalaya sei nicht allein ein Gebirge – so hört man es häufig in Indien –, er sei auch eine Lebensform. Bei den Bewohnern des Kulu-Tals, das aufgrund seiner landwirtschaftlichen Produkte, darunter vor allem Saatkartoffeln, zu den reichsten Gebieten des Himalaya zählt, findet diese Auffassung lebendigen Ausdruck. Hier befand sich nach allgemeiner hinduistischer Überzeugung auch die Wiege der Menschheit, denn im Kulu-Tal, und zwar genau dort, wo heute der Ort Manali liegt, soll Manu, Indiens Noah, seine Arche verlassen und sich zum Wohl der Menschen angesiedelt haben.

Die „Wiege der Menschheit" im Himalaya

Das Kulu-Tal im nordindischen Bundesstaat Himachal Pradesh liegt im Himalaya-Gebirge. Der Himalaya, bestehend aus mehreren, parallel liegenden Bergzügen, die von breiten Tälern und von weit ausgedehnten Hochebenen durchzogen sind.

An Nordindien grenzen vier andere Himalaya-Länder, nämlich Tibet, Nepal, Sikkim und Bhutan, an. Das gesamte Himalaya-Gebiet läßt sich in drei bis vier Höhenzonen gliedern, entsprechend variieren auch Klima und Landschaftsbild. Die Rand-

Religionen
in Indien

Ganz Indien, insbesondere aber Nordindien, ist nicht nur von unterschiedlichen Klimazonen und Landschaftsbildern geprägt, sondern auch von einer Vielfalt von Völkern, Sprachen und Religionen. 83 % der Bevölkerung sind Hindus, 11 % Moslems, 2,5 % Christen, 2 % Sikhs und 0,7 % Buddhisten. Der Hinduismus, der im Gegensatz zu vielen anderen Religionen nicht auf einen Stifter zurückgeht, hat sich im Laufe von Jahrhunderten in vielen Sekten entwickelt. Es dauerte jedoch bis ins erste Jahrtausend n. Chr., bis der Hinduismus sich ganz allmählich gegen den bis dahin in Indien vorherrschenden Buddhismus durchsetzte. Um 1200 n. Chr. beherrschte die Hochreligion des Hinduismus nach dem Niedergang des Buddhismus Indien endgültig, allerdings machten sich in Nordindien starke Strömungen des Islam bemerkbar. Die Auseinandersetzung zwischen Islam und Hinduismus führte dann zur Bildung neuer Sekten, die sich zum Ziel setzten, beide Religionen miteinander zu versöhnen, z. B. die Sikhs. Doch ab dem 18. Jahrhundert kam es auch zu Konfrontationen mit dem von der westlichen Zivilisation ausgehenden Christentum. Letztendlich behauptete sich zwar der Hinduismus, dennoch wurde er nicht zur Staatsreligion erhoben.

Die einzelnen Sekten des Hinduismus orientieren sich nicht an einer einheitlichen Lehre. Es existieren nur einige allgemeine Grundlagen, die den jeweiligen Strömungen gemeinsam sind: vor allem die Lehre von der Wiedergeburt und vom Karma, der Summe aller guten und bösen Taten. Danach muß jedes Lebewesen die Welt immer wieder neu durchwandern. In solch einer Kette von Wiedergeburten bestimmt einzig das Verhalten des Wesens in seinem früheren Leben, ob es als Tier, Mensch, Gott oder in einer bestimmten Kaste, also Gesellschaftsschicht, geboren wird. Ziel der Erlösung ist, diesem ewigen Kreislauf zu entkommen und einzugehen in eine im All wirkende absolute Kraft. Unterschiedlich wird der Weg gesehen, zur Erlösung zu gelangen: Dieser reicht von Askese über Yoga bis hin zu magischen Praktiken.

Die Weltreligion des Buddhismus geht auf ihren von etwa 560 v. Chr. bis 480 v. Chr. lebenden Stifter Buddha zurück. Diese religiöse Gemeinschaft entstand von Anfang an als Mönchsgemeinde, die sich strengen Gesetzen unterwarf, um ein möglichst reines Leben zu führen. Auch die Lehre Buddhas basiert auf der Vorstellung von der ewigen Wiederkehr. Das Heilziel ist das Nirwana, wörtlich „Verwehen", die endgültige Erlösung von allem irdischen Leid.

In Indien gibt es ein Nebeneinander vieler Religionen: vergoldete Statuen mit dem Antlitz Buddhas, der Vishnu-Tempel in Mandurai. Den Weg der Askese wählte dieser Einsiedler

MENSCHENKINDER
DES DSCHUNGELS

Kinder des Dschungels:
Ganz links im Bild Laru,
der eine Handvoll Peit-
schenschlangen hält.
Links Kumar, der große
Affenfreund. Einer von
Tschuttis „geduschten"
Papageien, zum Trocknen
im Käfig

Die Tier- und Pflanzenwelt bot bei jeder meiner Expeditionen in die tropischen Regenwälder Indiens, Borneos, Sri Lankas und vieler anderer Länder so viele kleine und große Wunder, Überraschungen und auch viele spannende Augenblicke, daß es mich immer wieder dorthin zurückzog.

Schon bei meinen Berichten über die wagemutigen Männer des Dschungels, wie die Honigsammler, die Elefantenfänger von Assam oder die schicksalsergebenen, naturverbunden lebenden Menschen im Himalaya, wird dem Leser nicht entgangen sein, daß ich den Menschen im Regenwald ebensoviel Aufmerksamkeit geschenkt habe wie der Natur. Besonders verdient haben diese Beachtung auch die ganz jungen Menschen im tropischen Regenwald, die im Alter von neun bis zehn Jahren oft schon die Ernährer ganzer Familien sein können oder müssen, die sich voller Freude in den gefahrvollen Dschungel hinauswagen und die sich dort so erstaunlich gut behaupten können. Ich durfte Laru, einen jungen Schlangenfänger, und Kumar, einen richtigen Affenfreund, in ihrem Alltag begleiten, dessen Ablauf mir so gar nicht alltäglich erschien. Auch Tschutti, ein Junge, dem besonders das Wohl „betrunkener" Papageien am Herzen lag, brachte mich zum Schmunzeln und Staunen, wie Kumar und Laru.

LARU, DER SCHLANGENBOY

Laru begegnete mir zum erstenmal in der Nähe der Millionenstadt Madras im Südosten Indiens. Er war damals neun Jahre alt und gehörte zum Stamm der Irulas, das ist eine Völkergruppe, die im Süden Indiens lebt. Mit seinen neun Jahren war Laru schon ein berühmter Schlangenfänger, der einmal in der Woche durch die Riesenstadt Madras bummelte, bevor er sich zum großen Schlangenpark begab, der ein wenig außerhalb lag.

Wenn all die Menschen, denen er hier begegnete, gewußt hätten, was Laru in dem unscheinbaren Sack auf dem Rücken trug, hätten sie vermutlich einen großen Bogen um ihn gemacht. Laru trug die giftigen Schlangen mit der größten Selbstverständlichkeit auf seinem Rücken und bewunderte erst einmal das bunte Treiben der Großstadt. Für ihn war dies immer eine willkommene Abwechslung, und fasziniert beobachtete er alles Neue und Fremde.

Selbst einer Kobra, die sich in Angriffsstellung aufgerichtet hat (links), tritt Laru unerschrocken entgegen. Laru liebt Streifzüge durch den Dschungel, weiß aber auch mit möglichen Gefahren umzugehen

Der Besitzer des Schlan-
genparks von Madras
demonstriert das
„Melken", also die Giftentnahme. Hier an einer
hochgiftigen Kettenviper

Der Schlangenpark von Madras, in den Laru allwöchentlich die von ihm gefangenen Schlangen brachte, ist sehr groß und berühmt, unter anderem wird er auch vom World Wildlife Fund (WWF) unterstützt. Mit der Wirkung eines starken Magneten vergleichbar zieht der Schlangenpark Tag für Tag Tausende von Menschen an. Die Besucher können hier nicht nur viel Wissenswertes über Schlangen erfahren, sondern sie können auch völlig ungefährdet sogar die giftigsten unter den Schlangen bewundern. Dabei stößt natürlich vor allem die Kobra, die sogenannte Brillenschlange, auf großes Interesse. Die Schlangen werden im Wechsel von ihren Wärtern der Zuschauermenge vorgeführt.

Obwohl diese Männer sehr geschickt mit den gefährlichen Tieren umzugehen wissen, werden sie doch gelegentlich – und dazu kann die kleinste Unaufmerksamkeit genügen – gebissen. In solchen Fällen kann sie nur das sofortige Einspritzen des Gegengifts vor dem sicheren Tod retten. Dieses Gegengift gewinnt man aus dem Serum des eigentlichen Schlangengifts. Dazu entnehmen die Wärter des Schlangenparks den Schlangen, die unter anderem Laru einmal pro Woche hierherbringt, eine gewisse Menge Gift. Diese Entnahme nennen sie auch „Melken", ein Ausdruck, der mir für dieses ebenfalls gefährliche Vorgehen immer ein wenig verharmlosend

erschien. Denn der geringste Fehlgriff hätte zum Beispiel bei einer Kettenviper schreckliche Folgen. Ich konnte beobachten, wie allen Zuschauern, die dem „Melken" der Kettenviper zusehen konnten, beinahe sichtbar ein kalter Schauer über den Rücken lief. Vor allem beim Anblick der großen Giftmenge, die beim Zubeißen in das Glas floß, wurde es auf einmal ganz still. Die Beziehung, die die meisten Menschen in Indien zu Schlangen haben, ist ein wenig eigenartig: Fast alle fürchten sich nämlich vor Schlangen, einige verehren sie, doch die Mehrzahl weiß wenig bis nichts über sie, viele können nicht einmal ein giftiges von einem ungiftigen Exemplar unterscheiden. Doch im Schlangenpark von Madras können sie darüber einiges lernen, weshalb man auch Zuschauer zu der spektakulären Giftentnahme zuläßt. Mit dem Serum, das aus Schlangengift gewonnen wird, kann heute bei sofortiger Anwendung vielen Menschen geholfen werden, die sonst hoffnungslos verloren wären. Viele Schlangen im Park, aus deren Gift das rettende Serum gewonnen wird, hat der junge Laru vom Stamm der Irulas gefangen. Wie ist der Junge schon so früh zu diesem gefährlichen Beruf gekommen? Als ich ihn danach fragte, erzählte er mir viel über seine Lebensweise, und ich durfte ihn auch mehrere Male auf seinen Streifzügen durch den dichten Dschungel begleiten.

Beim „Melken" spritzt das tödliche Gift in ein Glas. Allein die Vorstellung, von solch einer Schlange gebissen zu werden, läßt die zahlreichen Zuschauer erschaudern

Laru, der den Schutz der Hütte verläßt und sich auf Schlangenfang in den Dschungel begibt. Obwohl hier Gefahr droht, genießt er diese Ausflüge, und bewundert wie hier auch ein Chamäleon (rechts)

Zusammen mit seinem kleineren Bruder wuchs Laru bei seinen Eltern direkt am Rand des Dschungels auf. Von klein auf wurde er dazu erzogen, seinen Eltern bei der Arbeit schon ein wenig zur Hand zu gehen, und ebenfalls als kleiner Junge durfte er von Zeit zu Zeit seinen Vater in den Dschungel begleiten. Von Anfang an zog Laru die kleinen Arbeiten, die er im Dschungel verrichtete, denen im Haus bei weitem vor. Selbst seine Hausaufgaben, erzählte er mir, mache er am liebsten hinter dem Haus im Dschungel. Da wurde es ihm dann auch nie langweilig, da es immer etwas zu sehen und zu bewundern gab.

So lernte Laru schon sehr früh, alle möglichen Vögel voneinander zu unterscheiden, und die Zeiten, in denen er Angst vor Affen hatte, da sie vielleicht seinen kleinen Bruder mitnehmen könnten, waren auch schnell vorbei. Selbstvergessen und vom regen Dschungelleben völlig in Bann gezogen, versäumte Laru allzu oft das Nachhausegehen, so daß seine Mutter besonders der vielen Giftschlangen wegen so manches Mal große Ängste um ihn ausgestanden hat. Vor allem weil sie selbst den Dschungel fürchtete, mußte Laru die Schildkröten, die sich in den Gemüsegarten der Mutter verirrt hatten, wieder in den Dschungel zurücktragen. Normalerweise waren die vielen Schildkröten durchaus beliebt – aber eben nur, solange sie im Dschungel blieben und sich

nicht über das mühsam gezogene Gemüse der Menschen hermachten. Viele überlebenswichtige Dinge brachte der Vater Laru bei: So ging Laru nach der Reisernte der großen Bauern immer mit seinem Vater auf Reissuche. Dabei sammelten sie nicht etwa liegengebliebene Reisähren von den Feldern ein, sondern suchten nach den Vorratskammern der großen Feldmäuse.

Wenn so eine Kammer erst einmal gefunden ist, kann man daraus nämlich bis zu einem Kilo schöne, saubere Reisähren holen. Laru und sein Vater mußten allerdings immer tüchtig graben, bis sie diese vollen Kammern fanden. War es dann jedoch ein erfolgreicher Tag, so konnten sie mit vereinten Kräften einen ganzen Sack voll zur Mühle schleppen.

Laru war davon überzeugt, daß kein Mann im Dorf den Dschungel so gut kannte wie sein Vater. All sein Wissen über den Dschungel, seine Bewohner und die lauernden Gefahren hat Laru von seinem Vater erworben. Der erklärte ihm nämlich bei

jedem Ausflug viele Zusammenhänge zwischen Tieren und Pflanzen, zeigte ihm Tiere, die Laru selbst sonst nicht entdeckt hätte. Dabei warnte er ihn unter anderem oft vor Skorpionen, auf die Laru sonst munter getreten hätte.

Für Schmetterlinge, die es bei ihnen das ganze Jahr über in unglaublicher Vielfalt gibt, begeisterte sich Laru ganz besonders. Diese zierlichen Tiere hielt er allerdings nur an den unterschiedlichen Größen und Farben auseinander, allen gab er denselben Namen, nämlich ganz schlicht und einfach „pattupoochi". Natürlich zeigte der Vater ihm auch ein Chamäleon, das ihm allerdings sehr seltsam, beinahe unheimlich erschien: Allein schon diese komischen Augen, mit denen es unabhängig voneinander in alle Richtungen sehen konnte! Doch dann erklärte ihm der Vater, daß das Chamäleon nur ein harmloser Insektenfresser ist. Laru bemerkte, wie geschickt es sich durch Wechsel seiner Erscheinungsfarbe im Laub tarnen konnte und wie zielsicher es die lange Zunge zum Insektenfang hervorschnellen ließ. Er lachte über die vermeintliche Freßgier des Chamäleons, das augenscheinlich ständig nach freßbaren Insekten Ausschau hielt. Genauso belustigend wirkte der unbeholfene Gang des Chamäleons auf ihn. Bald fing Laru einige Chamäleons für den Schlangenpark, denn auch viele Besucher hatten noch nie zuvor solche Tiere gesehen.

Gestreifte Krait. Auch auf diese extrem giftige Schlange macht Laru Jagd. Glücklicherweise beißt diese Schlange nur zu, wenn sie sich angegriffen fühlt. Doch aufgrund der auffallenden Musterung ist sie gut zu erkennen

Als der Vater begann, Laru auf Schlangen hinzuweisen, war Laru von Anfang an besonders gefesselt. Jede Schlangenart, ob sie nun giftig oder harmlos war, erklärte ihm der Vater ganz genau, und Laru prägte sie sich anhand von Merkmalen wie Größe, Form und Farbe gut ein. Und als ich ihn dann auf seinen Streifzügen durch den Dschungel begleitete, gab er mir für einen neunjährigen Jungen erstaunlich sachkundige Hinweise.

So sei z. B. die Krait sehr giftig und werde deshalb von den meisten Leuten sehr gefürchtet. Laru wußte auch, daß man durch den Biß dieser Schlange zunächst kaum Schmerzen fühlt und einige Stunden vergehen können, bevor die Bißwunde

anschwillt. Doch dann sei es schon zu spät, da könne niemand mehr Hilfe bringen. Laru hat schon viele dieser gefährlichen Schlangenexemplare aus Termitenhügeln ausgegraben, wo sich die Krait bevorzugt aufhält.

Laru wußte, welche Schlangen hauptsächlich bei Nacht und welche bei Tag unterwegs sind, und er konnte mir auch erklären, warum man Schlangen gar nicht so häufig zu sehen bekommt: Sie würden zwar nichts hören, spürten aber jedes Zittern des Bodens und verkröchen sich dann ganz schnell.

Einmal deutete er ganz plötzlich auf eine auffallend gelb-schwarz gestreifte Schlange. Das sei auch eine Krait, ebenfalls sehr, sehr giftig. Dennoch

würde sie von ihnen als „gute"
Schlange bezeichnet, da sie nur sehr
selten zubeiße und nur, wenn man
direkt auf sie trete. Das wiederum
könne so leicht nicht passieren, da
diese Schlange wegen ihrer auffallenden Musterung schon von weitem
sichtbar sei.

Obwohl Laru wußte, daß aus dem
Schlangengift der von ihm gefangenen Tiere im Schlangenpark das
hochwirksame Serum gegen Schlan-
genbisse gewonnen wird, vertraute
er auch auf die Schlangenmedizin,
die sein Vater aus vielen verschiedenen Kräutern, Wurzeln und noch
diversen anderen Zutaten nach einer
alten Rezeptur herstellte.

Diese Art Brei müsse man essen
oder auflegen, wenn man von einer
giftigen Schlange gebissen worden
sei. Das habe schon viele Leute im
Dorf vor dem Tod gerettet. Laru
selber war jedoch sehr froh, daß er
diese Medizin noch nie einnehmen
mußte, denn vor dem bitteren
Geschmack der Wurzeln hätte er
doch zurückgescheut.

Laru war sich nicht ganz sicher,
welche Medizin, das Serum aus dem
Schlangenpark oder der bittere
Kräuterbrei seines Vaters, nun die
wirkungsvollere war, aber in seiner
jugendlichen Unbekümmertheit
spielte das auch gar keine so große
Rolle für ihn: Er war bisher noch nie
ernsthaft von einer Schlange gebissen worden und ging auch davon
aus, daß das noch für eine Weile so
bleiben sollte.

Krait. Sehr giftige, von
den Menschen in Indien
äußerst gefürchtete
Schlange. Nach einem Biß
stellen sich zunächst
keine Schmerzen ein, den-
noch muß die Injektion des
Gegengiftes sofort erfolgen

Aus den Gerbereigruben (oben links) werden die Schlangenhäute zum Pökeln gebracht. Dann werden sie vermessen (oben) und anschließend wieder in ihre alte Form gezogen (rechts). Nach diesen Arbeitsgängen und dem anschließenden Trocknen sind die Häute fertig gegerbt (rechts).

Um zu verstehen, weshalb aus Larus anfänglicher Freude, sich im Dschungel aufzuhalten und schließlich der gefährlichen Beschäftigung eines Schlangenfängers nachzugehen, ein ernsthafter Beruf wurde, mit dem er schließlich zum Broterwerb der Familie entscheidend beitrug, muß man die Vorgeschichte seines Vaters kennen: Der hat nämlich noch bis vor wenigen Jahren Schlangen für die großen Gerbereien gefangen. Diese Gerbereien erhielten damals täglich säckeweise Schlangenhäute aus allen Gegenden Südindiens. In diesen Betrieben wurden die Schlangenhäute gemessen und erbrachten dann je nach Größe

einen Betrag zwischen umgerechnet zwei und drei Mark, was angesichts der Gefahr, in die sich der Schlangenfänger dafür begab, sehr gering erscheint. Der südindische Volksstamm der Irulas, zu dem ja auch Laru und sein Vater gehören, zählt etwa 100 000 Menschen, deren Männer seit vielen Jahren schon ausschließlich für die Gerbereien Schlangen fingen. In den vergangenen Jahrzehnten, in denen Schlangenleder in vielen Ländern der Welt zum begehrten Modeartikel geworden war, florierte das Geschäft dieser auf Schlangenhäute spezialisierten Gerbereien äußerst gut. So wurden sicherlich Millionen von Schlangenhäuten zu prestigeträchtigen Produkten verarbeitet. Erst vor einigen Jahren wurde ein generelles Exportverbot für Schlangenhäute erlassen: Von Fachleuten war vielfach darauf hingewiesen worden, daß Schlangen durch die Vertilgung von Ratten und Mäusen für die Landwirtschaft schon immer unentbehrlich waren und es auch noch immer sind. Zwar sind die Schlangengruben der Gerbereien heute nicht leer, doch auf internationalen Lederwarenmessen entdeckt man keine Schlangenlederprodukte „Made in India" mehr. Alle Schlangenhäute, die in der Folgezeit noch verarbeitet wurden, blieben im Land.

Dieser ehemals so bedeutende Industriezweig bot sehr vielen Menschen einen gesicherten Arbeitsplatz. Die Männer einer Familie übernahmen meist die anstrengende Arbeit in der Gerberei selbst oder beim Schlangenfang. Ihre Frauen waren hauptsächlich damit beschäftigt, die bereits gegerbten und getrockneten Häute in Form zu ziehen.

Doch mit den neuen Exportbestimmungen ging das Geschäft so schlagartig zurück, daß plötzlich Schlangenfänger, Gerber und auch die Taschenmacher ohne Verdienstmöglichkeiten einer unsicheren Zukunft entgegensahen.

Auch Larus Vater hat bis heute keine andere Arbeit gefunden. Doch da Laru nie für die Gerbereien, sondern von Anfang an Fänger für den Schlangenpark war, konnte er als einziger in der Familie mit einem regelmäßigen Verdienst zum Lebensunterhalt beitragen.

Ganz zu Beginn seiner „Lehrzeit" als Schlangenfänger bekam Laru von seinem Vater Rattenschlangen gezeigt. Diese Schlangenart ist zwar ungiftig, dafür können Rattenschlangen aber sehr kräftig zubeißen und lassen dabei manchmal fast nicht mehr los. Als Laru sich das erste Mal mit dem Fang einer solchen Schlange versuchte, ist diese Aktion dann auch anders verlaufen, als er sich das vorgestellt hatte: Erst verlor er die Schlange völlig aus den Augen, und als sie endlich wieder in sein Blickfeld geriet, kroch sie gerade von einem dicken Ast auf die äußersten dünnen Zweige eines hohen Baums. Als Laru dort angelangt war, konnte er gerade noch nach der Schwanzspitze fassen, doch die Schlange ließ sich leider nicht zurückziehen. Da kam der Vater Laru zu Hilfe: Er schüttelte kräftig an dem Baum, und nach einiger Zeit fiel die erschöpfte Schlange tatsächlich zu ihnen herunter. Nun war es für Laru nicht mehr schwer, die vom Festklammern müde gewordene Schlange in einen Leinensack zu befördern.

Am Geschrei der Affen in den Bäumen oder auch an aufgeregten Vögeln konnte Laru erkennen, daß sich Schlangen auf einem Baum aufhielten. Und dann brachte ihm sein Vater eines Tages einen noch ganz jungen Mungo mit. Der wurde bald zu seinem besten Schlangensucher, fing nebenbei eine Menge Skorpione, die er gerne auffraß, allerdings immer erst, nachdem er den Giftstachel sorgsam entfernt hatte. Als Laru schon einiges Geschick im Fangen ungiftiger Schlangen erworben hatte, zeigte ihm sein Vater, wie man die hochgiftigen Kettenvipern am sichersten fängt. Vor dieser Schlange hatte Laru eigentlich immer Angst, denn sein Onkel, der von einem solchen Reptil gebissen worden war, war binnen kürzester Zeit gestorben. So plötzlich hatte ihn das sich bedroht fühlende Tier angesprungen, daß ihm keine Ausweichmöglichkeit mehr blieb.

Da sich Kettenvipern oft in Gestrüpp oder Termitenhügeln aufhalten, kann es natürlich leicht passieren, daß man ihnen ungewollt gefährlich nahe kommt. Doch Larus Vater ist noch nie gebissen worden, denn meist faucht eine Kettenviper laut, so daß man sie ausmachen kann, bevor man in ihre Reichweite gerät. Einerseits sagte Laru einmal zu mir: „Wenn wir zu nahe kommen, springt sie uns an. Aber da sie immer so faucht, dürfte das eigentlich nicht passieren." Und wenig später erzählte er mir dann von einem Todesfall durch eine Kettenviper.

Laru und sein Vater haben gemeinsam eine Kettenviper gefangen (oben).
Rechts ein weiterer „Schlangenfänger", allerdings aus der Welt der Tiere, der flinke Mungo

„Man muß sogar noch aufpassen, wenn man die Schlange schon im Sack hat. In unserem Dorf gab es einen Mann, den eine Kettenviper durch den Sack in den Rücken gebissen hat, als er sie nach Hause trug. Er ist kurz darauf gestorben – noch auf dem Weg in die Klinik. Seither passen wir natürlich noch besser auf. Immer wenn ich eine Kettenviper fange, habe ich ein sehr unangenehmes Gefühl. Bei anderen Giftschlangen habe ich diese Angst nicht. Doch meine Eltern meinen beide, diese Furcht sei eine Warnung, im Umgang mit dieser Schlange ganz besonders auf der Hut zu sein."

Nach mehreren gemeinsamen Streifzügen und Schlangenjagden mit seinem Vater ging Laru dann eines Tages ganz allein auf Schlangenfang. Allerdings erst, als sein Vater und auch Laru selbst davon überzeugt waren, daß Laru nun genug gelernt habe, um die Gefahren unbeschadet

Harmlose Sandboa.

Wegen ihrer Schönheit

endet sie oft als Lederware

zu überstehen. Und jeder Schlangenfänger weiß, ganz unabhängig von seinem Alter, daß er zu seiner Arbeit nicht nur das nötige Geschick, sondern auch eine gute Portion Glück braucht.

Laru begibt sich deshalb vor jeder „Schlangenfang-Aktion" an einen stillen Platz am Rand des Dschungels. Dort steht eine sehr alte Statue des Gottes Shiva, auf dessen Haupt die vielköpfige Kobra ruht. Hier bittet Laru dann die Götter um Schutz und Beistand, wie es schon viele Generationen von Schlangenfängern vor ihm getan haben.

Laru schilderte mir, daß er hier beim Beten oft den Eindruck habe, als verschwinde ein großer Teil seiner Angst. Als er anfing, allein giftige Schlangen zu fangen, ging er sicherheitshalber immer so vor: Mit dem weißen Stoffsack bewegte er sich so lange vor der Schlange hin und her, bis das Tier nervös wurde und gereizt in den Stoffsack biß, von dem die Bedrohung auszugehen schien. Bei jedem Zubeißen verlor so die Schlange ein bißchen Gift, wurde außerdem immer müder und damit in ihren Bewegungen berechenbarer. Sollte Laru dann beim Fang trotz aller Vorsicht gebissen werden, so wäre der Biß wegen der verringerten Giftmenge auf keinen Fall tödlich. Dennoch bewunderte ich Laru sehr, als ich zusah, wie beherzt und besonnen zugleich er vorging, um solch eine kleine, stets angriffslustige Viper einzufangen.

Schnell entwickelte der damals neunjährige Laru ein sehr gutes Auge für Schlangenspuren, oft nur die allerfeinsten Kriechspuren, kaum sichtbar für das menschliche Auge. In kürzester Zeit entdeckte er dann meist das Versteck der Schlange, sei es hoch oben in den Bäumen oder unten in einem Termitenhügel. Und hatte er das Versteck erst erspäht, erkannte er auch sofort an der Musterung der Haut, ob er sich einem giftigen oder ungefährlichen Tier genähert hatte.

So stieß er auch auf eine Sandboa, die zu den ganz harmlosen Schlangen zählt, aber wegen ihrer schönen Hautmusterung früher in großer Zahl gefangen, getötet und zu Lederwaren verarbeitet wurde. Auch für den Schlangenpark hat Laru schon einige Exemplare gefangen, aber nur, damit sich die Besucher an ihrem schönen Anblick freuen und sich außerdem davon überzeugen können, wie harmlos diese Schlange ist.

Der Schlangenpark von Madras hat auch immer wieder großen Bedarf an Wasserschlangen, da es dort auch einige Giftschlangenarten gibt, die sich ausschließlich von anderen Schlangen ernähren. Um solche Wassernattern zu fangen, die sich von Fischen und Fröschen ernähren, muß Laru erst einmal in jene Gebiete im Dschungel vordringen, in denen es Bäche und Tümpel gibt. Dort finden sich allerdings sehr viele verschiedene geeignete Arten, die

zudem glücklicherweise alle völlig
ungiftig sind. Denn die Wasserschlangen, die sich, wie schon der Name
sagt, im Wasser mehr zu Hause
fühlen als auf dem Land, haben
nicht die geringsten Schwierigkeiten,
Fische zu fangen. Und an Fischen
mangelt es in indischen Tümpeln
und Bächen bis jetzt noch nicht.
Wenn der Fischreichtum vorüberge-
hend etwas zurückgeht, finden die
Wasserschlangen genügend Frösche,
Krebse oder andere Wassertiere, um
sich am Leben zu erhalten. Außerdem sind Schlangen ja dafür
bekannt, daß sie gelegentlich auch
ihre Artgenossen verspeisen. Um
ausreichend Nachwuchs muß man
bei den Wasserschlangen ebenfalls
nicht besorgt sein, da eine einzige
Wasserschlange, obwohl kaum einen
Meter lang, 30 bis 40, wenn nicht
noch mehr Eier legt. Dazu muß man
jedoch auch in Betracht ziehen, daß
es nur sehr wenigen der Jungen
gelingt, all den Gefahren auszuweichen, die im Dschungel auf sie lauern.
Außer Laru, der die Schlangen für
den Park fängt, gehört dazu vor
allem der Mungo, der ohne Scheu
auch sehr große Wasserschlangen
angreift. Es ist interessant, zuzusehen, wie der Mungo beim Fang einer
Wasserschlange ganz anders
vorgeht als beim Fang einer giftigen
Schlange: Die erbeutet er, indem er
zuerst nach dem Kopf schnappt.
Anscheinend „weiß" er, daß ihm von
der ungiftigen Wasserschlange keine
Gefahr droht, so packt er sie auch

durchaus zuerst am Schwanz. Wie
eine Katze konnte ich den Mungo
oft mit Schlangen spielen sehen,
jedenfalls solange sich die hilflosen
Schlangen noch bewegten.
Die Bewohner in den Dörfern Indiens haben den Mungo, der zur
Gattung der Schleichkatzen gehört,
so richtig in ihr Herz geschlossen,
weil sie wissen, daß er ständig auf
der Suche nach Schlangen ist. Und
da Giftschlangen von Zeit zu Zeit
auch bis in die Dörfer, ja sogar
bis in die Häuser kommen, würde
kein Dorfbewohner auf die Idee
kommen, einem Mungo etwas zuleide zu tun.

**Auch Laru fängt von Zeit
zu Zeit einmal eine Sand-
boa ein. Allerdings immer
nur für den Schlangen-
park, damit sich dessen
Besucher nicht nur vor
den giftigen Schlangen
gruseln, sondern sich
auch an deren Schönheit
erfreuen können. Außer-
dem erfahren die
Menschen so, wie harm-
los Schlangen sein können**

Doch zurück zu Larus Fangmethoden bei Wasserschlangen: Gelernt
hat Laru auch dies schon sehr früh,
denn erstens fühlt er sich im Wasser
mindestens ebenso wohl wie die
Wasserschlangen selbst, und zweitens weiß er natürlich, daß sie keine
Giftzähne besitzen. Viel passieren
kann ihm dabei also eigentlich nicht,
wenn man einmal davon absieht,
daß Wasserschlangen sehr kräftig
zubeißen können.
Ich beobachtete Laru beim Fang, er
verhielt sich unglaublich geschickt.
Zunächst machte er die Wasserschlangen in dem vor uns liegenden
Tümpel aus, die den Kopf noch über
Wasser hielten. Als Laru jedoch den
Tümpel bestieg, bemerkten sie die
Gefahr, tauchten blitzschnell unter,
und weit und breit war keine einzige
Wasserschlange mehr zu sehen.
Doch für Laru stellte das überhaupt
kein Problem dar. Nun begann eben
die Suche unter Wasser. Wie wohl
schon oft zuvor, gelang es Laru
binnen kürzester Zeit eine ganze
Menge Wasserschlangen zu fangen.
Günstig war für ihn allerdings auch,
daß der Tümpel zu dieser Jahreszeit

nur wenig Wasser hatte. Wahrscheinlich wurde Laru leichtsinnig, weil ihm
heute alles so mühelos gelang, so
daß es dann doch noch zu einem
Zwischenfall kam: Blitzartig verbiß
sich eine der Schlangen in seinem
Arm, den er eine Sekunde zu spät
wegziehen wollte. Doch von diesem
Biß ließ Laru sich überhaupt nicht
beeindrucken; nachdem er sorgfältig
die kleinen Zähne wieder aus seiner
Haut ausgehakt hatte, schien der
Vorfall auch schon wieder vergessen.
Nach seinen Erzählungen passierte
dem kleinen Laru so etwas öfter,
aber glücklicherweise eben nur mit
solchen Schlangen, von denen er
wußte, daß sie ungiftig waren. Nur
deshalb ging er wohl auch bei ihrem
Fang so unbekümmert vor.
Es gibt Tage, an denen Laru einige
Dutzend Wasserschlangen für den
Schlangenpark in Madras fängt.
Doch dann ist dort der Bedarf an
Wasserschlangen erst einmal für
längere Zeit gedeckt, und die Nach-
frage nach Giftschlangen, aus denen
man ja das überlebenswichtige
Serum gewinnt, steigt wieder ganz
erheblich.

Eine ungiftige Wasser-
schlange mit frisch geleg-
ten Eiern. Gelegentliche
Bisse beim Fang der
Wasserschlange sind für
Laru ungefährlich

So macht sich Laru auch oft auf, die gefährliche Kobra zu suchen und zu fangen. Auch bei einem solchen Unternehmen durfte ich ihn einmal begleiten: Langsam, aber zielstrebig und unbeirrbar näherte er sich dem gefährlichen Reptil, sobald er es erspäht hatte. Er kannte die Gefahr und wußte, was ihm passieren konnte. Trotzdem scheute er keinen Moment zurück. Gefesselt sah ich zu, wie er sich langsam, beinahe schlangenähnlich, an die Kobra heranpirschte, um möglichst spät von ihr entdeckt zu werden. Sollte sie sich nämlich verkriechen, wäre der Fang im Gestrüpp oder im hohen Gras noch um einiges gefährlicher. Ich fragte mich in diesem Moment, was wohl durch den Kopf dieses Jungen ging, als er dem Tier näher und näher kam. Denn schließlich ist jedes Zusammentreffen mit einer Kobra so etwas wie ein Rendezvous mit dem Tod – die Kobra hat immer eine relativ große Chance, Sieger der Begegnung zu bleiben.

Vielleicht war es wirklich Larus kindliche Unbekümmertheit, die ihn seelenruhig weiterschleichen ließ, oder er hatte einfach sehr großes Vertrauen in seine Geschicklichkeit und sein Können. Sonst wäre er doch, wie jeder andere Mensch auch, einem Reflex gefolgt und einfach umgekehrt, nach Hause gegangen in die Sicherheit zu seinen Eltern, um möglichst schnell zu vergessen, daß ein zwei Meter langes Reptil mit

Schmuckbaumschlange auf einem Baumstumpf lauernd. Sie ist die einzige bekannte Flugschlange und kann Distanzen bis zu 15 Meter durch die Luft gleitend überbrükken, was sie bei der Jagd nach Vögeln ausnutzt

zwei blitzartig zupackenden Giftzähnen von verheerender Auswirkung seinen Weg gekreuzt hatte. Doch Laru schienen solche Gedanken nicht im entferntesten durch den Kopf zu gehen. Besonnen und ruhig schlich er sich an, packte blitzschnell zu, und mit wenigen Handgriffen war die gefährliche Schlange dann auch schon in seinem weißen Leinensack festverschnürt. Natürlich steht der Fang einer Kobra auch bei Laru nicht jeden Tag auf dem Programm. So oft bekommt man diese Schlangen auch gar nicht zu Gesicht.

Eine andere Schlange, die für den Schlangenpark von großem Wert war und ist, da sie immer seltener wird, ist der Python. Diese einzige Art der Riesenschlange im indischen Verbreitungsgebiet ist ungiftig, verfügt dafür aber über sehr große Kräfte. Ein ausgewachsenes Exemplar, das immerhin bis zu zehn Meter lang werden kann, hatte Laru noch nicht gefangen, dazu hätten die Kräfte eines neunjährigen Jungen nun beim besten Willen nicht gereicht. Mit etwas jüngeren Pythonschlangen hatte er jedoch keine größeren Schwierigkeiten, wie ich selbst beobachten konnte.

Ebenfalls unkompliziert und schnell konnte Laru eine kleine Baumschlange fangen. Sie gehört zwar zu den schnellsten Schlangen in ganz Indien, doch der kleine Laru war eben jenes entscheidende Quentchen geschickter als das gewandte Reptil.

Laru mit einer Schmuck-
baumschlange (oben);
ganz links eine gefähr-
liche Kobra, die er unbe-
dingt fangen möchte, und
Laru mit einem mühelos
eingefangenen Python,
für den es trotz aller
Windungen kein Ent-
kommen mehr gibt

Die Rattenschlange, die
Laru hier fangen möchte,
gehört zwar zu den
ungiftigen Schlangen, ist
aber dennoch sehr
angriffslustig

Mancher Fang von ungiftigen Schlangen war für Laru beinahe ein Spiel, da nur die wenigsten von ihnen zubissen, um sich zu verteidigen. Etwas anders verhielt es sich allerdings mit der zwar ungiftigen, aber recht aggressiven Rattenschlange. Der begegnete Laru immer mit sehr großem Respekt, da sie auch für den geübtesten Schlangenfänger gefährlich werden kann.

Zunächst lauerte die etwa drei Meter lange Rattenschlange nur, als sie Laru entdeckt hatte. Doch dann, als sich Laru so zielstrebig auf sie zubewegte, begann ein außergewöhnlich verbissener Kampf. Laru versuchte immer wieder, die Schlange knapp hinterm Kopf zu fassen zu bekommen, doch da sie so blitzartig nach ihm schnappte, war es Laru gar nicht möglich, fest zuzupacken, sonst hätte die Schlange vorher mit

ihren spitzen Zähnen seine Hand erwischt. Ich teilte damals selber noch die landläufige Auffassung, daß Schlangen mehr oder weniger laut zischen, wenn sie erregt sind und in Verteidigungsstellung gehen. Doch diese Rattenschlange begann, laute Brummtöne von sich zu geben, als Laru sie einkreiste. So etwas war mir bisher völlig unbekannt.

Nachdem sich die Rattenschlange mehrere Male gegen Larus Zugriff gewehrt und dieser gerade noch den Bissen des Tiers entgehen konnte, wurde die Schlange allmählich müde. Ihre Reaktionen verlangsamten sich, so daß für Laru die große Gefahr, die Schlange könne sich an seinem Hals oder Gesicht verbeißen, einigermaßen gebannt schien. Schließlich packte er zu, und kaum konnte die Rattenschlange sich's versehen, da befand sie sich auch

schon in Larus Schlangensack. Dann brachte Laru wieder einmal, wie beinahe jede Woche, einen ganzen Sack voll Schlangen nach Madras. Zwar hatte ich den Eindruck, daß das Fangen der Schlangen für ihn fast ein Hobby war, doch natürlich freute er sich auch, daß er dafür Geld bekam. Denn das konnte seine Familie gerade zu diesem Zeitpunkt, als weder Mutter noch Vater ein geregeltes Einkommen hatten, sehr gut gebrauchen.

Die Eltern sind über Larus Begeisterung für seine gefährliche Tätigkeit, über seinen Ehrgeiz und seine Ausdauer natürlich froh. Daher vergessen sie auch nicht, Laru von Zeit zu Zeit für seinen Einsatz zu belohnen. Da findet dann ein Festessen zu Ehren des kleinen Laru statt, bei dem er sich an allen möglichen Köstlichkeiten satt essen darf.

An solchen Tagen dürfen auch die Schularbeiten getrost einmal liegen bleiben; Laru darf sogar ab und zu mit seinem Vater einen ganzen Tag lang ans Meer. Da fängt er dann zur Abwechslung einmal die kleinen, flinken Krebse, um sie allerdings gleich darauf wieder freizulassen. Er baut voller Freude Sandburgen, genießt den Wind, die Wellen und den warmen Sand, so wie es andere Kinder seines Alters auch tun. Wenn man ihn so „normal" spielen sieht, fällt es schwer, sich die gefährlichen Schlangenkämpfe des Neunjährigen als reale Wirklichkeit und nicht etwa als verrückten Traum vorzustellen.

Der verbissene Kampf zwischen Laru und der Rattenschlange sieht lange nach einem „Unentschieden" aus. Laru kann nicht richtig fest im Nacken der Schlange zupacken. Im Gegenteil: Das Reptil erwischt ihn einige Male fast mit seinen spitzen Zähnen. Doch schließlich behält Laru die Oberhand, und die Rattenschlange wandert in den weißen Leinensack

KUMAR, DER BESTE FREUND
DER AFFEN

Kumar hat in der Stadt Bananen für seine Freunde, die Affen, geholt. Eigentlich könnten sich diese Affen von Galta ebenso wie andere Affen von den Blättern der Bäume ernähren. Da sie jedoch in Tempelnähe leben, lassen sie sich gerne von den Menschen versorgen

Kumar ist ebenso wie Laru neun Jahre alt. Auch er lebt in Indien, allerdings stammt er aus einer weiter westlich gelegenen Gegend: aus Jaipur. Das liegt im Gebiet des Bundesstaates Rajastan, und genauer gesagt, stammt Kumar aus einem kleinen Dorf in der Nähe der großen Stadt Jaipur. In dieser Stadt durfte der kleine Kumar einmal in der Woche zusammen mit seinem Vater auf einem Kamel reiten. Das war für ihn jedesmal ein großes Ereignis. Am meisten aber freute er sich auf den Kauf von Bananen. Das heißt, eigentlich kaufte Kumar die Bananen nicht im üblichen Sinn, er holte vielmehr bei einem freundlichen älteren Mann Bananen ab, die sonst keiner wollte, weil sie einige braune Flekken hatten.

Doch da Kumar in seinem Dorf Galta ganz spezielle Freunde hatte, die nichts auf der Welt so sehr lieben wie Bananen, war er immer sehr glücklich, wenn ihm der alte Mann einen großen Beutel solcher von den Käufern verschmähten Bananen mitgab. Im übrigen wunderte sich Kumar darüber, daß diese Leute so heikel waren: Bananen sollten nicht schön sein, sie sollten doch schmecken. Und für ihn war wichtig, daß sie seinen Freunden schmeckten. Wer diese ganz besonderen Freunde waren, hat der Leser sicherlich schon erraten. Es waren tatsächlich Affen, und zwar gleich eine ganze Horde dieser Zeitgenossen. Sie lebten ebenso wie Kumar in jenem Dorf Galta, das in einer sehr trockenen Gegend liegt, wo es nur wenige Bäume gibt und nur karges Gras wächst. Nicht einmal die Ziegen fänden da genug, erzählte mir Kumar, oft müßten sie sich ganz schön recken und strecken, um an ein paar Blätter von den Bäumen heranzukommen. Da hätten es die Affen als Meisterkletterer zwar viel leichter, dennoch würden sie sich immer über die Bananen freuen, die er ihnen Woche für Woche brächte. Kumar machte es glücklich, daß die Affen ihn mittlerweile alle kannten. Und die Affen ihrerseits freuten sich über diese angenehme Abwechslung auf ihrem Speiseplan. Auf dem Weg von Jaipur zu seinem Dorf Galta erzählte mir Kumar vom Beginn seiner Affenfreundschaft.

Damals brachte er zum allerersten-
mal Körbe voller Bananen vom
Basar aus Jaipur mit. Kaum hatten
die Affen ihn mit seinen vielen Bananen entdeckt, da fiel auch schon die
ganze Horde von sicherlich 100 Tieren über sie her, so daß binnen
Minuten nichts mehr davon übrig
war. Sein Lastenkamel hatte sich
dabei so erschreckt, daß es brüllend
wegrannte und erst nach längeren
Bemühungen wieder eingefangen
werden konnte. Doch mittlerweile,
so erzählte mir Kumar gleich darauf,
um ja keine falsche Meinung über
„seine" Affen aufkommen zu lassen,
benähmen sich die Affen schon viel
besser. Gelegentlich habe er dafür
zwar mit einem Stöckchen ein wenig
nachhelfen müssen, aber in diesem
Fall heiligte der Zweck die Mittel.
Das Kamel habe seine anfängliche
Scheu ebenfalls überwunden und
lasse sich von dem Affenvolk so
schnell nicht mehr aus der Ruhe
bringen.

Auf unserem gemeinsamen Weg
kamen wir an einem alten Tempel
vorbei. Dieser Tempel soll mittlerweile über 1000 Jahre alt sein und ist
ein großer Anziehungspunkt für
Pilger aus aller Welt. Einst errichtete
man ihn an dieser Stelle, weil es
dort wie durch ein Wunder eine
Wasserquelle gab, die das ganze
Jahr über nicht versiegte.

Kumar erzählte mir, daß die Affen
ein sehr feines Gespür dafür hätten,
daß Pilger nicht nur gottesfürchtige
Menschen sind, sondern auch ein

Der Affenfreund Kumar
an seinem Lieblingsplatz.
Hier wiegt er gerade
Kichererbsen aus, die er
Pilgern und Touristen als
Futter für seine Affen
verkauft. Gleich werden
die Leute in Scharen
herbeiströmen

besonders weiches Herz Tieren
gegenüber besitzen. Sie brachten
den Affen immer wieder den einen
oder anderen Leckerbissen mit, und
manchmal betrachteten sie auch wie
gebannt stundenlang nur die bunte
Affenschar, anstatt zu beten.
Dennoch, betonte Kumar mir gegenüber, seien die Affen keineswegs
heilige Tiere, wie so viele ausländi-
sche Touristen dächten.
Diese falsche Annahme geht wahrscheinlich auf die Legende vom
gottesfürchtigen Hanuman zurück,
der in Gestalt eines Languraffen
beim Dschungeltempel erschienen
sein soll. Die Einwohner Galtas
hingen sehr an dieser Legende und
ließen sie jeden Dienstag wieder neu
aufleben: Dienstag war nämlich der

**Die Pilger kaufen Kicher-
erbsen bei Kumar. Die
Languren kennen ihren
besten Freund und
werden auch von ihm
gerne mit Kichererbsen
verwöhnt**

sogenannte „Hanuman-Tag". Da ging
es nicht nur den Affen wegen der
vielen Pilger sehr gut: Auch Kumar
profitierte von den vielen Besuchern.
Da ging er seiner Lieblingsbeschäfti-
gung nach, saß unter dem Feigenbaum nahe des Tempeleingangs und
bot den Pilgern Kichererbsen zum
Kauf an. Zu dem Zeitpunkt, an dem
ich Kumar kennenlernte, tat er dies
schon einige Jahre und trug damit
bereits zu einem beträchtlichen Teil
zum Familieneinkommen bei.
Die Affen wußten anscheinend
genau Bescheid, daß der Dienstag
ein besonderer Wochentag sein
mußte. Jedenfalls warteten sie an
diesem Tag schon in den frühen
Morgenstunden ungeduldig auf die
ersten Besucher des Tempels.

Unter all den vielen Menschen, die sich immer wieder in Galta versammeln, gibt es allerdings nicht nur Affenfreunde, sondern auch solche Besucher, die sich ganz einfach von diesen flinken und manchmal auch frechen Kerlchen fürchten. Diese Angst besteht gar nicht zu Unrecht: Kumar erzählte mir, es sei schon öfter vorgekommen, daß Pilger von Affen gebissen worden seien. Doch das passiere grundsätzlich den Leuten, die es nicht lassen könnten, die Affen zu streicheln. Das würden die meisten Affen überhaupt nicht mögen, vielmehr gerieten sie dabei leicht in Panik, weil sie das Gefühl hätten, man möchte sie festhalten. Und da gerade die Languren, von denen es in Galta besonders viele gibt, aber auch die kleinen Rhesusäffchen unerwartet lange Reißzähne haben, kann es sehr schmerzhaft sein, wenn so ein Affe glaubt, seine Freiheit verteidigen zu müssen.

Ein ganz besonders schlimmer Zwischenfall dieser Art hat sich vor einigen Jahren ereignet, als einer der Affen von einem tollwütigen Hund gebissen worden war und es dann plötzlich einen tollwütigen Affen gab. Der biß gleich mindestens ein Dutzend anderer Affen, stürzte sich auf einen ahnungslosen Pilger und richtete diesen fürchterlich zu, bevor er endlich abgesondert werden konnte. Schließlich gab es elf bis zwölf tollwütige Affen, die dann von der örtlichen Polizei leider alle abgeschossen werden mußten.

Eine ganze Gruppe von Languraffen. Eine wahre Schlemmerei hat begonnen: Rohzucker, den Kumar manchmal für seine Affen von einem der Besucher bekommt, versetzt die Affen in höchste Verzückung. Und tatsächlich verdrehen einige Affen genießerisch die Augen

Dieser Unfall hatte sich schnell herumgesprochen und ist den meisten Menschen hier wohl noch in lebhafter Erinnerung, nur so konnte ich mir jedenfalls den Respektabstand zu den Affen erklären.

Hier beim Tempel regte sich eigentlich niemand darüber auf, wenn sich von Zeit zu Zeit neben den Affen auch einmal eine Kuh unter die Pilger mischte. Kumar war dagegen davon überzeugt, die Affen sähen das ganz anders: "Ich bin sicher, wenn Affen sprechen könnten, dann würden sie wirklich sagen: ‚Hau ab, du dumme Kuh!‘, denn sie sind von einem schrecklichen Futterneid besessen."

Diesen Futterneid gibt es natürlich nicht nur zwischen Affen und Kühen; auch untereinander würden die Affen sich hier und da gerne einen Leckerbissen wegschnappen. Aber die Pilger bringen in ihren Autos, mit Motorrollern und zu Fuß tagtäglich soviel Nachschub, daß die Atmosphäre meist friedlich-entspannt bleibt.

Allerdings, eine wichtige Ausnahme gab es da: Etwa einmal im Monat stattete ein ganz bestimmter Mann dem Tempel seinen Besuch ab. Und im Reisegepäck hatte er immer einen Laib Rohzucker, den er Kumar für "seine" Affen übergab. Selbst Kumar fiel es schwer, auf diese Süßigkeit zu verzichten und sie ganz an die Affen zu verteilen, aber schließlich war die Leckerei für seine Schützlinge bestimmt. Wenn die

Affen den Rohzucker auch nur sahen, gab es schon einen Riesentumult. Sie waren so verrückt nach Süßigkeiten, daß sie spätestens bei der Verteilung des Rohzuckers alle guten Manieren, von Kumar mühevoll anerzogen, vergaßen – vor lauter Angst, sie könnten ein bißchen zu kurz kommen. Nachdem die große Fresserei beendet war, zogen die Affen sich zurück, begannen sich gegenseitig zu lausen, zu kraulen oder legten ganz einfach ein Nickerchen ein. Zusammen mit Kumar kam ich zu dem Schluß, daß die Affen von Galta die glücklichsten Affen von ganz Indien sein könnten. Kumar fügte sogar hinzu, es seien womöglich die zufriedensten Affen auf der ganzen Welt! Nur die jungen Affen sorgten ständig für Bewegung in der Affenhorde, selbst die größten Freßgelage konnten sie nicht müde oder gar schläfrig machen. Um nur ja keine Ruhe aufkommen zu lassen, ließen sie sich ständig neue Spielchen einfallen. Sie reichten von lustigen Rutschpartien über Felsen, über Fangenspielen bis hin zu wilden Jagden über die Rücken der Kühe, die sich das mit erstaunlicher Geduld gefallen ließen. Auch die alten Affen beschäftigten sich des öfteren mit den Kühen. Es hatte dann immer den Anschein, als wollten sie die armen Kühe melken, in Wirklichkeit jagten sie nur den vielen Zecken nach – für die Kühe eine angenehme Erleichterung.

Bei solchen besonderen Leckereien gibt es allerdings auch „Meinungsverschiedenhelten". Aus ihrem Futterneid machen die Affen dann keinen Hehl, sondern balgen sich sogar ziemlich unsanft

Zu den vielen Pilgern gesellten sich in den letzten Jahren auch noch wahre Touristenströme.

Kumar wußte zwar, daß diese Touristen fast ausschließlich wegen der Affen kamen, aber er schüttelte auch oft den Kopf über ihre offensichtliche Unkenntnis im Umgang mit diesen Tieren: Für einen Affen ist es nämlich schrecklich, ein Auto beladen mit Bananen zu sehen, aber an diese heißgeliebten Bananen nicht heranzukommen und sich statt dessen bei jedem Versuch lediglich einen schmerzhaften Zusammenstoß mit dem Autofenster zuzuziehen. Einmal konnte Kumar sogar beobachten, wie ein völlig verzweifelter Affe in seiner Not versuchte, durchs offene Fenster eines Autos einzusteigen. Das gelang ihm auch, die Insassen seien damals allerdings sehr verschreckt aus dem Wagen herausgestürzt. Manche Affen gingen auch ganz gezielt auf die Fensterdichtungen an den Autos los.

Wenn die Streitigkeiten, der Futterneid und auch die Hitze manchmal selbst Kumar zuviel wurden, dann sprang er mit seinen Freunden einfach in einen der vielen Tümpel. Die Affen, denen es zum Streiten und Balgen ebenfalls zu heiß war, sprangen den Kindern hinterher – ein Bild, in dem die Verbundenheit zwischen Mensch und Tier ganz selbstverständlich zum Ausdruck kommt. Kumar erklärte mir, daß es jedoch nur die „Lal Bandar", die roten Rhesusaffen, seien, denen das

Baden Spaß mache; die grauen Languraffen habe er dagegen noch nie im Wasser gesehen.

Kumars Vater fragte an solch einem heißen Tag, als wir Kindern und Affen beim Baden zusahen: „Ich wüßte wirklich gern, ob die Affen den Kindern das Springen ins Wasser abgeguckt haben oder die Kinder den Affen." Aber wie auch immer es sich verhielt, die Hauptsache war, daß es allen sehr viel Spaß machte. Nach der kühlen Unterbrechung setzte sich Kumar wieder schnell unter den Feigenbaum und hoffte, es mögen sehr viele Touristen vorbeikommen auf dem Weg zum Tempel.

Je länger ich Kumar zusah, wie er liebevoll und doch ein wenig streng

Hier muß der Appetit der Languren wohl besonders groß gewesen sein. Wenn die Bananen nicht sofort in ihre Richtung getragen werden, besteigen die Affen kurzerhand den Jeep. Sicherlich ist den verschreckten Insassen in diesem Augenblick nicht so wohl zumute wie den Languren, die diese Zwischenmahlzeit hier offensichtlich sehr genießen

zugleich mit den Affen umging, wie er mit strahlendem Blick den Leuten Kichererbsen verkaufte und wie stolz er seinen Eltern die Einnahmen brachte, um so klarer wurde mir, wie sehr der Junge an seinen Affen hing. Mit einem bißchen Glück wird sein Vater ihm eines Tages sogar einen richtigen kleinen Verkaufsstand unter dem Feigenbaum einrichten. Dort könnte Kumar dann außer Kichererbsen noch viele andere Dinge an Pilger und Touristen verkaufen. So würde der größte Wunsch des kleinen Kumar, seinen Affen ein Leben lang treu zu bleiben, in Erfüllung gehen. Zugleich wäre der Unterhalt der Familie dauerhaft gesichert, was in Indien durchaus nicht immer selbstverständlich ist.

Kumar mit seinen geliebten Affenfreunden, für die er sorgt und die ihn offenbar auch sehr mögen. Nur bei Kumar dulden es die Affen, gestreichelt zu werden, was beweist, daß diese Zuneigung auf Gegenseitigkeit beruht. Am liebsten würde Kumar sein ganzes Leben lang Kichererbsen an Touristen und Pilger verkaufen, um immer in der Nähe „seiner" Affen zu sein

TSCHUTTI, DER BETRUNKENE
PAPAGEIEN „TROCKENLEGT"

Anders als der Schlangenbezwinger Laru und der Affenfreund Kumar stammt Tschutti nicht aus Indien, sondern von der Insel Sri Lanka. Er wohnte damals, als ich ihn durch Zufall kennenlernte, in einer Gegend Sri Lankas, von der ich in meinem Dschungelbuch schon einmal berichtet habe, nämlich jenem letzten Gebiet unberührten Regenwalds im äußersten Südwesten Sri Lankas, das die Einheimischen „Dschungel des Löwenkönigs" nennen. Dort, wo Natur wirklich noch Natur ist, wo nichts von menschlichen Eingriffen zeugt, traf ich während einer Expedition den Urwald in seiner wirklich „ur"sprünglichen Form an. Wo der dichte Dschungel von einem breiten Fichtenband umschlossen ist, um ihn von Plantagen und anderen Erscheinungen der Zivilisation abzutrennen, leben die Menschen in völligem Einklang mit der Natur.

Im „Dschungel des Löwenkönigs" gibt es die Keriokapalmen, aus denen man Palmwein gewinnt, indem man den Blütenstamm anzapft, aus dem gleich darauf ein süßlicher, schnell gärender Saft tropft. Für die hier lebenden Menschen stellt der Palmwein ein ganz besonders wohlgemeintes Geschenk der Natur dar. Die Ausflüge zu den Palmen verlaufen daher immer außerordentlich unbeschwert, sie versüßen den Alltag und sorgen für Abwechslung. Doch der Palmwein wird natürlich nicht immer gleich an Ort und Stelle bei solch einer improvisierten Palmweinparty genossen. In den meisten Fällen läßt man ihn aus dem Blütenstamm der Palme in einen Tontopf tropfen und schafft so durch tägliches Zapfen einen gewissen häuslichen Vorrat von dem leicht berauschenden, aber auch sehr vitaminreichen Getränk. Dieser Arbeit eines „Palmweinzapfers" gehen nicht nur die Erwachsenen nach, sondern vielfach auch die zehn- bis elfjährigen Jungen einer Dorfgemeinschaft. So lernte ich im Lauf einer Expedition Tschutti kennen, als ich gerade wieder einmal in die etwas lichteren Rand-

gebiete des Dschungels kam. Tschutti, ein sympathischer kleiner Kerl von damals etwa zehn Jahren, machte mich zunächst durch seine Geschicklichkeit beim Palmweinzapfen auf sich aufmerksam.

Doch schließlich wurde ich durch ihn auch Zeuge eines Vorgangs, der die Beziehung dieser Urwaldeinwohner zur Natur und insbesondere ihre Beziehung zu den Tieren als eine ganz besondere charakterisierte. Tschutti und die anderen Palmweinzapfer seines Alters tranken den Palmwein natürlich nicht. Im Gegenteil, bei ihrer Arbeit herrschte eine disziplinierte, fast geschäftige Atmosphäre. Um so mehr staunte ich, als plötzlich ein kleiner Blumenpapagei herbeiflog, so nahe an die Menschen heran, daß ich zunächst dachte, es handle sich um ein gezähmtes Tier. Viel größer war mein Staunen allerdings, als sich dieses kleine, sehr bunte, ich möchte fast sagen „Papageichen" mit seinem zierlichen Köpfchen über einen vollen Palmweintopf beugte und eifrig zu trinken begann. Das konnte ein so kleines Geschöpf doch unmöglich vertragen! Doch der Blumenpapagei trank unverdrossen weiter, die Palmweinzapfer, die dem Schauspiel zusahen, schienen belustigt. Ich war ganz offensichtlich der einzige Zuschauer, der halb verwundert, halb bestürzt zusah, wie sich ein Vogel nach allen Regeln der Kunst betrank.

Tschutti hatte das nun Folgende wahrscheinlich schon oft genug

Ein kleiner Blumenpapagei, dem es ein Topf voller Palmwein angetan hat. Schließlich fällt der Vogel, schon ganz „beschwipst", in den Topf mit dem süßen, gärenden Saft hinein. Doch damit er nicht ertrinkt, fischt ihn der kleine Palmweinzapfer wieder heraus

erlebt, um genau zu wissen, was höchstens fünf bis zehn Minuten später eintreten mußte, und ich begann es ebenfalls vorauszuahnen: Plötzlich fiel der kleine Papagei kopfüber in den Palmweintopf! Der noch in dem Tongefäß befindliche Wein spritzte in alle Richtungen, und der Blumenpapagei konnte sich aus seiner mißlichen Lage erwartungsgemäß nicht selber befreien. Aber damit mußten ja die Schwierigkeiten erst beginnen! Selbst wenn sich das Vögelchen noch aus dem Tongefäß gerettet hätte, mußten seine Federn durch das Bad im süßen Palmsaft völlig verklebt und das Tier dadurch absolut flugunfähig sein. Ganz zu schweigen einmal von den Auswirkungen, die der kräftige Rausch auf das Orientierungsvermögen haben mußte!

So fischte Tschutti den kleinen, hübschen Säufer aus dem Topf mit dem bereits halbvergorenen Palmsaft heraus und nahm ihn kurzerhand mit zu sich nach Hause. Ich begleitete Tschutti, denn ich war natürlich furchtbar neugierig geworden. Die Prozedur, der der kleine Vogel unterzogen wurde, um ihn wieder überlebenstüchtig zu machen, ließ dieser allerdings nur unter lautstarken Protesten über sich ergehen. Zäh klebender Zucker in den Federn ließ sich nur mit Wasser beseitigen – mit großen Mengen von Wasser, was dem Blumenpapagei überhaupt nicht behagte.

Doch der kleine Trunkenbold konnte noch so sehr krächzen und zetern: Tschutti blieb um seinetwillen unerbittlich; er wusch, badete und spülte den kleinen Vogel völlig unbeeindruckt, bis auch der letzte Rest Zucker aus dessen Gefieder verschwunden war. Doch auch damit gab sich Tschutti noch lange nicht zufrieden. Schließlich mußten die Federn erst trocken sein, damit der Papagei wieder fliegen konnte. Und außerdem bestand da ja noch das nicht zu vernachlässigende Problem des Alkoholrauschs. Den sollte man bekanntlich besser ausschlafen, um wieder voll einsatzfähig zu werden. Deshalb besaß Tschutti einen kleinen Bambuskäfig. Den hatte er extra für solche Fälle oder für verletzte und deshalb gefährdete Vögel selber gebaut, und dieser Käfig kam anscheinend häufig zum Einsatz. So setzte sich das kleine Drama für den Blumenpapagei im Bambuskäfig fort. Objektiv gesehen, war es seine

Schicksal. Sobald der Rausch verflogen, das Federkleid trocken war, ließ Tschutti den Blumenpapagei frei. Kaum in Freiheit, flog der kleine Papagei geradewegs in Richtung der nächsten „Kneipe"!

Glücklicherweise hatten eigentlich alle Palmweinzapfer dieser Gegend ein so großes Verantwortungsgefühl den Tieren gegenüber, daß sie ihnen genau wie Tschutti immer wieder aus der Patsche – in diesem Fall aus dem Palmwein – halfen.

Tschutti, der „Trockenleger", Kumar, der große Affenfreund, und Laru, der Schlangenboy, der täglich sehr viel Mut beweist, sie alle sind Kinder des Dschungels, die mir bei meinen jahrelangen Aufenthalten in Südostasien besonders aufgefallen sind. Dennoch stehen sie lediglich stellvertretend für viele Dschungelkinder, die sich doch sehr von den Kindern unserer westlichen Zivilisation unterscheiden. Von klein auf tragen sie zum Broterwerb der Familien bei, und sie haben eine so auffallende Zuneigung zu Tieren, die uns Europäer doch sehr erstaunen läßt.

Auf jeden Fall war und ist es sehr beeindruckend, welche hohen Wertvorstellungen diese einfachen Kinder haben. Schon im Kindesalter üben sie Tag für Tag verantwortungsvolles Handeln ein. Ihrem späteren Handeln als Erwachsene wird es zu einem großen Teil zu verdanken sein, wenn der tropische Regenwald in seinem Artenreichtum auch in 20, 40 oder 100 Jahren noch erhalten sein wird.

einzige Möglichkeit, um sich später noch eine Weile seines Lebens zu freuen, doch dieser Auffassung schien der Papagei überhaupt nicht zu sein. Mit anfänglich lautstarken, dann immer schwächer werdenden Ausbruchsversuchen gab er ganz deutlich zu verstehen, daß er die Freiheit auch mit glasigen Augen und nassen Federn dieser engen „Ausnüchterungszelle" vorziehen würde. Schließlich fügte sich das widerspenstige Kerlchen in sein

Links oben im Bild Tschutti, der dem Blumenpapagei sorgfältig den klebrigen Palmwein aus den Federn wäscht, der das Tier flugunfähig machen würde. Bis der Rausch verflogen ist, leistet Tschutti dem Papagei in der Nähe der „Ausnüchterungszelle" Gesellschaft. Links unten: Der kleine Trunkenbold bei ersten Flugversuchen. Auch solche Episoden ereignen sich im Dschungel des Löwenkönigs, dem letzten, noch unberührten Dschungelparadies Sri Lankas

SRI LANKA

MADURAI

INDIEN

Golf von Bengalen

Jaffna

Golf von Mannar

COLOMBO

2524
Pidurutalagala

2243
Adams Peak

Mahaweli

Kap Dondra

INDIEN

Form an die Zuckerhutberge Brasiliens erinnert – bis hin zu seiner Gesteinsformation. Die Vorbergzone am Adamspeak, deren faszinierende Tier- und Pflanzenwelt an anderer Stelle ebenfalls bereits beschrieben wurde, ist mit der Bezeichnung „Urbild unberührter Natur" wohl am treffendsten charakterisiert. Kokospflanzungen bestimmen an der Küste bis zum Fuß des Berglands von Kandy das Bild. Diese Plantagen haben wesentlich zur Erschließung dieses Berglands beigetragen, das auch Zentrum des buddhistischen Lebens ist. Kandy war früher die Hauptstadt der singhalesischen Könige, heute ist es Wirtschaftszentrum und Universitätsstadt. Jährlich im Juli/August findet in Kandy eine große religiöse Prozession zu Ehren Buddhas statt, an der viele Dutzende reich geschmückter Elefanten teilnehmen. Kautschukplantagen, die etwa bis 700 Meter hinaufreichen, beherrschen die unteren Berghänge ebenso wie das Hügelland. In noch höheren Lagen gedeiht der Tee besonders gut – neben Kautschuk, Kokosprodukten, Gewürzen sowie Graphit, Perlen und Edelsteinen eines der wichtigsten Exportgüter Sri Lankas. Reis wird zwar auf etwa einem Viertel der Gesamtnutzfläche angebaut, aber damit kann der Bedarf als Grundnahrungsmittel trotzdem nicht gedeckt werden, so daß hier zusätzliche Einfuhren erforderlich sind. Im Südwesten Sri Lankas – vor allem

Sri Lanka und der „Dschungel des Löwenkönigs"

Die Republik Sri Lanka – früher: Ceylon – mit der Hauptstadt Colombo liegt als Insel im Indischen Ozean vor der Südspitze Vorderindiens. Sri Lanka – etwa so groß wie Bayern – wird zwar durch die 86 Kilometer breite Palkstraße und den Golf von Mannar vom indischen Festland

getrennt, gleicht aber dem südlichen Indien weitgehend. Ein Gebirgsland mit dem Piturutalagala (2 524 Meter) als höchster Erhebung bildet den Kern der Insel.
Bekannter aber ist der bereits erwähnte Adamspeak (2243 Meter), ein steiler Domberg, der in seiner

Der Indische Mungo

im regenreichen Küstengebiet – herrschen Palmenhaine und Bananengärten vor. Hier im äußersten Südwesten, wo es noch Naturwunder in ihrer Urform zu bestaunen gibt, liegt auch Sinharaja Adaviya, der „Dschungel des Löwenkönigs", wie die Einwohner Sri Lankas diesen wunderbaren Regenwald nennen: ein tropisches Urwaldparadies, das seinesgleichen sucht. Damit dieser „königliche" Flecken Erde auch in Zukunft nicht angetastet wird, steht er seit einigen Jahren unter Naturschutz. Dieses wundervolle Dschungelgebiet soll bleiben, wie es ist – schön wie „am ersten Tag" seiner Entstehung.

König der Tiere ist heute auf Sri Lanka der Indische Elefant. Eines der bekanntesten und beliebtesten Tiere aber ist der Mungo.

Ein Indischer Mungo – das Vorbild für den Schlangenbezwinger Rikki-Tikki-Tavi

Lieb gewonnen hat vielleicht schon der eine oder andere Leser den Mungo, wie ihn der englische Literaturnobelpreisträger Rudyard Kipling im „Zweiten Dschungelbuch" in der Gestalt des Rikki-Tikki-Tavi beschreibt: in der episodenhaften Schilderung des Kampfes eines Mungos gegen eine Kobrafamilie, die, wie alle Erzählungen Kiplings, vitale Möglichkeiten der menschlichen Natur widerspiegelt.

Was wir lieb gewonnen haben oder bewundern, wollen wir meist auch etwas genauer kennenlernen – einer der Gründe auch, dem Leser dieses Werk zu präsentieren, das seinen Wert durch Bilder und Berichte eines erfahrenen Naturfilmers und -forschers erhält, durch Beobachtungen in der schönen und gefahrvollen, vielleicht deshalb so faszinierenden Welt des Dschungels, in die Werner Fend stets zurückkehren wird – zu den Tigern, Elefanten, Affen ... und zum Mungo. Deshalb soll er im folgenden wieder selbst zu Wort kommen:

Der Mungo, wobei hier der Indische oder Echte Mungo gemeint ist, um ihn innerhalb der zehn Gattungen und 30 Arten, in denen er insgesamt vorkommt, zu unterscheiden, gehört zur Familie der Schleichkatzen. Er wird 40–50 Zentimeter lang und hat ein grau bis braun gefärbtes, kurzhaariges Fell.

Der Mungo ist zum Helden zahlreicher Legenden geworden, da er zu den wichtigsten natürlichen Feinden der Schlangen, auch der gefährlichen Kobra und Kettenviper, zählt. Wenngleich es richtig ist, daß der Mungo in der Auseinandersetzung mit Schlangen eine enorme körperliche Gewandtheit zeigt und Schlangengift in höheren Dosen als andere Tiere von vergleichbarer Größe verträgt, so ist dennoch die weitverbreitete Meinung falsch, daß Kämpfe zwischen Mungo und Kobra im Dschungel alltäglich seien. Wahrscheinlich ist dieses falsche Bild, das ich aufgrund eigener Beobachtungen korrigieren muß, dadurch entstanden, daß man in Indien den Mungo im Kampf mit einer Kobra bei öffentlichen Vorführungen einsetzt. Doch was als Touristenattraktion gefragt ist, muß nicht zwangsläufig das tatsächliche Geschehen im Dschungel widerspiegeln. Der Mungo attakiert und tötet zwar Schlangen, wie sie auch seinem Beuteschema entsprechen, aber überwiegend ungiftige Schlangen. Er weicht lediglich dem Kampf nicht aus, wenn er von einer Kobra oder Kettenviper angegriffen wird. Der Mungo ist im übrigen in seiner Ernährungsweise vielseitig – er verachtet auch Früchte nicht.

Noch in der Antike war der Mungo wesentlich weiter verbreitet als heute. Schon die Griechen und Römer ließen Mungos gern in ihren Fabeln auftreten. Auch ägyptische Wandmalereien aus dem 3. Jahrtausend v. Chr. zeugen bereits von der Verehrung des Mungos.

WIE TIERE IM URWALD KÄMPFEN

Kampf und Auseinander-
setzung im Dschungel:
Ein Krokodil erbeutet
einen Frosch (links), ein
Hirschkäfer und ein
Nashornkäfer haben
Revierstreitigkeiten
(oben), und eine Peit-
schenschlange wehrt sich
gegen einen Bindenwaran

Bei allen Expeditionen in die Regen- wälder des südostasiatischen Raums konnte ich mich immer wieder davon überzeugen, daß im Dschun- gel trotz der enormen Fülle und überwältigenden, manchmal kaum faßbaren Schönheit nicht ausschließ- lich paradiesische Harmonie herrscht. Denn wenn auch all die verschiedenen Tiere ihren ganz spezifischen Lebensraum haben, so sind gelegentliche territoriale Über- schneidungen nicht ausgeschlossen. So kommt es immer wieder zu dramatischen Kämpfen, bestimmt von den Gesetzen der Natur.

Diese Kämpfe können laute, gewal- tige Auseinandersetzungen sein, die den ganzen Urwald erbeben und gleichzeitig die übrige Tierwelt verstummen lassen. Es können Kämpfe im Verborgenen sein, so leise und fast unsichtbar, daß sie sich nur erahnen lassen. Und ganz gleichgültig, wer da wen bekämpft oder worum gekämpft wird: Die Ausgänge der Begegnungen sind meist ungewiß; es ist unmöglich, mit Bestimmtheit vorauszusagen, wer Sieger und wer Besiegter sein wird. Doch solange der Dschungel lebt, wird es Jäger und Gejagte geben.

DSCHUNGELKÄMPFE
MIT UND OHNE SIEGER

Ob lauter Kampf, ob leiser Kampf, ob Kampf ums Revier, Kampf um Beutetiere, Kampf ums Weibchen oder Kampf ums nackte Überleben, Dschungelbegegnungen dieser Art können tödlich oder auch unentschieden enden.

Aufmerksam bewegt sich der Bindenwaran durch den Dschungel auf der Suche nach Nahrung (links oben). Eine Indische Schönechse hatte bereits Erfolg bei der Futtersuche: Hier verschlingt sie gerade ihr Opfer, einen wunderbar gemusterten Schwalbenschwanz

Eine Kobra kreuzt den Weg eines Elefanten. Doch der graue Koloß, kräftemäßig überlegen, zieht es vor, zu dem gefährlichen Reptil auf Distanz zu bleiben

Am lautesten wird es im Dschungel, wenn Elefanten gegeneinander kämpfen: Zu solchen Kämpfen zwischen zwei mächtigen Elefantenbullen, wie ich sie einige Male beobachten konnte, kommt es meist, wenn innerhalb einer Herde zwei etwa gleichstarke Tiere sich die Stellung als Leittier streitig machen. Als ich einen solchen Kampf einmal filmte, stampften die Dickhäuter derartig kraftvoll durch den Dschungel, daß ich den Eindruck hatte, gleich würde das schlimmste Erdbeben aller Zeiten losbrechen. Aus sicherer Entfernung verfolgte ich dieses Drama mit meiner Kamera und befürchtete dabei ständig, eines der Tiere könnte tödlich verletzt werden – mit solcher Urgewalt gingen die Elefantenbullen aufeinander los, bis der Sieger feststand und der Verlierer kampfunfähig, aber nicht getötet war. Bei all der Härte, mit der solche Kämpfe geführt werden, kommt das grausame Dschungelgesetz vom Fressen und Gefressenwerden nicht zum Tragen, denn hier geht es wie gesagt um die Rangordnung.

Erbitterter Kampf ums Revier zwischen dem Hirschkäfer und dem etwas größeren Nashornkäfer. Schließlich muß sich der Eindringling wieder zurückziehen – der Nashornkäfer kann sein Revier erfolgreich verteidigen

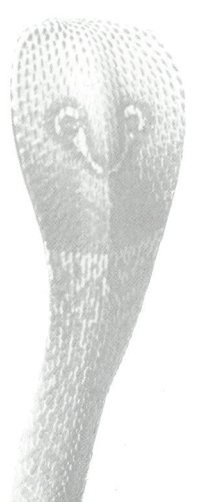

Im folgenden nun ein völlig anderes Beispiel eines von mir beobachteten Dschungelkampfes. Beinahe lautlos, doch um nichts weniger verbissen, kämpfte ein Hirschkäfer gegen einen etwas größeren Nashornkäfer. Ich beobachtete dies, als ich gerade dabei war, den Dschungelboden routinemäßig nach interessanten oder auch mir eventuell gefährlich werdenden Tieren sorgfältig abzusuchen. Der Hirschkäfer war ganz offensichtlich in fremdes Territorium eingedrungen, nämlich in das des Nashornkäfers. Der duldete das allerdings nicht, sondern verteidigte sein Gebiet, indem er auf den Hirschkäfer einstach und versuchte, ihn einfach wegzudrücken, wobei er mit den Beinen förmlich nach ihm „schlug". Von diesem massiven Angriff wohl überrascht, ließ sich der Hirschkäfer auch zurückwerfen, gewann dann noch einmal an Boden, mußte aber schließlich aufgeben und das Feld räumen, weil der etwas größere Nashornkäfer eben doch der Stärkere war. Doch auch in diesem Fall hatte der Verlierer des Kampfes Glück: Er wurde für seinen Angriff nicht damit bestraft, daß ihn sein überlegener Gegner einfach auffraß.

Ganz anders verhielt es sich da beim Kampf zwischen einer Gottesanbeterin und einem Zitronenfalter. Die Gottesanbeterin, ein Insekt, von dem der Leser bereits weiß, daß es ein Raubinsekt ist, das seinen harmlos-frommen Namen der Tatsache verdankt, daß es die Vorderbeine wie zum Beten gen Himmel gerichtet hält, hatte sich wohl jenen Zitronenfalter auf den Speiseplan gesetzt. Bei der Gottesanbeterin handelte es sich in diesem Fall um ein Exemplar, das nahezu unsichtbar in einer weißen Orchideenblüte saß. Unsichtbar deshalb, weil das Tier in perfektem Maß sein Aussehen dieser Orchideenblüte angepaßt hatte. So lauerte es unerkannt, bis der Zitronenfalter dem Raubinsekt gefährlich nahe gekommen war. Als der Falter dann plötzlich die große Gefahr spürte, in der er sich befand, war es bereits zu spät: Auch die intensive Gelbfärbung der Flügel, die den Freßfeinden des Zitronenfalters signalisieren soll „Vorsicht – Gift!", konnte die Gottesanbeterin nicht von ihrer Beute abhalten. Sie hatte offenbar schon „Erfahrungen" mit dieser Art von Falter gemacht und wußte wohl, daß die gelbe Farbe in Wirklichkeit nur Täuschung ist. So ließ sie den Falter nicht mehr aus ihren Fängen und begab sich nach diesem Mahl erneut in Lauerstellung.

Oben Gottesanbeterin in der typischen Lauerstellung beim Warten auf Opfer. Darunter mit einer Beute in den nun geschlossenen Fangarmen

Mungo. Bei den einheimischen Bewohnern des Dschungels ein sehr beliebtes Tier, das manchmal fast wie ein Haustier gehalten wird. Denn der Mungo ist einer der zuverlässigsten Schlangenvertilger; mutig greift er sowohl ungiftige als auch giftige Schlangen an und tötet sie meist mühelos. Hier sieht man den kleinen Schlangenschreck beim erfolgreichen Fangen und Töten einer ungiftigen Wasserschlange

Im Rahmen meiner Erzählung über Laru, den Schlangenboy, berichtete ich ja bereits von dem im Schlangenpark in Madras zur Schau gestellten Kampf zwischen *dem* Schlangenbezwinger schlechthin, dem Mungo, und der gefährlichen Kobra. Dieser Kampf ist gewöhnlich in der Natur nur sehr selten zu beobachten und auch im Schlangenpark höchstwahrscheinlich nur deshalb möglich, weil den Kobras zuvor das Gift entzogen worden ist und die Mungos dressiert sind.

Selbst für den flinken Mungo besteht im Kampf gegen die Kobra die große Gefahr, als Unterlegener aus der Begegnung hervorzugehen. Und was das in einem solchen Fall bedeutet, liegt angesichts der Giftigkeit des Reptils auf der Hand: Es bedeutet den sicheren Tod. Doch ich habe auch schon von Fällen gehört, in denen ein Mungo eine Kobra getötet hat.

Als ich dann einmal ganz plötzlich auf einer Dschungellichtung eine hochaufgerichtete Kobra in Angriffstellung und ihr gegenüber einen Mungo sah, erfaßte mich augenblicklich eine ungeheure Spannung: Wie würde diese seltene Begegnung nun ausgehen?

Der Mungo griff blitzartig an, wie ich es bei den Schaukämpfen schon oft beobachten konnte – allerdings mit dem Unterschied, daß aus dem ungefährlichen Schauspiel hier bitterer Ernst wurde. Denn diese Kobra, die bereits in höchste Alarmbereit-

schaft versetzt war, konnte für den Mungo mit einem einzigen Biß den sicheren Tod bedeuten. Der Mungo versuchte, die Kobra mit seinen scharfen Zähnen direkt hinter ihrem Kopf zu fassen zu bekommen. Nur dort konnte er einen tödlichen Biß anbringen, alles andere wäre im Kampf gegen die Kobra aussichtslos. Doch jedesmal, wenn der Mungo zu seinem Todesbiß ansetzte, wehrte die Giftschlange diesen erfolgreich ab. Nachdem mehrere solcher Versuche gescheitert waren, gab der Mungo auf und zog sich ins dichte Gestrüpp zurück.

So endete diese Begegnung mit einem „Unentschieden", eigentlich zum Glück beider Beteiligten, denn sowohl den Mungo als auch die Kobra hätte dieser Kampf das Leben kosten können. Wenig später konnte ich dann denselben Mungo beim Fangen einer Wasserschlange beobachten. Dies erschien eher wie ein Spiel. Der kleine Schlangenschreck fing sein Opfer, ließ es wieder los und fing es dann wieder ein. Er schien genau zu wissen, daß er es mit einer völlig ungiftigen Schlange zu tun hatte, und nutzte diese Gelegenheit zu einem richtigen „Katz-und-Maus-Spiel". Schließlich hatte er von dieser „Abwechslung" genug und tötete die schon ganz müde Schlange mit einem einzigen Biß direkt hinterm Kopf.

Nur wenige Augenblicke später bekam ich eine grüne Peitschennatter vors Objektiv meiner Kamera. Wie der Mungo hatte auch sie soeben eine sehr ausgiebige Mahlzeit für sich entdeckt. Perfekt getarnt, lauerte sie im Geäst der Bäume, so daß auch die von der Natur dafür bestens ausgestatteten Dschungeltiere sie nur durch Zufall hätten entdecken können. Ihr belauertes Opfer in diesem Fall: eine kleine Flugechse. – Diese erwischte die Peitschennatter gleich bei ihrem ersten Vorstoß mühelos und verschlang die völlig überraschte Flugechse innerhalb kürzester Zeit. Damit hatte die eigentlich auf den Vogelfang spezialisierte Schlange für Abwechslung auf ihrem Speiseplan gesorgt und zog sich nun zunächst einmal vollkommen satt und müde ins dichte Geäst zurück.

Doch einige Tage später schloß sich dann vor meinen Augen der ewige Kreislauf des Dschungels vom Fressen und Gefressenwerden wieder. Ich kann zwar nicht mit Sicherheit sagen, ob es dieselbe Peitschenschlange war, die ich zuvor beim Erbeuten der Flugechse beobachten konnte, jedenfalls begegnete ich wiederum einer solchen Schlange. Ihr Schicksal war in diesem Fall leider besiegelt, denn als sich ein etwa zwei Meter langer Bindenwaran ganz plötzlich vor ihr aufbaute, machte sie keinerlei Anstalten zur Flucht. Dies wäre aber die einzige Möglichkeit zur Rettung gewesen,

doch die Peitschenschlange richtete sich statt dessen drohend vor dem Waran auf. In solch einem aussichtslosen Kampf half nun allerdings ihr ganzer Mut nicht. Nachdem sie mehrere Male vergeblich nach dem Gegner geschnappt hatte, packte dieser die Schlange hinterm Kopf und durchbiß kurzerhand ihr Genick. Es war für mich immer wieder sehr beeindruckend, wenn ich beobachten konnte, daß gerade die kleinsten Dschungeltiere, die ohnehin nur bei näherem Hinsehen zu entdecken sind, sich als die erbittertsten Kämpfer erwiesen.

So hatte ich einmal Gelegenheit, den Revierkampf zweier Gottesanbeterinnen zu filmen. Es handelte sich dabei um eine Art von Gottesanbeterin, die an der Unterseite ihrer Flügel Schreckaugen und im übrigen ein bräunliches, dürres Aussehen besaß. Möglicherweise wird sich mancher Leser fragen, was daran so spannend oder gar tragisch sein konnte. Durch das Objektiv der Kamera ließ sich jedoch gut erkennen, wie ernst hier gekämpft wurde. Mit hocherhobenen Vorderbeinen gingen die beiden Raubinsekten aufeinander los, als gelte es, die Gegnerin niederzuwalzen. Beine, Köpfe und Teile des Rumpfs verhakten sich ineinander, ließen wieder voneinander ab, um in einem neuen Anlauf aufeinander zuzustürmen. Es war ein Kampf auf Leben und Tod, rohe Gewalt gegen rohe Gewalt. Mal schien die eine Gottesanbeterin stärker, dann

wieder die andere. Schließlich mußte sich das etwas kleinere Tier geschlagen geben, das Feld räumen und kam – gemessen an diesem harten Kampf – durch Rückzug auf diese Weise noch mit dem Leben davon. Immer wieder fanden vor meinen Augen besonders dramatische, aufregende Dschungelkämpfe statt. Im Dschungel mußte ich nach diesen Auseinandersetzungen nie eifrig ausspähen, sie sind dort ebenso alltäglich wie häufig. Für die einheimischen Bewohner stellen sie deshalb auch kaum mehr etwas Besonderes dar.

Es ist eben ein Naturgesetz, daß derjenige die Oberhand behält, der schneller, größer oder stärker ist. Dabei kann es auch vorkommen, daß gerade besonders zähe Kämpfe unentschieden ausgehen, zum Wohl der Beteiligten.

Nun möchte ich aber von atemberaubenden Kämpfen erzählen, die man selbst im Dschungel nicht jeden Tag zu sehen bekommt und die auch ich nur aufgrund sehr langer Aufenthalte, von viel Geduld und der nötigen Portion Glück mitverfolgen konnte.

Auch in diesem Kampf
zweier Gottesanbeterin-
nen kann es um Leben
und Tod gehen

WARANE UND KOBRA

Einer dieser vielen außergewöhnlichen Dschungelkämpfe, die ich während meiner langen Aufenthalte im südostasiatischen Raum beobachten konnte, wird mir stets in Erinnerung bleiben. Ich war damals zusammen mit meiner Frau und wenigen einheimischen Helfern unterwegs in Sri Lanka. Bei dieser Expedition galt es für uns wieder einmal, außerordentliche Gefahren zu bestehen. Denn einen großen Teil unseres Wegs wollten wir auf einem Fluß, dem Mahaveli, zurücklegen. Bevor diese abenteuerliche Floßfahrt begann, bekamen wir von allen Seiten eindringliche Warnungen zu hören.

Doch unter all diesen Warnungen waren eigentlich keine konkreten Hinweise, denn niemand konnte die Gefahren des Flusses genau lokalisieren. Einzig die Tatsache, daß der Mahaveli allerlei Tücken und Gefahren für den Menschen berge, schien erwiesen. Den vagen Berichten von Stromschnellen, gefährlichen, nicht immer sichtbaren Felsen und angriffslustigen Krokodilen schenkten wir durchaus Glauben, trotzdem begannen wir unsere Fahrt ins Ungewisse, um der Tierwelt des Flußdschungels näherzukommen.

Eine Floßfahrt auf dem
Mahaveli (links) birgt
große Gefahren: Hungrige
Krokodile lauern hier in
großer Anzahl am Ufer

Zunächst scheint alles gut zu gehen. Doch plötzlich erfassen starke Stromschnellen das Floß, und es versinkt. Da die Krokodile ganz in der Nähe lauern, muß schnell ein neues gebaut werden

Schon zu Beginn des Unternehmens ließ uns die Natur ihre nicht immer berechenbaren Kräfte spüren: Es gelang uns nicht, einige besonders starke Stromschnellen heil zu passieren. Statt dessen warf die Strömung ganz plötzlich unser Floß seitlich auf einen Felsen. Unglücklicherweise zerbrach es unter diesem starken Aufprall. Aufprallen und Zerbrechen des Floßes geschahen so sekundenschnell, daß ein Teil meiner Ausrüstung – unter anderem ausgerechnet meine große Filmkamera – vom Floß rutschte und in den Fluten versank.

Nachdem der erste Schreck verflogen war, gingen wir daran, aus den verbliebenen Resten ein neues, etwas kleineres Floß zu bauen. Ich konnte jedoch nicht verhindern, daß zwei meiner Begleiter diesen Zwischenfall als deutliche Warnung der Dschungelgeister aufnahmen. Diese Warnung wollten sie auf gar keinen Fall unbeachtet lassen, da sie ein weiteres, viel größeres Unglück befürchteten, und sie verließen uns. Unsere übrigen Helfer waren nun einige Tage mit dem Floßbau beschäftigt, so daß wir die Gelegenheit nutzten, gleich hier, an der Unglücksstelle, die Tier- und Pflanzenwelt des Dschungels mit den noch funktionierenden Kameras einzufangen.

Als die Flußfahrt dann endlich doch weitergehen konnte, wir auch alle Bemühungen, die Filmkamera mit Hilfe eines Tauchers wieder aus dem Fluß zu fischen, aufgegeben hatten, kamen wir in den Genuß noch vieler schöner, teils überwältigender Eindrücke von der unberührten Natur dieses Flußdschungels. Besonders für die Vogelwelt herrschten einfach ideale Bedingungen, und wie die meisten anderen Flüsse Sri Lankas ist auch der Mahaveli sehr reich an Fischen.

An den Ufern des Mahaveli stieß Werner Fend auch auf viele große Vogelarten, die sich als Räuber ernähren. Oben im Bild ein Schlangenadler, der seinem Namen alle Ehre macht: Dieser Raubvogel wagt sich sogar an die giftige Schlangenkönigin, die Kobra, heran. Meist gelingt es ihm, sie nach einem längeren Kampf zu erbeuten. Zuerst bricht er ihr die Giftzähne aus, um sie dann gefahrlos verspeisen zu können. Rechts im Bild einige Fischreiher. Diese Vögel sind auch ausgesprochen erfolgreiche Jäger

Der Schlangenadler bei seinen gefährlich aussehenden Drohgebärden, die die Kobra einschüchtern sollen

Oben und links sieht man, daß der Schlangenadler bereits gesiegt hat. Mit dem Schnabel bricht er der Schlange die Gift- zähne aus

In dieser paradiesischen Region befanden wir uns, als uns ein Schlangenhalsvogel sehr schnell vor Augen führte, daß wir uns nach wie vor nicht nur im Paradies, sondern eben auch im Urwald befanden, wo einer sein Leben auf Kosten des anderen erhält. Denn dieser Schlangenhalsvogel, der seinen Namen ganz zu Recht trägt, da er seinen langen, geschmeidigen Hals in nahezu alle Richtungen mühelos bewegen kann, ist einer der erfolgreichsten Fischer unter den Wasservögeln. Er jagt ausschließlich unter Wasser, anders als etwa der Fischreiher. Als nun ein solcher Vogel plötzlich ganz nah vor uns stand, hatte er offenbar soeben einen sehr großen Fisch gefangen. Angesichts seines dünnen Halses fragte ich mich jedoch ernsthaft, ob er den Fisch nicht doch wieder würde freigeben müssen. Doch schon wieder zeigte sich, wie treffend der Name „Schlangenhals"-Vogel war: Genau wie ein Reptil würgte der Vogel den Fisch im ganzen hinunter; an den jeweils etwas dickeren Stellen seines ansonsten schlanken Halses konnten wir erkennen, wo sich das Opfer gerade befand ...

Natürlich begegneten wir über kurz oder lang auch den Waranen, genauer gesagt, den Bindenwaranen. Diese urwelthaft anmutenden Reptilien genießen auf Sri Lanka bis heute einen ganz besonderen Schutz. Hier wurde noch nie Jagd auf sie gemacht, um beispielsweise mit

Dieser Bindenwaran befindet sich gerade an einer Wassertränke. Das urwelthaft aussehende Reptil schlägt soeben mit seiner Waffe, dem langen Schwanz, um sich, so daß Wasser und Schlamm in alle Richtungen spritzen. Auch Menschen bekommen diese Schwanzschläge zu spüren, wenn sie dem Waran zu nahe kommen

ihren Häuten die Modeindustrie zu beliefern. Denn die Menschen im Dschungel haben schon sehr früh erkannt, welchen großen Dienst ihnen die Warane als Aasvertilger leisten. Und besonders auf Sri Lanka, wo es keine Geier gibt, die diese Aufgabe übernehmen könnten, werden die Warane in besonderer Weise geschützt. Alle Einwohner sind froh über ihre „Gesundheitspolizei", die sie in den Waranen haben. Doch nicht nur als Aasvertilger bekamen die Warane besondere Bedeutung. In vielen Regionen haben die Menschen ihnen auch den Beinamen „Schlangenkönig" gegeben – aus gutem Grund: Wo immer Warane auf Schlangen treffen, greifen sie diese an, ähnlich wie der Mungo, dem deshalb auch besondere Zuwendung und Schutz zuteil wird. Noch stärker als den Mungo hat die Natur aber nach meinen Beobachtungen den Waran dazu ausersehen, daß er die einmal angegriffene Schlange auch tötet.

Als ich mich während dieser Expedition einmal an einer auch historisch sehr interessanten Stelle am Ufer des Mahaveli befand, rief ich aus Leibeskräften nach meinen Leuten, sie mögen mir doch zu Hilfe kommen, damit ich ungefährdet tiefer in den Dschungel eindringen könne. Doch all mein Rufen schienen sie trotz der geringen Entfernung überhaupt nicht zu hören. Später erklärte man mir allerdings, warum das so war. An diesem Ort soll sich

Wie in eine andere Welt versetzt fühlt man sich angesichts der Reste alter Königreiche. Unten eine jahrhundertealte, aus Fels gemeißelte Buddhastatue

vor vielen tausend Jahren eine Stadt eines ebenfalls längst versunkenen Königreichs befunden haben. Das machte wahrscheinlich diesen Ort noch anziehender und interessanter für mich. Doch die meisten Einheimischen gingen davon aus, daß diese versunkene Stadt noch heute von Dämonen bewacht werde – und diese fürchteten sie nun einmal. So machte ich mich allein in die vor mir liegende Wildnis auf und ging dabei einem Abenteuer entgegen, wie ich es in späteren Jahren lange nicht mehr erleben sollte.

Gleich zwei Warane haben es auf eine Kobra, die giftige Brillenschlange, abgesehen. Doch mit Todesmut wehrt sich die Schlange immer wieder gegen die massiven Angriffe der Warane und fügt ihnen dabei sogar erhebliche Wunden zu. Zwar wird die Kobra im Verlauf der Begegnung zusehends matter (rechts), doch die Warane töten sie nicht, der Kampf endet unentschieden

Auf einer kleinen Lichtung angelangt, sah ich zunächst einen der vorhin beschriebenen „Schlangenkönige", einen Bindenwaran. Obwohl ich schon sehr viele Aufnahmen von Waranen besaß, filmte ich auch dieses Exemplar. Ganz plötzlich hatte ich da ein weiteres Tier im Sucher meiner Kamera, das mir fast den Atem stocken ließ: die Königin unter den Giftschlangen – die Kobra. Damit standen sich zwei Todfeinde gegenüber, doch ich befürchtete sogleich, daß der „Schlangenkönig" mit einer Kobra ebenso kurzen Prozeß machen würde wie mit anderen, weniger giftigen Schlangen auch. Der Waran zeigte jedenfalls sofort Interesse an der Kobra, und auch die Schlange schien zu spüren, welchen Gegner sie da vor sich hatte. Sie war bereits in Verteidigungsstellung hoch aufgerichtet, und der Waran sondierte mit seiner langen Zunge die Lage.

Schon zu diesem Zeitpunkt glaubte ich die Kobra verloren, und als dann plötzlich noch ein zweiter Waran auftauchte, räumte ich ihr so gut wie gar keine Überlebenschance mehr ein. Ihr Schicksal schien also besiegelt zu sein. Doch es folgte ein so dramatischer Verlauf der Begegnung, wie ich es mir selbst in meinen verwegensten Vorstellungen nie und nimmer ausgemalt hätte.

Vielleicht hatten die Warane mit ihrem sensiblen Riechorgan, der Zunge, einen besonderen Geruch ausgemacht, der von der Kobra

ausging und sie als extrem giftiges Reptil kennzeichnete. Jedenfalls schienen die Warane durch irgendein Signal davor gewarnt, ebenso unbekümmert wie bei anderen Schlangen anzugreifen. Zunächst teilten sie nämlich nur Schwanzschläge aus. Diese Schwanzschläge sind beim Waran für Angriff wie für Verteidigung kennzeichnend. Ich erwähnte bereits, daß ich diese schmerzhaften Schläge aus eigener Erfahrung kenne und fürchte; trifft gar die Schwanzspitze, so ist solch ein Schlag mit dem einer Peitsche vergleichbar – es kann also durchaus Blut fließen. Die Warane teilten immer wieder solche mehr oder weniger gut plazierten Schwanzschläge aus, beinahe in regelmäßigem Wechsel. Und da ihnen offenbar ihr Instinkt sagte, mit welch giftiger Gegnerin sie es zu tun hatten, zogen sie sich dann auch jeweils immer kurz in Sicherheit zurück. Diese Schläge mußten der Kobra, die ja wegen ihrer Musterung auch als „Brillenschlange" bekannt ist, höllisch weh getan haben. Doch ernsthaft verletzen konnten die Warane sie damit nicht.

Der mutigen Kobra galten in dieser ungleichen Auseinandersetzung alle meine Sympathien. Sie verteidigte sich nicht nur gegen die beiden Warane, sondern griff sie sogar an. Auf beinahe jeden der auf sie niedersausenden Peitschenhiebe reagierte sie, indem sie nach den Waranen schnappte. Es gelang der Kobra doch tatsächlich, die Warane so in den Rücken, am Kopf und am Maul zu beißen, daß diese an einigen Stellen bluteten. Dies machte ihnen zwar schwer zu schaffen, doch von weiteren Angriffen zurückhalten ließen sie sich deshalb noch lange nicht. Ihren ungebremsten Reaktionen zufolge schienen sie gegen das Gift der Kobra immun zu sein. Denn sie umkreisten die Schlange immer enger, teilten Schwanzschläge aus, doch die Kobra wehrte sich immer wieder mit dem Mut der Verzweiflung. Dann schließlich trotz harter Attacken eine Überlebenschance für die Schlange: Nachdem sich beide Warane endgültig blutige Schnauzen geholt und offenbar gespürt hatten, daß sie auf diese Art und Weise keine Kobra besiegen konnten, zogen sie sich langsam zurück. Unversehrt, jedoch sehr matt, blieb die Brillenschlange zurück. So endete dieser einzigartige Urwaldkampf, bei dem ich zunächst von einem mühelosen Sieg der „Schlangenkönige" ausgegangen war, mit einem glatten „Unentschieden".

WARANE UND RATTENSCHLANGE

Nachdem ich jenen vergeblichen Kampf gar zweier Warane mit einer Kobra beobachtet hatte, war meine felsenfeste Überzeugung, Warane hätten den Titel „Schlangenkönige" verdient, doch erheblich erschüttert. Doch es traf sich ebenfalls auf Sri Lanka, allerdings nicht an den Ufern des Mahaveli, sondern im „Dschungel des Löwenkönigs", daß Warane meine Aufmerksamkeit erneut auf sich zogen. Doch wurde mir auch das unerbittliche Dschungelgesetz vom „Fressen und Gefressenwerden" erneut ins Bewußtsein gerufen. Eines dieser vielen, allesamt sehr beeindruckenden Schauspiele wurde mir von einem Waran und einer Rattenschlange vorgeführt. Die Rattenschlange ist zwar – im Gegensatz zur Kobra – absolut ungiftig, kann aber, wie wir schon in der Schilderung über Laru, den Schlangenboy, erfahren haben, sehr angriffslustig sein und beißt dann mitunter kräftig zu.

Nachdem ich gerade einige Zeit zuvor jenen erbitterten Kampf der Warane gegen die Kobra miterlebt hatte, hielt ich es jetzt sogar für möglich, daß auch eine sich mutig verteidigende Rattenschlange einen Waran zum Rückzug drängen könnte. Das betreffende Exemplar von Rattenschlange war schätzungsweise etwas über zwei Meter lang. Die Schlange befand sich offenbar gerade auf Futtersuche, als sie mir bei meinen Filmarbeiten mitten im

„Dschungel des Löwenkönigs" sozusagen über den Weg kroch. Doch ein
umherstreifender Waran, den ich
bereits lange vorher ausgemacht
hatte und den ich zu filmen beab-
sichtigte, befand sich seinerseits auf
Beutegang.

Gespannt wartete ich ab und hoffte
dabei inständig, mein Tarnversteck
sei sicher genug und daß die Tiere
sich durch das Surren der Kamera
nicht irritieren ließen.

Endlich entdeckte die sonst so
aufmerksame und vor allem angriffslustige Rattenschlange ihren
Todfeind. Doch wie so oft hatte auch
in diesem Fall die Entdeckung viel
zu spät stattgefunden, so daß sich
die Rattenschlange nicht mehr vor
dem Waran in Sicherheit bringen
konnte.

Das mußte die Schlange auch in
Sekundenschnelle erkannt haben,
denn ohne überhaupt einen Rück-
zugsversuch zu machen, fauchte sie
den Waran laut an. Der umkreiste
lauernd und bedrohlich sein Opfer in
immer enger werdenden Bögen, bis
das Fauchen der Rattenschlange
schließlich in ein furchterregendes
Brummen ausartete.

Wieder teilte ein Waran derartig
kraftvolle Schwanzschläge aus, daß
ich in Gedanken ein wenig für die
Schlange mitleiden mußte, obwohl
ihr das natürlich auch nicht half.

Diese Rattenschlange
kann sich nicht mehr
retten. Sie hat die Gefahr
nicht rechtzeitig erkannt,
so daß gleich zwei Wara-
ne sie sich zum Opfer
auserkoren haben.
Zunächst umzingeln sie
ihre Beute und teilen
Schwanzschläge wie Peit-
schenhiebe aus, denen
die Schlange verzweifelt
zu entkommen versucht

**Der Kampf der Warane
gegen die Rattenschlange
endet grausam: Die Wara-
ne zerreißen ihre Beute
schließlich in zwei Hälften**

Als sie wohl spürte, daß sie den
Waran mit ihrem Fauchen und Brummen nicht vertreiben konnte und
sich immer mehr in die Enge getrieben fühlte, schnappte sie todesmu-
tig nach dem Maul des Warans. Und
tatsächlich gelang es ihr dabei, einige Bisse sehr zielgenau zu plazieren,
dennoch war ihr Schicksal schließlich besiegelt: Dem Waran hatten

das Umkreisen der Beute und deren
verzweifelte Verteidigungsversuche
nun lange genug gedauert. Blitzschnell schnappte er nach der
Rattenschlange. Doch die richtete
sich ebenso schnell wieder auf und
schlängelte sich dabei ein wenig
nach hinten, so daß sie dem Todesbiß gerade noch entging. Als ich
eben wieder Hoffnung für sie

schöpfte, schnappte der Waran ein zweites Mal nach der Rattenschlange, und diesmal war er schnell genug. Ich filmte noch, wie er der Schlange das Genick zerbiß, dann hing die endgültig besiegte Rattenschlange leblos im Maul des Warans. Dieser zog sich nun mit seiner Beute wieder in den dichteren Dschungel zurück, um sie dort in Ruhe zu verspeisen.

Obwohl auch die Rattenschlange bis zum letzten Moment gekämpft hatte, um sich zu retten, hatte der Waran hier seinem Namen als „Schlangenkönig" doch alle Ehre gemacht. Beinahe noch dramatischer wurde ein kurz darauffolgender Auftritt von Waranen, bei dem sie wirklich nicht nur ihre Geschicklichkeit als Schlangenbezwinger unter Beweis stellten, sondern mir als Zuschauer auch die tragische Seite des Dschungellebens drastisch vor Augen führten.

Gleich zwei Warane hatten sich ein und dieselbe Rattenschlange als Opfer auserkoren. Sekundenschnell nach dem Auftauchen der Warane war die Schlange bereits umzingelt; ihr aggressives Fauchen und Brummen erfüllte diesmal seinen Zweck – die Angreifer einzuschüchtern – überhaupt nicht. Beinahe gleichzeitig schnappten beide Warane nach der Rattenschlange, beide treffsicher und erfolgreich.

Was sich dann abspielte, war kein gewöhnlicher Kampf mehr, schon gar nicht zwischen der Schlange und ihren Angreifern. Nein, hier ging es um eine Kraftprobe zwischen den beiden ausgewachsenen, kräftigen Waranen. Jeder wollte das beklagenswerte Opfer für sich erkämpfen, und so rissen sie von beiden Seiten an der erlegten Beute, bis der Schlangenkörper schließlich fast ganz zerfetzt war.

Trotz aller Gewöhnung, die ich während der vielen Jahre in den Dschungelgebieten Südostasiens für diese grausamen Schauspiele zwischen den Freßfeinden bekommen hatte – erregend war für mich immer wieder, wenn ich so deutlich wie beim Kampf der Rattenschlange gegen den Waran oder der Warane mit der Rattenschlange vor Augen geführt bekam, daß selbst das Tier, das kurz zuvor noch als gefürchteter Feind auf Beutesuche war – in diesem Fall die Rattenschlange bei der Jagd nach Fröschen, Echsen und anderem Kleingetier –, im nächsten Augenblick schon Opfer des Nächststärkeren sein konnte.

Doch dieser Kampf ums Dasein existiert auf der ganzen Welt nun schon seit Jahrmillionen. Allerdings ist er in den tropischen Wäldern dieser Erde von besonderer Intensität und reichen Variationen geprägt.

PYTHON GEGEN ZIBETKATZE

In den Nordosten Borneos, an den Kinabalu, jenen über 4 000 Meter hohen Berg, der 1851 zum erstenmal überhaupt von einem Menschen bestiegen wurde, habe ich meine Leser bereits geführt, als ich von den letzten Paradiesen unserer Welt erzählte. Tatsächlich stellt dieser Berg ein beinahe unberührtes Dschungelparadies dar, wo mich immer wieder eine Menge kleiner und großer sowohl botanischer als auch zoologischer Wunder in ihren Bann schlugen.

Aber auch hier konnte ich nicht nur eine paradiesisch-friedliche Natur filmen, sondern auch bitterernste Dschungelkämpfe, die das alltägliche Geschehen im Urwald mitbestimmen.

Schon mit bloßem Auge war ich vom Anblick der etwa handgroßen Vogelspinnen, von denen es am Kinabalu sehr viele gab, unheimlich beeindruckt. Doch durchs Makroobjektiv der Kamera betrachtet, sahen diese Vogelspinnen noch viel furchteinflößender aus. Besonders wenn ich

ihnen beim Filmen ein wenig zu nahe kam, zeigten sich die Vogelspinnen von ihrer gefährlichsten Seite: Sie gingen in Angriffstellung über, indem sie ihre behaarten Vorderbeine hochstellten und ihre scharf zugespitzten Kiefer demonstrierten. Daraus spritzt dann im Ernstfall das Gift, mit dem die Vogelspinnen ihre Gegner oder Beute lähmen. Für den Menschen ist dieses Gift zwar nicht tödlich, aber äußerst schmerzhaft. Zudem kann der Biß langwierige Entzündungen nach sich ziehen.

Doch gegen ihre hauptsächliche Beute, nämlich Jungvögel, entfaltet das Gift der Vogelspinne seine Wirkung sekundenschnell. So konnte ich beobachten, wie eine Vogelspinne, die ihr Versteck in der Wurzelhöhle eines Petroleumbaums hatte, ganz nach Bedarf einfach am Stamm dieses Baumes emporkletterte, um sich ihre Beute aus einem der Vogelnester mit frischgeschlüpften Vögeln zu holen. Hier kommt es gar nicht erst zu ernsten Auseinandersetzungen, denn so schnell wie die Vogelspinne angreift, können die Vogeleltern nicht – und schon gar nicht ihre Schützlinge – reagieren. Auch die vielen Schmetterlinge, die es am Kinabalu in einer einzigartigen Artenfülle gibt, schweben ständig in Lebensgefahr. Ihren Hauptfeinden, den Vögeln, können sie zwar manchmal entgehen, denn schließlich gestattet ihnen die Natur vielerlei Tricks zur Tarnung.

Neben der Vielzahl von Vögeln gehören aber auch alle möglichen Spinnenarten zu den natürlichen Feinden der Schmetterlinge. Diese Spinnen lauern schon in den frühen Morgenstunden, wenn die Sonne gerade erst den Nebel am Kinabalu vertreibt, in ihren tauschweren, kunstvoll gesponnenen Netzen auf ihre Beute. Auch hier haben die Schmetterlinge von vornherein kaum eine Überlebenschance, wenn ihnen ihr Instinkt die drohende Gefahr auch nur einen winzigen Augenblick zu spät signalisiert. In der Regel kommt dieses Signal aber zu spät. Von daher gesehen, entbehren solche Begegnungen von Freßfeinden, bei denen von vornherein feststeht, wer der Stärkere und wer der Unterlegene sein wird, der Spannung und Dramatik, wie sie sich beim Kampf der Warane gegen die Kobra einstellen.

Todfeinde der Schmetter-
linge: Spinnen. Ganz links
die Vogelspinne, oben
links Schwalbenschwanz-
Schmetterlinge. Oben
eine Spinne mit erbeute-
tem Schmetterling, links
ein grüner Schwalben-
schwanz

Doch auch am Kinabalu erlebte ich jene Dramatik, die das Dschungelleben birgt, auf bemerkenswerte Weise. So war ich gerade dabei, eine wunderschöne Zibetkatze zu filmen, als plötzlich ein Python das Geschehen bestimmte. Die Zibetkatze – in diesem Fall handelte es sich um ein kleineres Exemplar, genauer gesagt um eine malaysische Zibetkatze – zählt zur Familie der Schleichkatzen. Von daher ist sie eine nahe Verwandte des Mungos, des kleinen Schlangenschrecks. Diese Zibetkatze war zwar nur etwa 70 cm lang, doch ich wußte, daß sie dem Mungo in Sachen Angriffslust um nichts nachsteht.

Der Python aber ist eine Riesenschlange, die wie der Netzpython bis zu 10 Meter lang werden kann. Obwohl ich nie einen Augenzeugen für ein solches Geschehen fand, munkelte man in vielen Dschungeldörfern immer wieder, ein ausgewachsener Python könne sogar einen Erwachsenen zu Tode drücken. Tatsächlich tötet der Python, der zu den ungiftigen Riesenschlangen gehört, auf diese Art und Weise sein Opfer, das heißt, er umschlingt es zunächst möglichst oft, um es dann, wenn kein Entkommen mehr möglich ist, zu erdrücken. Doch jenen Geschichten über den Python als Menschenkiller schenke ich bis heute keinen rechten Glauben. Als nun jene Zibetkatze plötzlich auf einen Python traf, war ich sehr gespannt, was folgen würde. Eigent-

lich war ich davon überzeugt, daß es für die Zibetkatze vorteilhafter wäre, den Python unbeachtet zu lassen und sich so schnell wie möglich wieder zurückzuziehen.

Doch weit gefehlt! Die Zibetkatze griff bereits an, als ich noch diesem Gedanken nachhing! Obwohl es sich hier nicht um ein völlig ausgewachsenes Exemplar von Python handelte, schien mir die kleine Schleichkatze da sehr kühn vorzugehen. Sagte ihr vielleicht der Instinkt, daß sie Größe, Gewicht und damit auch Kraft des Python durch Schnelligkeit wettmachen konnte? Jedenfalls attackierte sie die Riesenschlange äußerst aggressiv. Schnell wagte sie sich heran und stieß mit ihren spitzen Zähnen nach der Schlange.

Zibetkatze. Dieses Tier aus der Familie der Schleichkatzen wird bis zu 70 Zentimeter lang. Wie ihr Verwandter, der Mungo, hat auch sie sich auf das Erbeuten von Schlangen spezialisiert

Hier scheint die Zibet-katze Beute erspäht zu haben: Auf leisen Pfoten schleicht die kleine Raub-katze durchs Gras, um von ihrem Opfer so spät wie möglich entdeckt zu werden. Und dann sollte etwas Unglaubliches geschehen: Die kleine Zibetkatze greift ausge-rechnet eine so riesige und kräftige Schlange wie den Netzpython an

Ebenso blitzartig zog sie sich aller-dings immer wieder in sichere Entfernung zurück, um dem Python keine Gelegenheit zu geben, sie zu umschlingen und dann seine unheimlichen Kräfte zum Zuge kommen zu lassen.

Nicht alle Versuche, die Python-schlange treffsicher zu beißen, gelan-gen, dennoch hatte ihr die Zibet-katze innerhalb kürzester Zeit eine ganze Reihe kleinerer Verletzungen beigebracht. Schließlich spürte wohl auch die Pythonschlange, wie ernst die kleine Katze diese Auseinander-setzung nahm und wie sie ganz offensichtlich im Lauf der Begeg-nung zunehmend die Eigenschaften eines großen Raubtiers entwickelte. Öfter und schneller versuchte der Python nun, dem flinken und hart-näckigen Angreifer auszuweichen. Dann richtete er sich plötzlich auf, so daß ich zunächst den Eindruck

hatte, der Python gehe nun endlich doch noch von passiver Verteidigung zum Angriff über. Doch damit blieb er erfolglos – die Zibetkatze zog sich abermals nur für Sekunden zurück, um dann wieder ohne ein Zeichen von Schwäche oder Müdig-keit hervorzuschnellen. So dauerte dieses Schauspiel erstaunlicherwei-se eine ganze Weile, ohne daß sich die Riesenschlange ernsthaft und vor allem wirkungsvoll zur Wehr setzen konnte. Es war ein ständiges Wechselspiel: Auf aggressive Angrif-fe der Zibetkatze folgte passives Zurückweichen der Pythonschlange. Schließlich zog sie sich auf einen Baum zurück. Offenbar hatte die Schlange, wenn man das so sagen darf, weder Appetit noch Lust zu dieser Auseinandersetzung – so, als wolle sie zu verstehen geben, wie unwürdig die kleine Zibetkatze als Gegnerin war, verkroch sie sich also

Vom Angriff eines so deutlich unterlegenen Gegners überrascht, setzt sich die Pythonschlange kaum zur Wehr. Erst nach Verletzungen durch die scharfen Zähne der Katze (unten) kehrt die Schlange auf den Baum zurück

in die Äste des nächstgelegenen Baums und gab sich trotz ihrer Verletzungen durch die scharfen Zähne der Zibetkatze den Anschein, äußerst gelangweilt zu sein.

So ergab sich die zweite Überraschung dieses Tages: Ein schwaches Tier griff nicht nur einen überlegenen Gegner vehement an – nein, dieser überlegene Gegner zog sich daraufhin einfach dorthin zurück, woher er gekommen war.

Damit hatte ich ein weiteres Mal einen der Urwaldkämpfe beobachtet, die mit einem „Unentschieden" endeten. Darüber war ich in diesem speziellen Kampf „Zibetkatze contra Python" allerdings auch froh, denn hätte es bei dieser Auseinandersetzung einen Sieger und einen Besiegten gegeben, so wäre das Opfer sicherlich genüßlich verspeist worden. So aber blieben die beiden ungleichen Kontrahenten am Leben.

KUKRINATTER GEGEN SKORPION

Wenn ich die bisherigen Ausführungen zurückblickend zusammenfasse, so kann ich sagen, daß es sich bei allen Urwaldkämpfen, die ich in diesem Zusammenhang beschrieben habe, entweder um Rang- oder Revierstreitigkeiten oder aber um Auseinandersetzungen zwischen natürlichen, also sogenannten Freßfeinden handelt. Zur ersten Kategorie gehört zum Beispiel der Kampf der beiden Elefantenbullen, die beide den Platz als Leittier in der Herde beanspruchen. Es gehört dazu der Kampf ums Revier zwischen den zwei feindlichen Gottesanbeterinnen sowie das „Duell" zwischen Nashornkäfer und

Hirschkäfer. Sie hatten zwar alle einen mehr oder weniger dramatischen Verlauf, jedoch trennten sich die Beteiligten voneinander ohne allzu große Verletzungen.
Zur zweiten Kategorie dieser Auseinandersetzungen zählen dagegen die Kämpfe zwischen Waranen und Kobra beziehungsweise Rattenschlange, Kämpfe des Mungos gegen alle möglichen Arten von Schlangen, Kampf der Zibetkatze gegen Pythonschlange, Kämpfe zwischen Schlangen und Echsen, zwischen Vögeln und Insekten, kurz gesagt, alle Begegnungen, die meist tödlich mit dem „Gefressenwerden" enden.

Doch die folgende Auseinandersetzung zwischen einer Kukrinatter und einem Skorpion will nicht so recht in dieses Schema passen, denn die kleine Schlange entspricht unter Umständen durchaus dem Beuteschema des Skorpions. Gleichzeitig bewohnen aber beide Lebewesen nicht nur dieselbe Etage im Regenwald, nämlich den Boden, sondern haben dort auch noch übereinstimmende Lieblingsorte. Doch gemeinsam möchten sich weder die Kukrinatter noch der Skorpion an solchen Plätzen, wie zum Beispiel unter Steinen oder in Bodenmulden, aufhalten. Somit müssen sich die beiden Geschöpfe den gemeinsamen

Lebensraum wohl oder übel in irgendeiner Weise teilen. Dabei kommen sie sich notgedrungen immer wieder in die Quere, und ich konnte hier häufig die Beobachtung machen, daß sich der Skorpion aus solch einem Anlaß sehr viel angriffslustiger zeigte als die kleine Natter. Manchmal in so hohem Maß, daß es dafür wirklich nur das Wort „rabiat" gibt.

So filmte ich einmal eine Kukrinatter, die harmlos auf Nahrungssuche daherkroch. Doch da kreuzte plötzlich ein Skorpion ihren Weg. Dieser Skorpion befand sich ebenfalls auf Beutegang, zumindest lag diese Vermutung nahe, denn sonst hätte er wohl kaum aggressiv reagiert: Das flinke Raubinsekt mit dem langen Giftstachel ging nämlich, kaum daß es in der Nähe dieser Natter war, blitzartig auf diese los, so daß der Schlange nicht einmal mehr die Chance blieb, eventuell noch eine andere Richtung einzuschlagen.

Was nun folgte, wirkte durch den Vergrößerungseffekt meiner Kamera für Bodenaufnahmen wie der Kampf zweier Ungeheuer, und zwar wie ein Kampf zwischen Lebewesen von einem anderen Stern. Oder wie der Kampf zweier Fabelwesen aus grauer Vorzeit. Jedenfalls höchst fremdartig und – in der Vergrößerung – unheimlich. Allerdings hatte die Schlange der unglaublichen Aggressivität des Skorpions nicht sehr viel entgegenzusetzen. Er packte sie mit

Ganz links ein Skorpion, der soeben eine Heuschrecke erbeutet hat. Die Kukrinatter oben im Bild griff der Skorpion zunächst nur an, weil sie in sein Revier eingedrungen war. Doch dann muß sie ihn auch als Beute interessiert haben, und es beginnt ein zäher Kampf, der erst nach langem Ringen unentschieden endet. So kommen beide Tiere mit dem Leben davon

seinen kräftigen Scheren so fest, daß die Schlange sich immer wieder nur mit äußerst starken und ausdauernden Windungen aus diesem Klammergriff befreien konnte.

Der Skorpion schien die Kukrinatter nicht nur als Revierfeindin zu betrachten, sondern gleich als geeignetes Objekt, um seinen Hunger zu stillen.

Der Schlange blieb keine andere Wahl, als sich so lange zu winden, bis die Kräfte des Skorpions nachließen. Eigentlich stand von vornherein fest, daß der Skorpion mit der Natter nicht zu Rande kommen würde. Doch so schnell gab er nicht auf: Minutenlang hielt er die kräftige Schlange, die nicht zuletzt auch vor dem Giftstachel des Skorpions Respekt haben mußte, in festem Griff und ließ nicht locker.

Schließlich sah aber auch der kleine schwarze, wirklich sehr rabiate Genosse ein, daß er sich mit der Kukrinatter als Beute wohl doch ein wenig übernommen hatte. So ließ er sie los – immerhin hatte er der Schlange gezeigt, daß es nicht ratsam ist, ausgerechnet einen Skorpion zu reizen – und sei es auch nur durch bloße Anwesenheit.

Gleich darauf hüpfte eine Heuschrecke daher. Die paßte nun wirklich gut als Beute zu dem hungrigen Skorpion, und so nahm das Schicksal diesmal seinen unweigerlichen Lauf ...

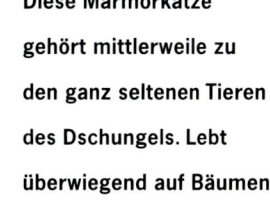

Diese Marmorkatze
gehört mittlerweile zu
den ganz seltenen Tieren
des Dschungels. Lebt
überwiegend auf Bäumen

Räuber und Beute

Bei vielen Tier- und Pflanzenarten besteht jeweils eine ständige Konkurrenz um die Nahrungsquellen. Aus dieser Konkurrenzbeziehung hat sich ein spezielles Verhältnis zwischen den einzelnen Lebewesen herausgebildet, das man auch als Räuber-Beute-Prinzip bezeichnet: Der eine Organismus ernährt sich vom anderen, wobei der Räuber die Nahrung aktiv erbeutet. Dieses aktive Erbeuten und vorhergehende Suchen nach Nahrung ist hauptsächlich im Tierreich weitverbreitet, wenngleich auch einige Pflanzenarten ihren Energie- und Nährstoffbedarf mit Hilfe gefangener Insekten decken.

Natürlich unterscheiden sich die Jagdtechniken solcher fleischfressenden Pflanzen erheblich von denen der Tiere. Diese Pflanzen, zu denen auch die Kannenpflanzen des tropischen Regenwalds gehören, sind eigentlich keine Räuber, sondern viel eher hochentwickelte Fallensteller.

List des Schwächeren: Durch Tarnung (ganz oben) oder Mimikry (oben und links) überleben diese „Beutetiere"

Diese fleischfressenden Pflanzen halten ihre Beute mit Hilfe klebriger Flüssigkeiten fest, um sie anschließend durch bestimmte Sekrete zu verdauen. Sie verfügen auch über Schnappmechanismen, die ausgelöst werden, sobald sich ein Insekt auf der Pflanze niederläßt.

Anders als in der Pflanzenwelt sind fast alle Tiere Räuber im weitesten Sinn, da sie sich ausschließlich von organischem Material ernähren. Bei Pflanzenfressern reduziert sich der Vorgang des „Beutemachens" allerdings erheblich. Daher gilt der Begriff „Räuber" im engeren Sinn nur für solche Tiere, die sich von anderen tierischen Lebewesen ernähren. Jagdmethoden existieren dabei in vielen Varianten und reichen vom einfachen Umschließen eines Urtierchens durch ein anderes bis hin zu den ausgefeilten Anschleich- und Überfalltechniken des Tigers oder anderer Großkatzen.

Die Gottesanbeterin

Ebenso wie die Jagdtechniken können auch die Verteidigungsmethoden bei Tieren sowohl aktiver als auch passiver Natur sein. Häufigste passive Verteidigungsmethoden: Schutz durch Stacheln, einen Panzer oder ein besonders dichtes Fell. Bei einigen Tieren zählt auch die Tarnung zur Verteidigung, wie z. B. beim Herbstblattschmetterling und verschiedenen Raupen. Beim Chamäleon dient die Tarnung der Verteidigung, aber auch dem Angriff. Damit machen sich diese Tiere für ihre Feinde entweder unsichtbar oder aber sie täuschen erfolgreich vor, eigentlich ganz andere Wesen, also z. B. kein Tier, sondern ein Blatt zu sein.

Aktive Verteidigung bedeutet dagegen, daß beispielsweise eine Antilope vor dem Tiger flieht, daß sich ein Skorpion gegen den Mungo zur Wehr setzt oder daß eine Gottesanbeterin versucht, mit Hilfe ihrer Schreckaugen an der Unterseite der Flügel beispielsweise einen Vogel, der es auf sie abgesehen haben könnte, von ihr fernzuhalten.

Die Gottesanbeterin, die es im tropischen Raum in einigen Arten gibt, ist ein faszinierendes Insekt, das in Deutschland nur noch in wenigen Exemplaren vorkommt, genauer gesagt am Kaiserstuhl in Baden. Mit bis zu 8 Zentimetern Körperlänge, die allerdings nur die Weibchen erreichen – die Männchen werden bis zu 6 Zentimeter groß –, zählt die Gottesanbeterin in mitteleuropäischen Breiten zu den größten Insekten. Den frommen Namen „Gottesanbeterin" trägt sie in den verschiedensten Kulturkreisen und Sprachen, obwohl sie zu den großen Räubern unter den Insekten zählt. Diesen Namen verdankt sie ihren wie zum Beten gen Himmel gerichteten Vorderbeinen, die ihr einen andächtig-harmlosen Anschein geben. Doch in Wirklichkeit sind dies die charakteristischen Fangbeine, die in der Lauerstellung an gefaltete, betende Hände erinnern.

Um bei der Jagd auf alle möglichen kleinen Insektenarten erfolgreich zu sein, muß die Gottesanbeterin demnach im genau richtigen Zeitpunkt zupacken. Deshalb hat sie leistungsfähige Facettenaugen, die einen großen Teil des dreieckig erscheinenden Kopfes einnehmen: Ihre Opfer erkennt die Gottesanbeterin ausschließlich optisch, und ihr Gesichtsfeld beträgt annähernd 320 Grad. Ist die Beute so erst einmal erfolgreich gefangen, wird sie von kräftigen Mundwerkzeugen schnell und problemlos zerkleinert.

Fliegen, Heuschrecken, Grillen und anderes Kleingetier – alles verzehrt die Gottesanbeterin schnell und zügig, um sich kurz darauf meist gleich wieder in Lauerstellung zu begeben.

Zur Fortpflanzung nähert sich das Männchen dem Weibchen sehr vorsichtig, um von ihm nicht für eine mögliche Beute gehalten zu werden. Manchmal dauert es Stunden, bevor es zur Begattung kommt. Gelegentlich tötet das Weibchen das Männchen dabei auch, jedoch ist dies keineswegs immer der Fall, wie man aufgrund ungenügender Beobachtungen eine Zeitlang annahm. Die Gottesanbeterin legt etwa 200 Eier ab, deren Larven bereits einige Stunden nach dem Ausschlüpfen mit der Jagd auf kleine Beutetiere, wie Mücken oder Blattläuse, beginnen.

Für den Zitronenfalter ist es zu spät: Perfekt getarnt in einer Orchideenblüte lauert diese weiße Gottesanbeterin auf ihre Beute

FÜNF MINUTEN VOR ZWÖLF

Am Berg Kinabalu (oben) gibt es noch unberührte Natur. Wie lange noch? Die Industriestaaten sind nach wie vor Abnehmer großer Holzmengen (links)

Obwohl sich Naturschützer in aller Welt um die Rettung des tropischen Regenwalds bemühen, obwohl Menschen in verantwortungsvoller Position endlich auch verantwortungsvoll handeln, nimmt der tropische Regenwald nach wie vor Tag für Tag ab. Menschliche Zivilisation frißt sich immer weiter in den Dschungel hinein, westliche Industrienationen sind und bleiben weiterhin Großabnehmer für tropische Hölzer, obwohl mittlerweile überall bekannt sein müßte, wie leicht das tropische Ökosystem aus seinem Gleichgewicht gebracht und damit zerstört werden kann.

Zunächst leiden „nur" die Pflanzen unter den erheblichen Veränderungen: Doch sehr schnell beginnt mit dem veränderten bzw. gestörten Gleichgewicht der Pflanzenwelt auch für die Tierwelt ein bedrohlicher Prozeß.
Aus meinen Beobachtungen nach jahrelangen Aufenthalten in Südostasien kann ich sagen, daß diese Gefahr der Vernichtung und Ausrottung für die Tiere täglich spürbarer wird. Denn der Lebensraum „tropischer Dschungel" wird Tag für Tag enger, und in dem verbleibenden Territorium wird es für die Tiere immer schwerer, sich zu behaupten.

Tag für Tag schrumpft der Regenwald: Holztransporte wie hier aus den Sunderbans finden noch regelmäßig statt. Darunter leiden nicht zuletzt auch solche farbenprächtigen Vögel wie der Eisvogel (links): Diese Vogelart, in den Tropen am meisten verbreitet, kommt auch bei uns vor. Nach der Roten Liste ist der Eisvogel „gefährdet"

TIERE IN DER GEFAHR,
AUSGEROTTET ZU WERDEN

Ausgestorbene Tiere – das war einst
eine sagenhafte Angelegenheit, die
mit Sauriern, Höhlenbären, Säbel-
zahntigern und Mammuts zu tun
hatte. Heute dagegen ist es schon
für unüberschaubar viele Tierarten
fünf vor zwölf: Die Zahl der bereits
ausgestorbenen und vom Aussterben bedrohten Tiere schwillt lawinen-
artig an.
Tierreservate und einige letzte
Dschungelparadiese zeugen zwar
von gutem Willen und ernsthaftem
Bemühen, dennoch droht vielen Tierarten die völlige Ausrottung. Denn
nur ein bißchen Sterben gibt es

leider nicht – einmal ausgerottete
Tierarten sind evolutionsgeschichtlich unwiederbringlich verloren.
Ebenso vielfältig wie die Zahl der
vom Aussterben bedrohten Tierarten
sind auch die Ursachen, die dazu
führen. Wie immer herrscht hier eine
Wechselwirkung, wofür ich viele
Beispiele nennen könnte.
Das beginnt mit den Schlangen,
deren Anzahl sich in den letzten
Jahrzehnten mit Sicherheit nur
deshalb so extem verringert hat,
weil rücksichtsloses Profitstreben
sich gegenüber dem Arten- und Tierschutz als stärker erwiesen hat.

Oben im Bild eine Flug-
schlange, die sich
geschickt zum nächsten
Baum bewegt. Dies
gelingt ihr durch Abfla-
chen des Körpers. Dane-
ben eine herrliche Glanz-
natter, die auf Borneo
vorkommt. Unten das
Einsalzen von Schlangen-
häuten vor ihrer Weiter-
verarbeitung

Blau-Kissa, eine nur auf Sri Lanka vorkommende Elsternart, der die Einheimischen auch den Beinamen „Kehibella" geben. Links im Bild eine Nachtbaumnatter, auf die wegen der schönen Hautmusterung häufig Jagd gemacht wurde

Exportverbote für Schlangenhäute werden erst in letzter Zeit und nur ganz allmählich dahingehend wirksam, daß auch weniger Tiere getötet werden. Inwieweit manche Schlangenarten dadurch noch vor dem Aussterben gerettet werden können, wird sich erst in der Zukunft zeigen. Von menschenfressenden Tigern, von wildgewordenen Elefanten, die ganze Felder zertrampeln, Hütten zu Boden werfen, sich über lebenswich-

Oben im Bild ein Pirol, auch Oriol genannt. Bei diesem farbenprächtigen Vogel sind Männchen und Weibchen in der äußeren Gestalt gleich. Darunter ein blauer Eisvogel, auffallend der rote Schnabel

tige Vorräte hermachen, ist in diesem Dschungelbuch schon die Rede gewesen. Doch darf dabei um keinen Preis vergessen werden, weshalb viele dieser gefürchteten Tiere erst so gefährlich geworden sind.

Schließlich war es der Mensch, der – rein evolutionsgeschichtlich betrachtet – von einem Tag auf den anderen in jahrhunderte- und jahrtausendealte Reviere eingedrungen ist.

Der Mensch ist auch in weiten Teilen dafür verantwortlich, daß Raubtiere, wie zum Beispiel der Tiger, plötzlich zu menschenfressenden Bestien wurden. Häufig sind daran, wie ich bereits schilderte, Verletzungen schuld, die einen Tiger von der Jagd auf seine „schnelle", natürliche Beute wie Hirsche und Antilopen abhalten und zur Jagd auf die weit unterlege-

ne, „langsame" Beute Mensch zwingen. Und diese Verletzungen stammen meist von Schüssen oder Pfeilen, die Menschen auf die stattlichen Raubtiere abgegeben haben.

So könnte ich fortfahren: Vögel büßen mit jedem gefällten Baum ein Stückchen ihres Lebensraums ein; Krokodile werden gefangen und getötet, weil sie ebenfalls unangenehm als Menschenfresser auffallen, und alle diese Beispiele weisen immer wieder darauf hin, daß der Mensch zumindest als Mitverursacher eine wichtige Rolle bei der drohenden Ausrottung vieler Tierarten spielt. Deshalb möchte ich meine Leser nun vor allem zu solchen Tieren führen, für die es zwar ebenfalls kurz vor zwölf ist, die aber aufgrund vieler Anstrengungen noch eine reale Chance zum Überleben haben.

WO MENSCHEN LÖWEN BESTEHLEN

Auch Löwen fand man einst in Indien, dem Land der Tiger. Heute gibt es nur noch etwa 200 dieser asiatischen Löwen, die vor langer Zeit in großer Zahl von Griechenland bis Indien heimisch waren.

Die letzten dieser freilebenden asiatischen Löwen fristen ihr Dasein in den Wäldern von Gir, das liegt im indischen Staat Gujarat. Diese Gegend empfand ich, obwohl von den Einheimischen auch „Dschungel"

genannt, als derartig trostlos und öde, daß mich nur die Löwen dazu brachten, länger in diesem Landstrich zu verweilen. Soweit man sehen kann, nur öde Wildnis, wenige Wasserlöcher, dürre Sträucher und vereinzelte „Flammenbäume" als einzige landschaftliche Abwechslung. Diese „Flammenbäume" tragen ihren Namen wegen der großen feuerroten Blüten. Wo viele dieser Bäume nebeneinander stehen, sagen die

Einheimischen: „Der Dschungel brennt". Anfangs stand ich der Tatsache, daß ausgerechnet diese unwirtliche Gegend die Heimat der letzten Löwen sein sollte, etwas ungläubig gegenüber. Weder Tiere noch Menschen konnten hier im Überfluß leben. Doch ein großer Stamm von Viehzüchtern, denen ich hier begegnete, ernährte sich anscheinend problemlos von diesem kargen Boden von Gir.

Noch lauert diese Löwin
im Unterholz, doch weil
das natürliche Beuteange-
bot zu klein ist, wird sie
sicher bald wieder eine
Herde der Maldaris (hier
beim Fest) angreifen

Heute reisen viele Touristen an, um
die letzten Löwen zu bestaunen;
und auf den gleichen Wegen kamen
bis zur Jahrhundertwende auch jene
Jagdgesellschaften, die die Vernichtung dieser Löwen so lange fortsetz-
ten, bis es gerade noch ein Dutzend
Löwen gab. Seit dann aber der
Tourismus „rund um die Löwen"
angekurbelt wurde, nahm die Zahl
der asiatischen Löwen langsam,
aber stetig wieder zu. Der Forst von
Gir wurde zum Wildreservat erklärt,
man begann, die Löwen zu füttern,
allmählich an Menschen zu gewöhnen. So gewöhnten die Tiere sich

nach und nach an die ständige Anwesenheit der Touristen mit klicken-
den oder surrenden Kameras. Bis
heute ist die Situation dort unverän-
dert, was sehr beachtlich ist, wenn
man zum Beispiel bedenkt, daß auf
Wildsafaris in Afrika teilweise nur
durch geschlossene Autofenster
fotografiert werden kann, weil es
sonst zu ernsten Zwischenfällen käme.
Und bisher gab es auch im Girforst
noch kein einziges Mal Unglücksfälle
im Zusammenhang mit Touristen:
Außerdem konnte ich regelmäßig
beobachten, daß die Touristen von
sich aus einen Respektabstand von

mindestens zehn Meter einhielten. Zu Konflikten kam und kommt es im Girforst viel eher zwischen der einheimischen Bevölkerung und den Löwen. Die Einheimischen gehören einem Stamm von Viehzüchtern, den Maldaris, an, die aus religiösen Gründen weder ihre Kühe und Ochsen noch Wasserbüffel schlachten, um das Fleisch zu verwerten – sie sind überzeugte Vegetarier. Hauptnahrungsmittel der Maldaris sind selbstgebackene Brotfladen. Aus der Milch ihrer Tiere gewinnen sie Butter, die sie zum Verkauf anbieten, außerdem verkaufen sie von Zeit zu Zeit einen ihrer Ochsen als Zugtier auf dem nächstgelegenen Markt.

Natürlich stellt sich die Frage, weshalb diese Hirten ausgerechnet hier, in einem Schutzreservat für Löwen, ihre Weidegebiete haben,

Unten: Maldari mit Büffeln am Wasserloch im Girforst. Bahnen sich die Büffel dann den Weg durch den Girforst (oben), so kommen die Löwen zum Zug (rechts). Das Schuppentier, das durch seine panzerartige Haut gut geschützt ist, wird so eng zusammengerollt (rechts) nahezu unangreifbar

doch diese Weideflächen sind ein uraltes, verbrieftes Recht. So lebt der Hirtenstamm im Schutzgebiet mit den Löwen auf engstem Raum und noch dazu auf äußerst kargem Boden zusammen. Daß sich da Schwierigkeiten ergeben müssen, liegt auf der Hand.

Zu Beginn meines Aufenthalts filmte ich natürlich voller Begeisterung die vielen Löwen, die für meine Aktivität jedoch nur müdes Gähnen übrig hatten.

Viel komplizierter wurde es für mich, in dieser Wildnis, die kaum eine Deckung bot, auch andere Tiere zu filmen. So baute ich mir wieder einmal kunstvolle Unterstände, bevorzugt an den wenigen Wasserstellen, weil sich fast alle Tiere dort über kurz oder lang einstellen mußten. Solch ein Unterstand – ein mit Reisig getarntes Moskitonetz – hätte wahrscheinlich jeden Menschen stutzen lassen, die Tiere jedoch reagierten auf mein Versteck wie auf eine Naturgegebenheit, ließen sich davon nicht stören und näherten sich ganz „ungeniert" und ohne Mißtrauen bis auf kürzeste Entfernung.

So kam ich zu Aufnahmen bester Qualität von einem Schuppentier, einem tannenzapfenartig aussehenden Geschöpf, bei dem man immer überlegt, aus welchem vergangenen Zeitalter es stammen könnte. Außerdem konnte ich auch wunderschöne Bilder von den sonst recht scheuen Wildpfauen und verschiedensten anderen Vögeln, z. B. einer sehr selten gewordenen Bachstelzenart, einfangen.

Wasserloch. Doch plötzlich kam ungewohnter Aufruhr und Bewegung in die friedliche Atmosphäre. Die Affen sprangen flink in die höchsten Baumwipfel, selbst die Wildschweine stoben davon, nur die majestätisch aussehenden Axishirsche und Antilopen entfernten sich etwas gemächlicher. Der Grund für den plötzlichen Aufbruch? Der „König der Tiere" pirschte sich an! Da suchte alles, was fliegen, laufen oder kriechen konnte, vorsichtshalber einen sicheren Platz. In diesem Fall war aber Vorsicht nicht absolut erforderlich, denn der Löwe suchte nur nach einem früheren Opfer. Im Gebüsch lag nämlich noch der große Rest einer Sambahirschkuh, die er dort in den frühen Morgenstunden gerissen haben mußte.

Doch dieser Riß kann nicht darüber hinwegtäuschen, daß die Löwen von Gir viel zu selten Jagd auf Antilopen oder Hirsche machen können. Dafür hat sich der Wildbestand mittlerweile zu sehr verringert; der Forst von Gir ist eher ein Tierreservat für Nutztiere denn für wilde Tiere – abgesehen von den Löwen.

Aber wovon leben die Löwen dann eigentlich? Die Antwort auf diese Frage ahnte ich bereits beim Anblick der hohen Dornenwälle rund um die Dörfer der Viehzüchter.

Da es hier nämlich nicht nur einen Mangel an wilden Tieren, sondern sogar zu wenig Gras gibt, fallen die Löwen in regelmäßigen Abständen die Herden der Viehzüchter an.

Abwechselnd kamen all die verschiedenen Tiere, um ihren Durst zu stillen, und das Surren der Kamera schien sie überhaupt nicht zu stören. Nur der Mungo, der mir auch hier wieder einmal ein Schauspiel seines Könnens als Schlangenfänger bot, schien einen Moment lang das Surren der Kamera mit dem Zischen einer Schlange zu verwechseln. Doch da er anscheinend instinktiv bemerkte, daß es damit etwas Ungewohntes auf sich haben mußte, zog er es vor, das Weite zu suchen.

Affen, Antilopen, Axishirsche – alle zog es in gewissen Abständen ans

Hier im Bild zwei beson-
ders schöne und sehr
scheue Tierarten, die
leider auch in ihrem
Bestand gefährdet sind.
Oben links und auf dieser
Seite links je ein Wildpfau,
oben ein Axishirsch, der
sich hier am Wasserloch
vor Raubtieren in acht
nehmen muß

Die Löwen des Girforsts beim Riß von Büffeln. Häufig beteiligen sich mehrere Löwen am Mahl. Doch die Maldaris benutzen seit eh und je solche Lederschleudern wie der Mann rechts im Bild, um die Löwen von den gerissenen Büffeln zu vertreiben

Deshalb treiben die Maldaris ihr Vieh eigentlich jede Nacht hinter die hohen Dornenwälle, und es hat den Anschein, je höher der Wall, um so eher lassen sich die Löwen von nächtlichen Raubüberfällen abhalten. Eines Abends geschah es dann jedoch – direkt vor meinem Kameraversteck: Ein Löwe schlich sich langsam und völlig lautlos an. Als Zuschauer konnte man den Eindruck gewinnen, er sei absolut unbeteiligt und interessiere sich nicht im mindesten für die grasende Büffelherde. Doch dann, ganz plötzlich, geriet alles in Aufruhr: Die Vögel flogen verschreckt auf, Affen kreischten auf der Flucht, auch die Bauern begannen zu schreien, aber es war bereits zu spät – der Löwe riß in Sekundenschnelle einen jungen Büffel und verschwand kurz darauf im Gebüsch!

Wochenlang hatte ich mich unter meinem unbequemen Moskitotarnnetz versteckt gehalten, um zu filmen, wie die Löwen von Gir zu ihrem Futter kamen. Doch tatsächlich waren solche Vorgänge alltäglich und ließen sich, wie die Hirten mir

bestätigten, trotz aller Vorsichtsmaßnahmen nicht verhindern. Insgesamt wiederholten sich diese Angriffe, rechnet man nur die erfolgreichen dazu, etwa 5000 bis 6000mal pro Jahr; welchen großen Verlust die Maldaris dadurch haben, wird sich jeder denken können.

Sobald einer der Maldaris merkte, daß ihm ein Tier seiner Herde fehlte, eilte er sofort in den Dschungel hinaus und suchte so lange nach dem jeweiligen Löwenopfer, bis er es gefunden hatte. Nicht etwa, um dem Tier noch helfen zu können, diese Suche hatte einen ganz anderen Grund: Seit eh und je vertreiben die Viehzüchter die Löwen vom frischgerissenen Vieh. Das gelingt ihnen auch immer erstaunlich leicht und schnell; mit einigen gut gezielten Schüssen aus einer einfachen Lederschleuder lassen sich die Löwen augenblicklich verjagen. Sicherlich noch hungrig, trotten sie unverzüglich davon. In einem Wildreservat ist das allerdings eine einmalige Vorgehensweise. Immerhin 60% allen gerissenen Viehs wird den Löwen hier wieder weggenommen.

Doch was machten die Maldaris eigentlich mit dem Fleisch der gerissenen Tiere? Wie allen gläubigen Indern verbietet ihnen doch ihre Religion, Fleisch zu essen ebenso wie etwa eine Kuh zu diesem Zweck zu schlachten.

Schließlich erfuhr ich, daß die Maldaris das Fleisch der Löwenopfer an die sogenannten „Haridschans" weitergeben. „Haridschans" bedeutet „Kinder Gottes", aber früher nannte man diese Menschen die „Unberührbaren": Die Menschen dieser Kaste gehörten schon immer zu den Ärmsten der Armen. Aus diesem Grund gibt es für sie auch fast keine religiösen Tabus, so daß sie guten Gewissens das Fleisch von Rindern, Büffeln oder Kühen essen können. Etwa 150 dieser „Haridschans", der „Kinder Gottes", leben im Girforst. Und sie alle ernähren sich nahezu mühelos vom Fleisch, das ihnen die Löwen – wenn auch unfreiwillig – liefern.

Die Unberührbaren essen nicht nur das Fleisch, sondern verwerten auch noch zusätzlich die Häute, so daß ihre Existenz zumindest einigermaßen abgesichert ist.

Was vom Riß der Löwen übrigbleibt, verzehren Krähen, Hunde und Geier – die Löwen jedenfalls werden nicht satt!

Da aber die Maldaris über ein verbrieftes Weiderecht verfügen und deshalb nicht im entferntesten daran denken, mit ihren Herden in andere Gebiete zu ziehen, und

tert und verscheucht werden konnten. Das paßte so gar nicht zu dem Bild, das ich mir bis dahin vom „König der Tiere" gemacht hatte! Und nicht nur meine Vorstellung ist davon betroffen, denn für jeden Inder war der Löwe schon immer ein Symbol der Macht und des Herrschenden. Sein Abbild findet sich im Staatswappen, wird nach wie vor auf viele Münzen geprägt, und viele alte Sagen und Kunstwerke zeugen von der wichtigen Rolle, die der Löwe in der Natur spielt.

Doch da im Girforst Menschen und Tiere – noch dazu Haustiere und wilde Tiere – Anspruch auf ein und dasselbe Territorium erheben, hat sich das Verhältnis zwischen diesen Bewohnern eben allmählich grundlegend verändert.

Die Löwen, die einfach nicht genug wilde Beutetiere finden können, fallen die Herden der Maldaris an, womit sie diese natürlich um einen erheblichen Teil ihres Einkommens bringen. Doch jene „Unberührbaren" bringen wiederum die Löwen um ihre Beute, indem sie das Fleisch und die Häute zu ihrem eigenen

Häufig beschweren sich die Maldaris (Bild oben) bei der Forstbehörde und verlangen eine finanzielle Abfindung für die Tiere, die ihnen durch Löwen verlorengingen. Unten: Rettung eines kleinen, verwaisten Löwen, der in den Zoo gebracht wird

außerdem nicht gewillt sind, die großen Verluste, die ihnen die Löwen verursachen, klaglos hinzunehmen, laufen sie in regelmäßigen Abständen Sturm bei der zuständigen Forstbehörde. Sie verlangen immer wieder vollen Schadenersatz für die gerissenen Tiere, und ihre Proteste, mit denen sie ihren Forderungen Nachdruck verleihen, sind äußerst lautstark!

Und die Forstbehörde duldet ja schon, daß die Löwen, die immerhin als die letzten asiatischen Löwen unter strengstem Schutz stehen, tagtäglich von ihrer Beute verjagt werden!

Auch mich hat es jedesmal sehr traurig gestimmt, wenn ich mit ansehen mußte, wie die majestätisch und unnahbar aussehenden Löwen von Gir durch ein solch primitives Mittel wie die Steinschleuder eingeschüch-

Nutzen verwerten. So sind die Löwen zu häufigeren Rissen als gewöhnlich gezwungen, um einigermaßen satt zu werden. Und hier schließt sich der Kreis, denn so haben die Viehzüchter von neuem mit herben Verlusten zu rechnen. Allerdings begann man gerade zu Beginn meines Aufenthalts in Gir, etwas an diesen Zuständen zu ändern: Die Wildhüter, die sich für das Wohl der letzten asiatischen Löwen verantwortlich fühlen, haben immerhin erreicht, daß schon ein großes Stück im Zentrum des Tierreservats für die Löwen abgegrenzt wurde. Dort dürfen nun überhaupt keine Haustiere mehr weiden.

Schon allein aus diesem Grund kann es dann nicht mehr so häufig zu Konfrontationen mit Büffel- oder Rinderherden kommen. Und auf lange Sicht erhofft man sich natürlich, daß in diesem abgeschirmten Gebiet die Zahl der Hirsche, Antilopen und Wildschweine im Laufe der Zeit wieder zunehmen wird. Bei einem absoluten Jagdverbot kann man mit solch einer Entwicklung durchaus rechnen.
So werden die Löwen von Gir in Zukunft vielleicht wieder genug Futter finden, indem sie ausschließlich ihrer natürlichen Beute nachjagen. Und niemand wird sie dann mehr wie Diebe verjagen!

Auch diese beiden Löwen haben aus Beuteknappheit einen Büffel gerissen. Im Girforst gibt es für die Löwen zu wenig natürliche Beute, und somit sind sie gezwungen, die Rinder und Büffel der Viehzüchter zu reißen

DIE KILLER MIT DEN 100 DOLCHEN – KROKODILE LIEBT MAN NICHT

Anders als Löwen sind Krokodile im ganzen südostasiatischen Raum noch sehr weit verbreitet. Doch überall, wo es sie gibt, sorgen sie unter der Bevölkerung für Angst und Schrecken und nur höchst selten für Bewunderung.

„Killer mit den 100 Dolchen" heißen die gepanzerten Echsen nämlich nicht ganz zu Unrecht. Vor allem in den Mangrovegebieten, wie zum Beispiel in den Sunderbans, wo ja auch die menschenfressenden Tiger ihr Unwesen treiben, stellen Krokodile eine ständige Gefahr für die Menschen dar. Dort ist es nach wie vor keine Seltenheit, daß Krokodile die Fischer oder Honigsammler sogar nachts im Schlaf überraschen, sie aus ihren Booten zerren und spurlos in den Fluten verschwinden lassen. Aus Sri Lanka, wo sehr viele Flüsse sowohl von Salzwasserkrokodilen, auch Leistenkrokodile genannt, wie auch von den etwas kleineren Sumpfkrokodilen bevölkert werden, kommt es, wenn auch nicht täglich, so doch sehr häufig zu Unglücksfällen mit Krokodilen, die immer wieder Todesopfer fordern.

Natürlich hatte ich selber auch alle möglichen Ängste und Vorbehalte gegenüber Krokodilen. Das lag daran, daß ich viele Augenzeugenberichte von schrecklichen Unfällen hörte. Dennoch konnte ich die gefährlichen Echsen vor allem auf Sri Lanka immer wieder aus allernächster Nähe filmen. Zugegebenermaßen war mir nur selten wirklich wohl zumute: Denn obwohl Krokodile mit ihrem behäbigen, fast schlurfenden Gang an Land sehr schwerfällig und langsam wirken, können sie ebenso blitzartig losschwimmen wie auch zupacken und ihre Beute in die Tiefe ziehen. Und wer erst einmal in den Fängen eines Krokodils landet, kann ihnen nur mit sehr viel Glück und mit Hilfe mutiger Menschen entkommen. Denn die enorm ausgeprägten spitzen Zähne wirken wie Dolche. Deshalb ist es praktisch unmöglich, sich daraus wieder zu befreien, wenn ein Krokodil nicht aus freien Stücken seine Beute wieder losläßt.

Doch jedesmal, wenn ich Menschen begegnete, die über einen neuen Beutezug der Krokodile erschrocken waren, stieß ich auch auf ganz unterschiedliche Einstellungen gegenüber diesen Killern. Ich erzählte schon einmal von einem jungen Mönch, der beim Baden mit seinen Kameraden aus der Klosterschule plötzlich von einem Krokodil überrascht und verschlungen worden war. Als ich dem Lehrer dieses Klosterschülers dann begegnete, erfuhr ich, daß er

Salzwasserkrokodil, auch Leistenkrokodil genannt. Diese Krokodilart ist vor allem deshalb so gefährlich, da die Tiere völlig unvermutet und blitzschnell angreifen können. An solchen Wasserstellen (oben) droht deshalb auch Menschen Gefahr

direkt nach dem Bekanntwerden des Unglücks eine ungewöhnliche Bitte an die zuständige Aufsichtsbehörde gerichtet hatte: Sie solle bitte nicht versuchen, das Krokodil zu töten. Der Tod des Novizen sei zwar überaus bedauerlich, und auch er traure sehr um ihn, doch man müsse den Grundsätzen des Buddhismus treu bleiben. Deshalb könne er es nicht dulden, daß in der Nähe des Tempels ein Lebewesen getötet werde …

Andere Menschen, die in den am meisten betroffenen Lagunen- und Mangrovegebieten Sri Lankas leben, haben dazu eine gegensätzliche Einstellung. Wenn Krokodile immer wieder angreifen und Menschen töten, dann bringt das die Bevölkerung so in Zorn, daß sie entschlossen zur Selbsthilfe greift. So wurde schon so manches Reptil von der aufgebrachten Bevölkerung erlegt. Wie gehen die Leute vor, um sich beim Krokodilfang nicht selber in Gefahr zu bringen? Schußwaffen kommen wegen des harten Knochenpanzers nicht in Frage, statt dessen legt man schwere, schmiedeeiserne Haken aus, mit tierischen Eingeweiden geködert – dann beginnt ein langes Warten. Damals, als die Menschen in der Nähe jenes Tempels trotz des Aufrufs des streng buddhistischen Mönchs versuchten, das Killerkrokodil zu fangen und zu töten, kam ich gerade rechtzeitig, um den Verlauf dieser Aktion mitzuverfolgen.

Vom Ufer aus warfen die Männer den schweren Haken so weit wie möglich in Richtung Flußmitte. Nach relativ kurzer Zeit – kaum eine Stunde war vergangen – biß das Krokodil an. Ich muß allerdings hinzufügen, daß man hier nicht hundertprozentig sicher sein konnte, wirklich das „schuldige" Killerkrokodil zu jagen. Obwohl das Krokodil also anbiß, verlief alles nicht so erfolgreich wie geplant. Denn plötzlich riß das Seil. Die Männer, die vom Ufer aus daran gezogen hatten, schnellten unter dem plötzlich nachlassenden Zug zurück, das Krokodil verschwand wieder in den Fluten des Flusses. Auf die wiederholten Bitten des Mönchs wurden dann nach dieser erfolglosen Aktion alle weiteren Fangversuche eingestellt.

Beinahe triumphal transportieren die Einheimischen ein Krokodil ab, das einige Menschenleben gefordert hat. Der Griff zur Selbsthilfe ist verständlich, wenn er auch bei den Behörden nicht gerne gesehen ist. Rechts: Salzwasserkrokodil

Der Leser wird sich ausmalen können, wie mir zumute war, als ich vor dem Hintergrund all dieser Ereignisse eine Bootsfahrt über den Fluß Maduganga unternahm, mittenhinein in die Mangrovesümpfe, hinein ins Revier der Killer-Krokodile ...
Jagen wollte ich sie selbstverständlich nicht; was mir vorschwebte, war, mit meiner Kamera in diese Welt voll Abenteuer, Spannung und Wunder der Natur einzudringen.
Sobald wir von unserem kleinen Boot aus Krokodile sichteten, zog ich meine Beine, die beim Filmen öfter einmal unversehens „über Bord" geraten waren, schnell zurück. Freiwillig wollte ich den angriffslustigen Echsen kein Ziel bieten.
Doch für die gefährlichen Abschnitte meiner Filmexpedition auf dem Dschungelfluß wurde ich im Landesinnern mit wunderbaren Aufnahmen und Eindrücken von schönen und auch sehr seltenen Tieren belohnt.
An Land fühlte ich mich bedeutend wohler, an den Umgang mit gefährlichen Giftschlangen war ich seit vielen Jahren gewöhnt; den Waran schätzte ich ebenso wie andere Dschungelbewohner als Schlangenvertilger und wußte, daß dem Menschen durch ihn keine Gefahr droht. Ich bekam Horden von Langurenaffen zu sehen, ebenso zahlreiche Insekten, von denen ich zwar eine Vielzahl wiedererkannte, aber genauso viele neu entdeckte, deren Namen ich wahrscheinlich nie erfahren werde.

Selbst im allertiefsten Mangrovedschungel mußte ich mich eigentlich nur vor den vielen kleinen, beißenden oder zwickenden Gifttierchen in acht nehmen, mit denen man in diesen Sümpfen jeden Augenblick unfreiwillig – auch zu dauerhaftem – Kontakt kommen kann. Sonst waren mir alle Gefahren so vertraut, daß ich die Schönheit dieser wunderbaren Dschungelwelt ungehindert mit der Kamera einfangen konnte. Krokodile jedoch werden wohl immer zu den Tieren gehören, denen ich mit ganz besonderem Respekt begegne. Mit ihrer unberechenbaren Schnelligkeit und Angriffslust sind sie einfach eine Gefahr, die schwer

einzuschätzen ist. Ganz besonders gilt dies für Salzwasserkrokodile. Obwohl auf Sri Lanka die Bevölkerung zum Selbstschutz viele Krokodile fängt und tötet, gibt es auf der kleinen Insel heute mehr Krokodile als auf dem ganzen indischen Subkontinent. Denn es gibt auch weite Gebiete, in denen keine Menschen leben. In diesen Schutz- und Schongebieten entstanden auch meine Aufnahmen wie jene eindrucksvolle Ansammlung von Krokodilen in einem der Seen im Süden des Landes.
Im Gegensatz zu anderen südostasiatischen Ländern ist der Anteil der Schutzgebiete für Tiere und für

die Natur an sich in Sri Lanka unverhältnismäßig hoch. So werden die „Killer mit den hundert Dolchen" sicher immer erhalten bleiben, wogegen niemand etwas hat, solange es nicht zur Konfrontation Mensch – Krokodil kommt. Denn der Tierschutzgedanke ist auf Sri Lanka bereits seit etwa 2000 Jahren tief im buddhistischen Weltverständnis verankert und durch nichts mehr zu verdrängen. Miteinbezogen sind natürlich auch die Krokodile, und auch wenn man hier häufig sagt, „Krokodile liebt man nicht", wird doch trotz alledem der Schutz der Echsen als eine selbstverständliche Pflicht angesehen.

DAS NASHORN –
AUS LIEBE FAST AUSGEROTTET

Das Nashorn, dieses riesige, ein wenig urwelthaft anmutende Geschöpf, auch Rhinozeros genannt, ist dem Aussterben bedenklich nahe. Obwohl in allen Ländern der Erde längst unter Naturschutz gestellt, wird es von gnadenlosen Wilderern noch heute gejagt. Grotesk erscheint diese Jagd, wenn man bedenkt, in welcher Absicht sie

geschieht: Vor allem in Asien möchte man einfach nicht von dem Glauben lassen, das geschabte und pulverisierte Horn bringe alternden Männern ewige Jugend und Manneskraft.
Von allen Nashörnern ist das Java-Nashorn dabei das begehrteste: Selbst ausgestopft und im Museum ist es seines Horns nicht sicher.

Einem solchen Museumsstück im Museum von Bogor, Indonesien, haben Diebe doch tatsächlich eines Tages bei einem Einbruch das Horn entfernt! Für das Horn hätten sie mindestens 50 000 Mark kassieren können, hätte man in Bogor nicht mit einem solchen Überfall gerechnet. Doch in weiser Voraussicht war das echte Horn längst entfernt und

Das Sumatra-Nashorn
(oben) besitzt zwei unterschiedlich große Hörner.
Anders als das Java-
Nashorn ist es etwas stärker behaart. Das Java-
Nashorn im Museum von
Bogor (rechts) war selbst
dort vor Dieben nicht
sicher, aber das begehrte
Horn war eine Attrappe
aus Gips!

durch ein wertloses Gipshorn
ersetzt worden. Vielleicht sind diese
Diebe von ihrem Nashorn-Wahn nun
geheilt, der fast eine ganze Tierart
ausgerottet hätte! Der Grund,
warum ausgerechnet das Java-Nashorn am meisten vom Aussterben
bedroht und sein Horn am teuersten
ist: Sein Horn ist das kleinste aller
Nashornarten. Und deshalb finden
sich darin – in der Vorstellung jener,
die daran glauben – die Potenzkräf-
te gleichsam verdichtet: hochkonzen-
trierte Manneskraft.
Mein Interesse für das Nashorn
wurde mit der Zeit aber aus anderen
Gründen immer größer, und als ich
schließlich den Brief des Forstbeamten in der Hand hielt, in dessen
Zuständigkeit der Nationalpark
Ujung Kulon auf der Insel Java lag,
faßte ich den Entschluß zu einer
Expedition.
Dieser Forstbeamte schrieb mir
nämlich, er arbeite jetzt schon seit
13 Jahren in dieser Gegend, und
selbst in dieser langen Zeit habe er
kein einziges Nashorn zu Gesicht
bekommen, obwohl er wisse, daß es
immer noch einige, wenn auch wenige Exemplare geben müsse.
Er ging davon aus, daß der Arterhal-
tungstrieb die Tiere zum Rückzug in
den Dschungel veranlaßt hatte. Denn
dorthin hatte ihnen auch der verwe-
genste und entschlossenste Wilderer
nicht folgen können; dort könnten
die Nashörner im Schutz von Sümpfen und undurchdringlichen Dornen-
hecken überleben.

Wegen der Unzugänglichkeit des
Dschungelinnern rechnete ich mit
einer mehrwöchigen Expedition, um
in ihrem Rückzugsgebiet die inzwischen seltensten Großsäugetiere der
Welt aufzuspüren.

Idealer Ausgangspunkt war das Dorf Tamanjaya, wo ich einige tüchtige Männer als Hilfstrupp engagieren konnte, um dann über den Fluß Tschigenter mitsamt aller Ausrüstungsgegenstände in die Wildnis vorzudringen. Der Tschigenter ist einer der wenigen kleinen Urwaldflüsse, die es auf Java überhaupt gibt, und er erleichterte uns das Fortkommen ganz erheblich. Dennoch wurden wir oft genug aufgehalten, mußten uns selbst auf dem Fluß den Weg regelrecht freischlagen, was ich zuvor kaum einmal erlebt hatte. Nicht nur herunterhängende Äste und Luftwurzeln mußten wir aus dem Weg räumen, sondern sogar quer über den Fluß niedergestürzte Bäume.

Mir wurde sehr schnell klar, daß ich bei all der Geschäftigkeit mit dem Wirbel, den wir so verursachten, wohl kaum ein Nashorn am Wasser zu sehen bekommen würde. Deshalb unternahm ich immer wieder kurze Abstecher in den Dschungel, doch war er hier stellenweise so dicht, daß ich mir selbst mit der Unterstützung meiner Begleiter nur sehr mühevoll einen Weg bahnen konnte. Dann gab es auch wieder Stellen, die so sumpfig waren, daß wir alle bis zu den Knien im Schlamm versanken. Da konnte es sogar vorkommen, daß man plötzlich in Socken dastand, weil die Stiefel im zähen Morast steckengeblieben waren. An solchen Flecken suchte ich den Boden immer besonders intensiv und sorgfältig nach Spuren ab, doch nirgends entdeckte ich einen Hinweis auf ein Nashorn. Da ich aber von den Einheimischen erfahren hatte, daß ich in der Nähe dieses Flusses am ehesten eine Chance hätte, auf ein Nashorn zu stoßen, ließ ich mich so schnell nicht beirren. Ich nahm für diese Hoffnung sogar die Begegnung mit Salzwasserkrokodilen in Kauf, obwohl ich diesen Reptilien ja eigent-

lich nicht über den Weg traue, weil sie so unberechenbar und schnell angreifen können. Doch solange wir im Boot blieben, schienen wir vor diesen Ungetümen einigermaßen sicher. Und je häufiger wir unsere Fahrten über den Tschigenter unternahmen, desto mehr Sicherheit und Routine gewannen wir alle. Da mußten zum Beispiel immer wieder unzählige Schlangen, die auf den herunterhängenden Ästen auf der Lauer lagen, verscheucht werden – schließlich konnten es gefährliche, angreifende Giftschlangen sein. Doch allmählich wußten meine Begleiter dann, wo die Schlangen ihre Lauerplätze hatten, und wir kamen ein wenig schneller gefahrlos voran. Jede Kameraeinstellung, zu der ich im Nationalpark Ujung Kulon kam, war begleitet von Schlamm, Dornen, beinahe unerträglicher Hitze und Schweiß, selbst dann, wenn ich mein Objektiv nur auf einige besonders schöne Exemplare der Vogelwelt richtete.
Ich muß zugeben, daß ich es vorerst mehr oder weniger auch dem Zufall überließ, wann ich das erste Java-Nashorn filmen konnte. Statt ausschließlich nach seinen Spuren

Die Kanufahrt über den Tschigenter bietet viel Sehenswertes: oben ein Glanzstar; rechts ein Netzpython in den Bäumen am Ufer des Flusses. Ganz links im Bild die typischen Luftwurzeln einer Würgerfeige

auszuspähen, filmte ich erst einmal so viele Tiere wie möglich, um ein einigermaßen zutreffendes und umfassendes Bild von der unberührten Dschungelwildnis einzufangen. Dazu gehörten vor allem die Glanzstare, bei denen allerdings das Weibchen wieder einmal weniger glänzte als das Männchen. Was Aufnahmen von Schlangen anging, so war dieser Urwald das reinste Schlangenparadies – besonders eindrucksvoll und von Seltenheitswert war die große Zahl der Pythonschlangen. Die sechs bis zehn Meter langen Riesenschlangen hingen wirklich überall.

Sie wanden sich oft über unseren Köpfen, worüber meine Begleiter, die sie mit langen Bambusstangen abschütteln mußten, gar nicht so glücklich waren. Sie krochen umher, wenn wir gerade wieder einmal ans Ufer traten, kurz, sie waren einfach allgegenwärtig.

Doch irgendwann wurde mir dann wieder bewußt, daß ich schließlich mit meiner Kamera das Java-Nashorn, das seltenste Säugetier der Welt, suchte. Vielleicht war es doch ein wenig übertrieben, allzuviel Zeit auf das Filmen ganz anderer Tiere zu verwenden – vor allem wenn ich daran dachte, wie lange ich nur damit beschäftigt war, die schönen Wildpfaue von Ujung Kulon zu filmen. Die sind nämlich furchtbar scheu, so daß sie immer gerade dann davonflogen, wenn ich mit meiner Kamera soweit war.

Doch schließlich, beim x-ten Ausflug in den Dschungel, stieß Sakmin, einer meiner Begleiter, der zu den erfahrensten Wildhütern des Nationalparks gehörte, einen Freudenschrei aus! Die Spur des Nashorns! Doch nahmen Sakmin und ich selbst an, diese Spur sei schon älter als zwölf Stunden. Damit wäre eine sofortige Suchaktion zwecklos gewesen, so daß ich statt dessen zusammen mit den anderen an dieser Stelle einen Tarnunterstand zu bauen begann. Denn in der Nähe fanden wir noch weitere, alte Nashornspuren, und so tippte ich auf einen vielbegangenen Nashornwechsel.

Wie viele Tage ich mich schließlich insgesamt in diesem Unterstand aus Palmwedeln aufgehalten habe, weiß ich heute nicht mehr genau; dafür habe ich einfach schon zu viele Male an zu vielen verschiedenen Orten im Dschungel Wochen und Monate gewartet, geschwitzt, gehofft und gebangt.

Abwechslung beim langen Warten brachte mir neben den Affen auch ein Vogel, ein Marabu. Sein Kopf erinnerte mich nämlich – durchs

Teleobjektiv betrachtet – immer an die gelungene Maske eines Zirkusclowns. Bei Schönheitswettbewerben würde ich ihm keine Chance einräumen, es sei denn, man ließe bei der Betrachtung den Kopf außer acht. Doch nicht immer gelang es meiner Umwelt, mich vom bisherigen Mißerfolg der „Aktion Nashorn" abzulenken. Im Gegenteil: bis auf Sakmin hatte noch keiner meiner Begleiter je eines der sagenhaften Nashörner gesehen, und das unterstrichen sie auch mit jedem Tag vergeblichen Wartens und Hoffens immer deutlicher. Irgendwann brachte mir dann Sakmin einen etwa 15 Zentimeter langen Nashornkäfer mit. Mit spürbarer Ironie sagte er, das sei doch schon ein zweiter Teilerfolg, nachdem ich einige Tage zuvor bereits einen der seltenen Nashornvögel hatte filmen können. Meine Freude über diesen „Erfolg" war verständlicherweise gering.

Immer weiter ging die Fahrt durch den Fluß-dschungel. Unterwegs traf die Expedition auch auf einen Marabu – ein eindrucksvoller, wenn auch nicht sehr schöner Vogel (links). So wie rechts im Bild muß man hier am Tschigenter immer wieder Schutz unter dem Moskitonetz vor den ewigen Plage-geistern suchen

Aber ans Aufgeben dachte ich so schnell nicht, denn die Erfahrung hatte mich gelehrt, daß man im Dschungel oft dann endlich Erfolg hat, wenn beinahe alles verloren schien.

Wir fuhren weiterhin über kleine Urwaldflüßchen dahin, drangen tiefer und tiefer in den Dschungel ein, und in dieser Zeit erfuhr ich von Sakmin sehr viel über die Geschichte des nunmehr ältesten Säugetiers der Welt.

Einst muß dieses einhornige Rhino-zeros überall zwischen Java und Hinterindien gelebt haben. Dann kam allerdings der Aberglaube von der ewigen Jugend bei alten Männern auf, und es begann eine gnadenlose Jagd auf die Nashörner, bis gegen Ende des vorigen Jahrhun-derts das Nashorn bis auf wenige Exemplare fast ausgerottet war. Ausgerechnet der größte Vulkanaus-bruch aller Zeiten aber rettete das Nashorn vor dem endgültigen Aussterben. Als nämlich im Jahr 1883 der Krakatau mit der Wucht von schätzungsweise 3 000 Atom-bomben explodierte, überschwemm-te eine 30 Meter hohe Flutwelle fast das gesamte Küstengebiet. Die meisten Menschen kamen in diesen Fluten um, das Nashorn aber über-lebte.

Erst lange nach dieser Naturkata-strophe wurde die Insel wieder besiedelt, aber diese Menschen hatten es dann bis zu dem Zeit-punkt, als ich dieses Land betrat, geschafft, den Nashornbestand auf eine Anzahl von etwa drei bis vier Dutzend zu dezimieren. Je länger ich mich mit Sakmin darüber unterhielt, desto deutlicher wurde mir, daß ich wirklich von Glück sagen könnte, wenn mir das Nashorn tatsächlich einmal über den Weg laufen sollte.

Ich sah auch immer klarer, warum es bis dahin kaum einen Meter Film vom Nashorn in freier Wildbahn gab. Aber je schwieriger alles zu sein schien, desto mehr wurde mein Ehrgeiz angestachelt.

Als wir dann eines Morgens Stechlaub entdeckten, spürte ich instinktiv, daß ich dem Urwaldgiganten nun bald gegenüberstehen würde. Dieses Stechlaub ist nämlich eine Leibspeise der Nashörner, was mir auch Sakmin bestätigte.

Mit neuem Mut und Elan versuchte ich nun zunächst einmal, meinen Menschengeruch loszuwerden. Nashörner sind zwar kurzsichtig, ihr Sehvermögen übersteigt eine Distanz von 20 Meter sicherlich nicht, doch dafür ist ihr Geruchssinn um so besser ausgebildet. Sollte der Wind günstig stehen, hätte das Tier meinen Geruch bereits in der Nase, lange bevor ich es sehen würde. Doch da ich mir nun einmal in den Kopf gesetzt hatte, das Java-Nashorn aus nächster Nähe zu filmen, setzte ich jetzt alles daran, meinen menschlichen Geruch zumindest stark abzumildern. Ich nahm – zur Belustigung meiner Begleiter – ein ausgiebiges Schlammbad.

Und dann kam er tatsächlich – der große Augenblick, auf den wir so lange gewartet hatten: Wie begegneten dem Nashorn. Allerdings dauerte dieses Zusammentreffen nur wenige Sekunden, denn der Koloß hatte uns gewittert und war daraufhin sofort aus dem Sucher meiner Kamera verschwunden. Ich konnte nur staunen über die unglaubliche Beweglichkeit des rund zwei Tonnen schweren und gepanzerten Riesen. Wir folgerten aus dem Getöse, daß das Nashorn zum Fluß hinunterlief. Schnell bestiegen wir das Boot, paddelten so leise wie nur möglich in diese Richtung, jeden Augenblick darauf gefaßt, von dem Koloß angegriffen zu werden.

Natürlich mußte mir dann ausgerechnet in diesen bangen Momenten einfallen, was ein Kollege einmal erzählt hatte: Er hatte in Indien ein Panzer-Nashorn gefilmt und war dabei völlig unerwartet von dem Tier angegriffen worden. Ein Baum, der sich eben noch in Sprungweite befand, rettete sein Leben, aber die Kameraausrüstung wurde von dem wütenden Tier zertrampelt.

Obwohl das Sumatra-Nashorn hier auf dem Bild sehr friedlich wirkt, kann es sich sekundenschnell zum aggressiven Angreifer wandeln. Nashörner sehen nicht sehr gut, dafür ist ihr Geruchssinn hervorragend ausgebildet

Nach einigen hundert Metern wurde ich jedoch aus diesen Gedanken gerissen, blitzschnell nahm ich die Kamera hoch, denn mitten im Fluß vor uns war eine große, graue Masse zu sehen, ein Nashorn, das bis auf halbe Körperhöhe im Wasser stand! Unser Boot trieb direkt auf den Riesen zu, der uns glücklicherweise noch nicht entdeckt hatte. Noch stand der Wind für uns günstig, aber mit der Strömung näherten wir uns unaufhaltsam, während das Nashorn seinerseits keinen Zentimeter wich.

Der Geistesgegenwart Sakmins und wohl auch dem Glück hatten wir es zu verdanken, daß das Boot etwa 15 Meter vor dem Nashorn zum Stillstand kam. Über unseren Köpfen in einem Gewirr von Luftwurzeln hatte sich der Wildhüter behend wie ein Affe festgeklammert.

Natürlich ging all dies nicht ohne Geräusche und Erschütterungen ab. Mein dringlichstes Problem war plötzlich nicht mehr die drohende Gefahr, sondern meine Kamera. Wie sollte ich es nur anstellen, damit ich das Wackeln des Bootes einigermaßen ausgleichen konnte? Schließlich wollte ich nicht einfach nur einen grauen Ausschnitt filmen, sondern gute Aufnahmen zustande bringen. Jetzt noch ans Ufer zu rudern, um festen Boden unter die Füße zu bekommen, dafür war es schon zu spät. Jedes Manövrieren mit dem Boot hätte möglicherweise das gigantische Tier zu einem gefähr-

lichen Angriff veranlaßt. Also hielt ich einfach die ganze Zeit über den Auslöser der Kamera gedrückt, um mir keine einzige Sekunde entgehen zu lassen. Schließlich muß das Nashorn uns dann doch gewittert haben, jedenfalls schöpfte es Verdacht, drehte ab und war in wenigen Augenblicken verschwunden. Aber die wochenlangen Strapazen hatten sich doch gelohnt. Ich hatte

das wohl seltenste Säugetier der heutigen Zeit einige Minuten lang vor der Kamera gehabt, und das war ein sehr erhebendes Gefühl! Doch bei aller Freude über diesen Erfolg mußte ich auch daran denken, daß das vielleicht eine der letzten Filmaufnahmen von diesem Nashorn war, das kurz vor der Ausrottung steht. Denn die Jagd auf das Java-Nashorn geht weiter – der Liebe wegen.

Ein indisches Panzernashorn, das Werner Fend allerdings bereits den Rücken kehrt. Gut zu erkennen die panzerartigen Hautplatten

DIE NASHORNVÖGEL –
VOM UNTERGANG BEDROHT

Als ich mich auf die Suche nach Nashornvögeln machte, kam ich dabei auch den Kopfjägern Borneos auf die Spur. Gerade einige Tage auf Borneo, betrat ich zum erstenmal die Hütte des 84jährigen Remang Japor, die in einem kleineren Dschungeldorf lag. Entsetzt schrak ich zurück: Aus dem Halbdunkel grinste mir eine ganze Reihe spukhafter Gestalten entgegen! Erst nach einer Weile gewann meine Vernunft wieder die Oberhand. Aus der Nähe

stellte ich fest, daß ich verstaubte, mit Spinnweben behangene Totenschädel vor mir hatte: die Köpfe ehemaliger Feinde der Familie Japor. Doch damit kein falscher Eindruck entsteht: Diese Totenschädel sind schon sehr alt. Heute sind die einst berühmten Kopfjäger aus dem Stamm der Ibans allesamt keine Krieger mehr, sondern in der Mehrzahl stolze Plantagenbesitzer. Und die Kopfjagd gibt es auf Borneo schon lange nicht mehr.

Sehr gruselig war mir und meiner Frau aber doch zumute, als wir dann dem alten Kopfjäger gegenüberstanden. Seine Hände, die noch geschickt mit Blasrohr und Giftpfeilen umgehen konnten, wiesen am Ringfinger eine kleine Tätowierung auf: ein Hinweis darauf, daß dieser Mann in seiner Jugend ein sehr erfolgreicher Kopfjäger gewesen war. Tagtäglich waren die Männer aus den Stämmen der Ibans, der Kenyhas, Kayans oder Kelabits früher auf dem Kriegs-

pfad. Jeden Tag versuchten sie, Köpfe von verfeindeten Kriegern anderer Stämme nach Hause zu bringen. Denn, so lehrte es ihr Glaube, auf diese Art und Weise konnten sie ihren Wohlstand mehren und ihre Fruchtbarkeit sichern. Wenn Angehörige des eigenen Stamms Opfer dieser Kopfjagd wurden, so war die Trauer still und nach außen hin ohne sichtbare Anzeichen.

Ein unheimlicher, lautloser und gnadenloser Kampf mußte das gewesen sein. Gegenseitige Ausrottung über Generationen hinweg, ein nie enden wollender Vernichtungskampf. Um selbst in diesen ständigen kriegerischen Auseinandersetzungen zu überleben, flehten die Kopfjäger ihre Dschungelgötter um Hilfe an und lauschten aufmerksam den Stimmen der Dämonen und Botschaften der Geister. Und eine dieser Stimmen aus dem auf- und abschwellenden Dschungelkonzert gehörte einer eindrucksvollen Erscheinung an, wegen der auch ich nach Borneo gekommen war: dem Nashornvogel. Er war jahrhundertelang die oberste Vogelgottheit, galt

als die irdische Gestalt von Singalang Buron, dem Herrscher über die Geisterwelt. Die Legende erzählt, daß dieser oberste Gott nur jene Menschen glücklich mache, die auf die Botschaften der heiligen Nashornvögel hören.

Nun wollte ich, der schon so viele Tiere des Dschungels sehen, beobachten und filmen konnte, auch einmal diesen geheimnisumwitterten Orakel-Vogel suchen. Doch in der näheren Umgebung dieses Dschungeldorfes von ehemaligen Kopfjägern konnte ich keinen einzigen entdecken. Erst später sollte ich erfahren, warum das so war.

Ich entschloß mich, zu einer Expedition in den Bergdschungel aufzubrechen, wo der Nashornvogel nach den Angaben einiger Einheimischer noch zu finden war.

Ein ehemaliger Kopfjäger aus dem Stamm der Ibans. Seinen Kopf ziert Nashornvogelschmuck (ganz links), der aus den Federn des Nashornvogels (unten) gefertigt ist. Links: alte Totenschädel, die von der Vergangenheit der Kopfjäger zeugen

Doch um mit einigen wirklich zuverlässigen Begleitern in den Dschungel
loszuziehen, mußte ich mich dann
noch ein paar Tage länger gedulden.
Für die Männer hatte sich nämlich
gerade eine gute Gelegenheit ergeben, Vorräte zu schaffen: Die Wild-
schweinjagd bekam gegenüber
meinem Unternehmen Vorrang
eingeräumt.

Aber schließlich war es soweit, ein
Trupp erfahrener Männer zog mit
mir in den Dschungel auf der Suche
nach den Herrschern über die
Geisterwelt. Am vierten Tag des
mühsamen Marsches hörten wir
dann zum erstenmal die Stimmen
der Nashornvögel.

Sie mußten sich hoch über den
Baumkronen befinden, durch die
kaum ein Lichtstrahl zu uns durch-
drang. Obwohl wir sie den ganzen
Tag hören konnten, bekamen wir
kein einziges Exemplar zu Gesicht.
Gerade wollte sich in mir ein Gefühl
von Enttäuschung breitmachen, da
sannen meine versierten Begleiter
schon auf Abhilfe. Es folgten zwei
anstrengende Tage, an denen sie
eine Plattform für die Krone eines
etwa 60 Meter hohen Urwaldriesen
bauten. Ich selber war an diesen
zwei Tagen eigentlich nur staunender
und bewundernder Zuschauer,
manchmal beschlich mich auch ein
wenig Angst, schließlich sollte mir
dieser Ausguck in 60 Meter Höhe
als Arbeitsplatz dienen!
Dann errichteten sie – aus sehr
dünnen Holzstangen, wie mir
schien – eine Art Leiter, auf der sie
die Plattform oben in die Baumkro-
ne beförderten. Auf eben diesem
Weg sollte dann auch ich in die
schwindelnden Höhen gelangen. Für
meine Ausrüstungsgegenstände
bastelten sie einen Aufzug aus Holz-
stäben und zähem Rattangewächs.

Als ich mir mit gemischten Gefühlen
diese wacklige Konstruktion immer
wieder ansah, war ich heilfroh, wenigstens meine Kameras gut versichert
zu haben. Dann rief ich mir einfach
Klettertouren aus meiner Jugendzeit
in Erinnerung, als ich schließlich, wie
ein Dachdecker zu Kirchturmarbei-
ten, die Leiter 50 schwindelerre-
gende Meter hoch hinaufturnte.
Endlich sicher angelangt, war der
Ausblick so überwältigend schön,
daß ich mich auch ohne Nashornvogel im Visier für die ausgestande-
nen Ängste bereits belohnt sah.
Einer meiner Leute behauptete, er
könne die Vögel durch perfekte
Nachahmung ihrer Schreie vor
meine Kamera locken. Ich ließ mich
davon überzeugen, doch dann stellte sich heraus, daß es dem Mann

**Unterschiedliche Nashorn-
vogelarten; oben ein
besonders vom Ausster-
ben bedrohtes Exemplar;
ganz oben Buschköpfiger
Nashornvogel; rechts
Schwarzer Nashornvogel**

Helfer beim Errichten einer Plattform hoch in den Bäumen. Von hier sollen möglichst gute Aufnahmen vom Nashornvogel gemacht werden

offenbar an Übung fehlte. Es waren zwar Vogelschreie zu hören, doch statt näher zu kommen, entfernten sich die Vögel anscheinend immer mehr. Außerdem waren wir trotz größter Vorsicht für die Gibbons nicht unsichtbar geblieben, sie waren alarmiert und warnten mit ihren Schreien die gesamte Vogel-welt rund um unseren Hochstand. Anfangs fanden wir die Kletterkunst-stückchen der Gibbons noch ganz amüsant, doch für meine Aufnah-men von den Nashornvögeln waren sie alles andere als angenehm. Denn auch die hatten die Alarmrufe der Gibbons richtig gedeutet und waren schnell geflüchtet. Dann hatte ich aber doch eine erste Begegnung mit den scheuen Vögeln: Ganz kurz bekam ich einen riesengroßen, schwarzen Vogel zu sehen, der tatsächlich ein imposantes Horn besaß. Mit beeindruckenden Flug-geräuschen und durchdringenden Schreien, die mir durch Mark und Bein gingen, flog er in majestäti-scher Pose davon. Schon bei diesem ersten Anblick ahnte ich, weshalb der Nashornvogel bei den Kopfjä-gern früher eine so bedeutende Stel-lung hatte. Das markante Horn hatte sicherlich auch als Phallussymbol eine Rolle gespielt, und die lauten Schreie klangen wie eindringliche Orakel-Rufe.

Mir wurde klar, warum meine Filmar-beit jetzt eigentlich so schwer war, warum nur noch wenige der Nas-hornvögel existierten und warum

diese so überaus scheu waren. Der Nashornvogel hatte eine Sonderstellung, solange er als Orakelvogel, der ein gutes oder schlechtes Omen abgab, im Kult der Kopfjäger eine wichtige Rolle spielte. Doch mit der Bekehrung zum Christentum auch so kriegerischer Stämme wie der Ibans verlor das Tabu um den unantastbaren Vogel immer mehr an Bedeutung.

Allmählich wanderte er sogar in die Kochtöpfe der Ibans und war schließlich in der Nähe der Siedlungen überhaupt nicht mehr anzutreffen. Dann begann man, den schönen Vogel auch noch seiner Federn wegen zu jagen, denn diese benutzten die Ibans und auch Mitglieder anderer Stämme mit Vorliebe als Kopfschmuck. So gab es dann irgendwann kaum noch Exemplare dieser Vögel, so daß 1970 speziell der Rhinozeros-Vogel ebenso wie die anderen Nashornvogelarten unter Naturschutz gestellt werden mußte. Zwar kehrten damit die alten Zeiten nicht zurück, in denen das Töten der Orakelvögel als Gotteslästerung gegolten hatte, die Unglück, Mißerfolg und andere Übel nach sich zog. Dennoch schienen die Bewohner des Urwalds das Verbot ernst zu nehmen und schränkte die Jagd auf Nashornvögel stark, wenn nicht sogar vollständig ein.

Mit dem beherrschenden Horn, der großen Spannweite ihrer Flügel und den unheimlichen Schreien sind diese Vögel einfach einzigartig, keine

anderen im Dschungel kommen ihnen gleich.

Nach mehreren Aufnahmetagen in den Wipfeln des hohen Baums bauten wir unsere Konstruktionen wieder ab. Ich hatte das Gefühl, daß meine Helfer mindestens ebenso froh waren wie ich, daß die Filmaufnahmen so gut gelungen waren. Wenn auch die Vogel-Wahrsagerei für die meisten Menschen in den Wäldern Borneos heute keine Bedeutung mehr hat, so habe ich doch gespürt, daß tief in der Seele der Menschen der Wunsch weiterlebt, den Stimmen der Götter lauschen zu dürfen.

Da die vom Aussterben bedrohten Vögel nun unter Naturschutz stehen, kann man nur hoffen, daß die Regierung von Sarawak genauso aufmerksam über den unvergleichlichen Vogel mit dem Wahrzeichen des Nashorns auf seinem gekrümmten Schnabel wachen wird, wie es einst Singalang Burong, der Herrscher über die Geisterwelt, getan hat.

Schnell ist die Plattform errichtet, und Werner Fend kann etwa 50 Meter hoch in die Wipfel klettern. Die Mühe wird belohnt; rechts im Bild einer der scheuen Vögel, die zu lange von den Menschen gejagt wurden

Die Nahaufnahme zeigt
eindrucksvoll die einzig-
artige Schnabelform des
Nashornvogels

DIE NASENAFFEN – WIE LANGE NOCH DIE NASE HOCH?

Zum Zeitpunkt meiner Reise nach Borneo waren die Nasenaffen vielleicht sogar noch stärker vom Aussterben bedroht als die Nashornvögel.

Sehr viele von ihnen leben in dem malaysischen Teilstaat Sarawak, der im nördlichen Teil Borneos liegt. Hier finden sich noch Mangrovewälder, die alle unter strengstem Naturschutz stehen. Und nur hier lebt diese Art der Nasenaffen, die sonst nirgendwo auf der Welt mehr zu finden ist und für die die Uhr allemal fünf vor zwölf anzeigt.

Sie waren auch der Hauptgrund, weshalb ich mich mit meinen Kameras wieder einmal in die heißen, sumpfigen und unzugänglichen Mangrovesümpfe begab.

Doch auch sonst hoffte ich, auf reiche Möglichkeiten für meine Filmarbeit zu stoßen, gehören doch die Mangrovegebiete zu den Lebensräumen, die botanisch und zoologisch gesehen mit zu den interessantesten der Welt zählen. Aber leider fallen immer größere Teile dieser Gebiete der Landgewinnung oder anderen menschlichen Aktivitäten

zum Opfer, obwohl längst bekannt ist, daß sie vor allem für Meerestiere unersetzliche Brutstätten darstellen. Schon bevor ich über die Einzelheiten dieser Expedition erzähle, möchte ich vorausschicken: Alles Erlebte spielte sich in einer Umgebung von Dreck und Schlamm, Hitze und plagenden Moskitos ab. Wieder, wie schon bei anderen Ausflügen in die Mangrovesümpfe, raubte uns der Schlamm etliche schlecht geschnürte Schuhe oder locker sitzende Gummistiefel für immer – sie blieben in den zähen Massen ganz einfach stecken.

Wir wußten, daß man dieses schon vor vielen Jahren zum Schutzgebiet der Nasenaffen erklärte Gebiet jeden Tag nur für den Zeitraum weniger Stunden betreten konnte. Denn durch den Wechsel von Ebbe und Flut stehen die Mangroven in 24 Stunden mehrere Male unter Wasser. Diese Zeiten muß man nicht nur genau kennen, sondern auch die verbleibende Zeit, in der das Wasser niedrig steht, möglichst geschickt nutzen können.

Als wir dann endlich einen Hilfstrupp von Trägern für Proviant und die schwere Ausrüstung beisammen hatten, konnten wir unsere Expedition erst einmal frohgemut starten. Schnell bemerkten wir, daß wir die Nasenaffen wahrscheinlich am ehesten an den Flußufern zu Gesicht bekommen würden. Denn anscheinend hatten sie die Angewohnheit, dort in den späten Nachmittags-

Renate Fend im Hochsitz hinter der Kamera; rechts ein Nasenaffenmännchen im Mangrovedschungel

stunden die Bäume aufzusuchen, um
die Nacht hoch oben zu verbringen.
An welcher Stelle das genau sein
würde, ließ sich aber nicht voraus-
ahnen, so daß wir gezwungen waren,
die verschiedensten Stellen am
Dschungelrand zu observieren. Dazu
wiederum brauchten wir gute Hochstände im Wasser, die noch dazu
äußerst gründlich getarnt sein
mußten, da wir bei den scheuen
Nasenaffen sonst wahrscheinlich
überhaupt keine Chance hatten.
Auf diese Hochstände – wir hatten
uns sicherlich ein gutes Dutzend
davon errichtet – verteilten wir uns
dann und warteten, bis auf gut
Glück vielleicht einmal eine Affenhorde zu sehen sein würde. Doch es
kam zu sehr vielen erfolglosen Ansit-
zen und nie enden wollenden Nächten, zu schlechter Laune, chroni-
scher Müdigkeit und Unlust, bis es
endlich an einem frühen Morgen
einmal erfolgversprechender
aussah: Direkt vor mir erwachte eine
Affenhorde, die die ganze Nacht in
meiner Gesellschaft geschlafen
haben mußte, ohne daß ich etwas
davon merkte. Ganz schnell war
meine Müdigkeit verflogen, ich
wurde hellwach und war sehr froh,
eine nahezu lautlose Kamera zu
besitzen. Denn da ich die Affen
anscheinend mit keinem einzigen
Laut störte, wachten sie ganz langsam und allmählich auf, räkelten
sich in den ersten Strahlen der
Morgensonne und gähnten zunächst
einmal ausgiebig, bevor sie sich

Hier wartete Werner Fend lange auf die Nasenaffen. Schließlich wagte sich dann ein neugieriger Gibbon sogar so nahe heran, daß sich das Filmteam eines Tages einem „neuen Kamera-assistenten" gegenüber-sah (rechts)

dann in den für uns kaum zugänglichen Dschungel zurückzogen. Beinahe jeden Morgen konnten wir die Nasenaffen nun, da wir sie einmal entdeckt hatten, bei ihrer Aufwach-Zeremonie beobachten, doch dann zogen sie sich schnell vor unseren Blicken zurück, um im Urwaldinnern auf Futtersuche zu gehen. Wir nutzten deshalb die angebrochenen Tage dazu, uns wieder einmal der in ihrem Reichtum sicherlich unübertrefflichen Kleintierwelt am Boden zuzuwenden. Mit vielen starken Lampen gelang es uns, einige der vielen Naturwunder, die es teilweise nur auf Borneo gibt, im Bild festzuhalten. Wir filmten viele Arten der Gottesanbeterinnen, unter anderem solche, die sich am Boden wie ein welkes Blatt ausnehmen und so über einen guten Lauerplatz verfügen.

Außerdem filmte ich ganz besonders schöne Schmetterlingsexemplare, von denen es auf Borneo so unglaublich viele Arten gibt, daß bis heute noch nicht alle erforscht und benannt sind. Ganz besonders auffallend ist ein Schmetterling, den man getrost als den „Star" unter den Schmetterlingen Borneos bezeichnen kann: der Raja Brooke. So benannt nach dem ersten weißen Raja von Sarawak, einem Engländer, dem der Sultan von Brunei vor ungefähr 150 Jahren große Ländereien in Nordborneo schenkte.

Beinahe hätte uns das Filmen in der Wunderwelt der kleinen Tiere so in

Bann gezogen, daß wir darüber die Nasenaffen fast vergessen hätten… In der noch folgenden Zeit hatten wir dann zunehmend Glück bei unseren Beobachtungen der Nasenaffen. Denn nun kam es ab und zu vor, daß die Tiere länger vor meiner Kamera blieben und mir damit, ohne es zu wissen, eine große Freude machten. Wir bemerkten, daß sich die Nasenaffen, besonders die Männchen, auch untereinander sehr aufmerksam und wachsam gegenüberstanden. Selbst das stärkste Nasenaffenmännchen der Horde, sicherlich etwa 30 Kilo schwer, achtete eifersüchtig auf sein Revier und ganz besonders auf seinen etwa 10 Weibchen umfassenden Harem. Selbst während des Fressens war der „Pinocchio des Dschungels", wie der Nasenaffe auch noch bezeichnet wird, ständig auf der Hut. Mit seinem Mißtrauen ging er so weit, keine anderen Gruppen von Nasenaffen in seine Nähe zu lassen. Wahrscheinlich hatte er bereits die bittere Erfahrung gemacht, daß die eine oder andere Dame aus seinem Harem nicht ungern auch zu einem anderen Harem „überlief". So etwas mußte das starke Nasenaffenmännchen natürlich auf alle Fälle verhin-

Gibbons begegnete
Werner Fend auch in den
Mangrovesümpfen im
Norden Borneos. Gibbons
und Nasenaffen gehen
einander jedoch meist
aus dem Weg

dern, wollte es nicht seinen hohen Rang und die Anerkennung, die man ihm innerhalb der Affenhorde zollte, einbüßen. Selbst die Silberlanguren, eine sehr elegante Schlankaffenart dieser Gegend, die überhaupt keine Nahrungs- oder Paarungskonkurrenten darstellen, ertragen die Nasenaffen nicht in ihrer Nähe.

Hier gelangen Aufnahmen von Seltenheitswert: Der Nebelparder zeigt mit seinem gefleckten Fell Ähnlichkeit mit den Leoparden und ist besonders klettergewandt. Kommt nur noch vereinzelt vor

Die Jungtiere unterscheiden sich bei den Nasenaffen überhaupt nicht von den anderen mir bekannten Affenarten. Sie spielen ständig und überall, selbst das Fressen scheint eine spielerische Angelegenheit zu sein. Wie andere junge Affen halten sie sich jedoch immer in nächster Nähe zur großen Affenherde auf, wandern nie sehr weit weg, sondern bleiben immer schön in der Obhut oder zumindest in der Sichtweite ihrer Eltern. Diese nehmen ihre Elternpflichten auch sehr ernst; ständig halten sie Ausschau nach allen möglichen Gefahren für ihren Nachwuchs, so daß ich manchmal fast den Eindruck hatte, diese Affenart wisse instinktiv, daß nur extreme

verschwinden auch sie in den Schlünden von Krokodilen.

Der Python, die Riesenschlange, gehört ebenfalls zu den Feinden der Nasenaffen.

Je länger ich den Affen mit den grotesken Nasen mit meiner Kamera Gesellschaft leistete, um so öfter konnte ich feststellen, daß sie sich mit ihrem mißtrauischen Instinkt, der sie überall und ständig Gefahren wittern läßt, doch ganz gut behaupten können.

Es bleibt nur zu hoffen, daß sich die Bemühungen um die Erhaltung dieser Art noch weiter verstärken. Denn sonst werden die Nasenaffen auch in Zukunft in den Kochtöpfen der Einheimischen landen und werden schon bald selbst im fernsten Winkel Borneos nicht mehr zu finden sein.

Vorsicht und Wachsamkeit sie vor ihrer völligen Ausrottung bewahren könne.

Zu den größten Gefahren gehört neben dem Nebelparder, dessen bevorzugte Beute die Nasenaffen sind, auch heute leider noch der Mensch. Mit in mühseliger Präzisionsarbeit hergestellten Pfeilen und Blasrohren jagt so mancher Jäger trotz des strengen Verbots die Nasenaffen nach wie vor, wenn auch die Zahl der Jäger, die mit Giftpfeilen auf die Jagd gehen, weiterhin abnimmt. Die meisten verwenden heute „Feuerwaffen". Doch soviel ist sicher: Diejenigen, die an der traditionellen Blasrohrjagd festhalten, sind hervorragende Jäger. Solche

Männer treffen bis auf 20 Meter Entfernung mit fast 100 %iger Sicherheit jedes Ziel, sei es nun eine Markierung an einem Baum oder eben ein Nasenaffe.

Obwohl die Heimat der Nasenaffen, diese unzugänglichen Mangrovesümpfe im Norden Borneos, von vielen Wildhütern betreut wird, haben diese es doch sehr schwer bei ihrer Arbeit zum Schutz der Nasenaffen. Denn auch hier werden immer wieder Menschen von Salzwasserkrokodilen getötet, und wenn man bedenkt, daß die Wildhüter nicht einmal bewaffnet sind...

Doch droht den Nasenaffen nicht nur von den Menschen Gefahr: Beim Durchschwimmen der Flüsse

Die Nasenaffen werden wie früher auch heute noch von einigen Dschungelbewohnern mit dem Blasrohr gejagt

LEGENDE UND WIRKLICHKEIT – ABERGLAUBE IM DSCHUNGEL

Auf Borneo, wo ich auf den Spuren der Kopfjäger zu den Nashornvögeln, den einstigen Orakelvögeln, fand, war spürbar, wie gerne die Angehörigen der heute christlichen Urwaldstämme noch immer in ihren alten Mythen, Sagen und Legenden schwelgen. Warum sonst hätte man mir immer soviel aus früheren Zeiten berichtet, die schließlich auch nur aus den Erzählungen der Ahnen bekannt sind?

Auf einer anderen südostasiatischen Insel, auf der ich mich sehr oft aufgehalten habe, sind viele Riten und Bräuche heute noch so lebendig und bedeutsam wie vor vielen hundert Jahren. Rituale, die in

Europa niemand kennt oder die zumindest als mysteriöser Humbug abgetan werden.

Ich spreche von Sri Lanka, dem kleinen Land, in dem der Tierschutzgedanke nicht erst seit gestern eine wichtige Rolle spielt. Nur deshalb

gibt es dort noch heute so viele Tiere, die sonst überall auf der Welt bereits ausgerottet wurden.

Einige der einheimischen Jungen, die hier als Palmweinzapfer arbeiteten, machten mich eines Tages auf eine der zoologischen Raritäten Sri Lankas aufmerksam. Damit ermöglichten sie mir zugleich einmalige Aufnahmen von einem der geheimnisvollen Rituale, die für den unbeteiligten Zuschauer sowohl beeindruckend als auch beängstigend und erschreckend sein können.

Was war das für ein merkwürdiges und geheimnisvolles Tier, das mir die jungen Palmweinzapfer gezeigt hatten?

Es handelte sich um die Teufelsechse. Sie besitzt richtige Fangzähne und hat am Kopf lange, hornartige Fortsätze. Aufgrund dieser Art „Hörner" erinnert sie stark an alte mythologische Darstellungen des Teufels aus unserem Kulturkreis. Doch auch bei den einheimischen Urwaldbewohnern müssen beim Anblick der Teufelsechse wohl ähnliche Assoziationen geweckt worden

sein. Sie nennen die Teufelsechse Jakkatussa, und, wie bei mythischen Bezügen nicht anders zu erwarten, fürchten sie die Jakkatussa. Hinzu kommt, daß im singhalesischen Volksglauben die lokalen Götter, eine Unzahl von Geistern und Dämonen, eine so wichtige Rolle spielen, daß sich um die Teufelsechse ein geheimnisvoller Aberglaube spinnt. Die Menschen sind davon überzeugt,

Die „Teufelsechse" von Sri Lanka. Eine Tierart, die es nur auf Sri Lanka gibt und deren bloße Berührung das Heilsritual einer Teufelsaustreibung erforderlich macht

daß jeder, den das Unglück trifft, mit
der Teufelsechse in Berührung zu
kommen, mit größter Wahrscheinlichkeit von einem üblen Geist befallen
wird. Von diesem Geist kann der
Unglückliche zwar befreit werden,
jedoch muß dazu das Ritual des
Teufelstanzes durchgeführt werden.
Zeuge eines solchen Kulttanzes sein
zu dürfen, noch dazu mit Kamera
zugelassen zu werden, das war ein
so einzigartiges Erlebnis, wie ich nur
wenige hatte. Denn hier überstieg
die Wirklichkeit bei weitem noch

meine phantasievollen Vorstellungen!
Dumpfe Trommeln, heller klingende
Glocken, raschelnde und blecherne
Rasseln – all das ergab zusammen
mit dem Stimmengewirr und den
Gesängen der Dschungelbewohner
eine geräuschvolle Kulisse, die den
nächtlichen Urwald noch geheimnis-
umwitterter und gefahrvoller erscheinen ließ als sonst.
Und dann begann mit auf- und
abschwellendem, beschwörendem
Gemurmel der eigentliche Teufelstanz. In Kreisen, die sich mal öffne-

ten, mal wieder eng zusammen-
schlossen, um dann neue Formatio-
nen zu bilden, umgaben die Tänzer
das Mitglied ihres Stammes, dem
die unglückliche Berührung mit der
Teufelsechse widerfahren war.
Später erfuhr ich, daß nicht nur
wegen der Teufelsechse, sondern
aus vielerlei Anlässen solche kulti-
schen Tänze veranstaltet werden.
Die Dschungelbewohner versuchen
nämlich mit diesen rituellen Tänzen
auch viele Dänonen auszutreiben,
denen sie die Schuld an allen mög-

besonderes Lebensgefühl haben die Jahrhunderte überdauert, sondern mit diesem Brauchtum haben auch Pflanzen und Tiere überlebt, die sonst schon längst in Vergessenheit geraten wären.

Trotz all der schönen Bilder, die ich bis heute für meine Leser und Zuschauer einfangen konnte, dürfen wir nie vergessen, daß viele der hier beschriebenen Tierarten heute akut vom Aussterben bedroht sind.

Die Hoffnung, die bleibt: Vielleicht werden die begonnenen Anstrengungen zur Rettung selten gewordener Tiere in den betroffenen Gegenden noch verstärkt und können gleichzeitig als gutes Beispiel für Regionen dienen, in denen nach wie vor gedankenlos mit dem Lebensraum der eigentlichen Urwaldbewohner, der Tiere, umgegangen wird.

Hier ist das Ritual des Teufelstanzes in vollem Gange. Mit geheimnisvollen Klängen wird der Dämon ausgetrieben. Ein faszinierendes, für den Außenstehenden auch unheimliches Schauspiel

lichen, unerklärlichen Krankheiten von Angehörigen ihres Stammes geben. Noch lange, nachdem ich mehr durch Zufall dem Teufelstanz von Sri Lanka zusehen konnte, habe ich in keiner anderen Situation so stark empfunden, was mir bei diesem Tanz so gegenwärtig schien: die Begegnung von Menschen, Tieren und Dämonen – hier am Rand des Dschungels hatte sie wirklich stattgefunden. Das eigentlich längst Vergangene ist immer noch Realität. Nicht nur Riten und Bräuche und ein ganz

Das Nashorn

Nashörner – beinahe sind sie heute nur noch Legende, so selten sind diese großen, zur Familie der Unpaarhufer gehörenden Säugetiere auf der Welt geworden. Als Unpaarhufer werden all die Tiere bezeichnet, die eine verstärkte Mittelzehe haben. Auch das Pferd gehört zu dieser Familie. Die heute noch vorkommenden Arten von Nashörnern können zwischen zwei und vier Meter lang werden und haben bei dieser Körperlänge ein eher kompaktes, wenn nicht sogar plumpes Aussehen. Sie können ein oder zwei Hörner auf dem Nasenrücken tragen. Dieses Horn besteht hauptsächlich aus Keratin, dem Stoff also, aus dem auch Nägel, Krallen, Hufe, Schnäbel oder eben Hörner der Wirbeltiere aufgebaut sind. Die grau-braune Haut der Nashörner ist sehr dick und nur äußerst spärlich behaart, wobei vor allem das asiatische Nashorn noch durch besonders starke Hautfalten auffällt. Dank fossiler Funde läßt sich das Nashorn bis ins Eozän belegen, das heißt, daß diese Tierfamilie schon vor etwa 60 Millionen Jahren auf der Erde existierte. Damals allerdings, vor allem während seiner Blütezeit vor etwa 40 Millionen Jahren, lebten Nashörner, von denen fossil immerhin 170 Arten nachgewiesen sind, sogar in Nordamerika und Europa.

Doch heute leben insgesamt nur noch fünf Arten, davon drei in Asien und zwei in Afrika. Doch alle diese Nashornarten sind durch die Vernichtung ihres Lebensraums und aus Gründen eines alten Aberglaubens in ihrem Fortbestand extrem gefährdet. Denn besonders im asiatischen Raum wird das geriebene, pulverisierte Horn seit vielen Jahrhunderten als hochwirksames Aphrodisiakum gehandelt. Die Phantasiepreise, die sich mit solchem Horn erzielen lassen, haben deshalb sehr zur Verminderung des Nashornbestands beigetragen. Vor allem das Java-Nashorn, das aussieht wie eine „Kleinausgabe" des Indischen Panzernashorns, steht aus diesem Grund unmittelbar vor dem Aussterben. Vom Java-Nashorn leben nur noch etwa 50–60 Tiere im Ujung-Kulon-Reservat auf Java. Dort gelangen Werner Fend noch einige Aufnahmen dieses Tieres, das es vielleicht schon in kürzester Zeit nicht mehr auf der Erde geben wird.

Vom großen Indischen Panzernashorn dagegen, das diesen Namen seinen an Stahlplatten erinnernden Hautplatten verdankt, existieren heute noch etwa 1500 Exemplare, und zwar in Indien und Nepal, wobei das Panzernashorn früher von Nordindien bis Assam verbreitet war. Die ursprünglichste und kleinste Nashornart, das Sumatra-Nashorn, kam einst in ganz Südostasien vor und lebt heute nur noch vereinzelt in Sumatra, Malaysia, Teilen von Borneo und Birma, wobei der Gesamtbestand wahrscheinlich nicht einmal mehr als 250 Exemplare beträgt. Von den beiden afrikanischen Nashornarten existieren noch etwa 9000 Spitzmaulnashörner und 3000 Exemplare des einst weitverbreiteten Breitmaulnashorns.

Panzernashorn und Sumatra-Nashörner

Tierschutz und
Tierschutzorganisationen

Die Rettung vom Aussterben bedrohter Tiere und Pflanzen – ein Ziel, das in den letzten Jahren immer stärker in unser Bewußtsein rückte. Denn die unheilvolle Entwicklung, daß viele Pflanzen- und Tierarten durch die Eingriffe des Menschen ihre Lebensräume teilweise oder völlig verloren, wirkte sich allmählich so verheerend auf das Gleichgewicht in der Natur aus, daß auch der Urheber der Zerstörung, der Mensch, selber zunehmend in Mitleidenschaft gezogen wurde.

So kam in vielen Naturschutzorganisationen sowie in entsprechenden Gesetzen vor allem dem Tierschutz eine besondere Bedeutung zu.

Allerdings mußte der Tier- bzw. Artenschutz relativ erfolglos bleiben, solange die Lebensräume der bedrohten Tiere ohne wirksamen Schutz waren. Die Erkenntnis, daß der Artenschutz mit Aussicht auf Erfolg nur in Verbindung mit wirksamem Biotopschutz gelingen kann, führte dazu, die Lebensräume bedrohter Tier- und Pflanzenarten ebenfalls unter Naturschutz zu stellen, um deren Erhaltung zu sichern. Gleichzeitig bieten solche Naturschutzgebiete mit ökologisch intaktem Gleichgewicht dem Menschen Reste unberührter, also von Abholzung, Aufforstung, Industrialisierung und Überbauung verschonte Natur, aus der er Kraft und Erholung für den Alltag in den Betonwüsten unserer Städte schöpfen kann.

Großes Engagement für solchen sinnvollen Naturschutz zeigen viele Tierschutzorganisationen: Hier ist vor allem als wohl bekannteste Organisation der WWF zu nennen, der World Wildlife Fund. Diese 1961 gegründete internationale Organisation führt selber Naturschutzprojekte durch und bemüht sich intensiv um die Beschaffung der umfangreichen Mittel für solche Projekte. Der WWF arbeitet unter anderem auch eng mit der Organisation IUCN zusammen, der „International Union for Conservation of Nature and Natural Resources", die bereits 1948 gegründet wurde und sich seitdem weltweit mit allmählichem Erfolg um den Schutz der Natur bemüht.

Nach dem 1973 in Washington abgeschlossenen Artenschutzabkommen, das je nach Ausmaß der Bedrohung den internationalen Handel mit Tier- und Pflanzenarten einschränkt oder ganz verbietet, entstand nach diesem Vorbild die „Rote Liste", eine Artenschutzliste in Verbindung mit einer Bestandsaufnahme bedrohter Tiere und Pflanzen in einzelnen Ländern. Darin sind die Arten in verschiedenen Kategorien erfaßt, die im einzelnen markieren: 0 = bereits ausgestorben, 1 = vom Aussterben bedroht, 2 = stark gefährdet, 3 = gefährdet, 4 = potentiell gefährdet.

So geht es im Naturschutz heute vor allem darum, das durch Eingriffe in die natürlichen Lebensgemeinschaften gestörte Gleichgewicht wiederherzustellen und da aufrechtzuerhalten, wo es noch existiert.

Tierschutz ist auch Landschaftsschutz. Der Pandabär: Wappentier des WWF. Dieser – narkotisierte – Schneeleopard wurde wieder freigelassen

ALLE MEINE AFFEN

Von Vielfalt und Abwechs-
lung ist die Affenwelt
geprägt: links oben ein
Orang-Utan; darunter ein
Affe, der wütend auf ein
„feindliches" Auto
losgeht; oben im Bild ein
Pärchen Weißhand-
gibbons, darunter ein
Javaner-Makakenweib-
chen mit seinem Jungen

Affen sind sicherlich die bekanntesten Tiere des Urwalds. Denn anders als zum Beispiel Krokodile oder sehr seltene Schmetterlings- und Vogelarten finden sich in wohl jedem Zoo einige Affen. Meist handelt es sich dabei um Gibbons oder Schimpansen, doch auch die großen Menschenaffenarten wie Gorilla oder Orang-Utan sind vertreten. Das Verhalten dieser „Zoo-Affen" entspricht allerdings nur selten ihrem Verhalten in freier Natur.

Ich selber mag die Affen sehr, sehr gern – alle Affen, das können muntere oder traurige Affen sein, wilde, scheue oder ganz zahme Affen: Ich liebe das ganze Affenvolk, auch die Einzelgänger mit all ihren Schrullen und Eigenheiten. Und damit stehe ich sicher nicht allein. Denn wer kennt nicht die gebannten und oft auch amüsierten Blicke von Erwachsenen und Kindern, wenn sie stundenlang dem Spiel der Affen hinter den Zoogittern folgen!

Mitten hinein in die Mangroven Borneos hat Werner Fend hier sein Kameraversteck gebaut, um bei der Arbeit unentdeckt zu bleiben. Doch die Affen sind sehr aufmerksame „Wächter", die beim kleinsten Anzeichen von Gefahr ein ohrenbetäubendes Gezeter anstimmen: Der Hutaffe rechts schlägt gerade Alarm

MEINE STÄNDIGEN BEGLEITER
UND WARNER VOR GEFAHREN

Bei all meinen Expeditionen in den Dschungelgebieten Südostasiens waren sie immer dabei als lustige Weggefährten, die mir die oft langen Wartezeiten auf Hochsitzen, in unbequemen Unterständen oder anderen Tarnverstecken ein wenig abwechslungsreicher gestalteten und mich auch bei Mißerfolgen bei guter Laune hielten.

Mit ihren vielen Kletterkunststucken raubten sie mir selbst nach häufigem Zusehen immer wieder den Atem. Der Ausdruck von der „affenartigen Geschwindigkeit" trifft genau den Punkt: Denn die Geschicklichkeit eigentlich aller Affenarten beim Klettern, Springen und Turnen ist ganz beachtlich. Nicht nur die jungen Affen spielen übermütig und üben sich in wildesten Verrenkungen, sondern auch die erwachsenen Tiere kann man den lieben langen Tag bei Gymnastikübungen und Hangeleien von Baum zu Baum beobachten. Natürlich kann sich die Affenhorde im Urwald nicht nur vergnügen. Wie alle anderen Tierarten müssen auch die Affen ständig für ihr Futter sorgen. Hinzu kommt, daß sich Affen vor Raubtieren und Riesenschlangen sehr in acht nehmen müssen, denn die haben Affen im wörtlichen Sinne „zum Fressen gern".

Doch die kleinen und großen Kletterer sind nicht nur körperlich geschickt und schnell, sie verfügen auch über eine ganz ausgezeichnete Konzentrationsfähigkeit, und ihre Aufmerksamkeit wird geweckt, sobald sich im Urwald irgendwo etwas Ungewohntes tut. Dann veranstalten sie ein ohrenbetäubendes Gezeter, bei dem einem angst und bange werden könnte, wüßte man nicht, daß sich die Affen auf diese Weise lediglich signalisieren: Achtung! Gefahr im Verzug!

Diese Rhesusäffchen zählen zwar zu einer kleineren Affenart, dafür gehören sie zu den besten Kletterern und Warnern vor Gefahren. Ihre großen Ohren lassen es schon ahnen: Diese Affen verfügen über ein ausgeprägt gutes Gehör, mit dem sie auch alles Ungewohnte blitzschnell wahrnehmen

So bin ich selber den Affen eigentlich hundert- und tausendfach zu Dank verpflichtet, denn sie stimmten immer ein lautes Gezeter an, sobald sich ein Raubtier näherte. Da ich oft ganze Tage oder Nächte in meinen Tarnverhauen verbrachte, war meine Aufmerksamkeit von Zeit zu Zeit doch etwas geschwächt, so daß ich über das „Frühwarnsystem" der Affen nur froh sein konnte. Sei es, daß ich mich dadurch noch rechtzeitig in Sicherheit bringen konnte oder aber endlich zu den erhofften Aufnahmen von stolzen Tigern oder Leoparden kam.

Auch für viele Tiere des Dschungels sind Affen *die* „Alarm-Anlage": Hirsche, Antilopen, kleinere Wildkatzenarten, alle verlassen sich auf die Warnrufe der Affen und ergreifen augenblicklich die Flucht, sobald die Affen Alarmschreie ausstoßen. Die lauten Schreihälse wollen damit zwar eigentlich nur ihr eigenes Rudel warnen, aber ein solches Affentheater ist auch für die übrigen Dschungelbewohner unüberhörbar.

Vor allem die Rhesusäffchen warnten mich sehr oft frühzeitig, wenn ein Raubtier in der Nähe war. Schlich sich zum Beispiel ein Tiger an, dann entdeckte das kleine Rhesusäffchen hoch in den Wipfeln der Bäume den gefährlichen Jäger viel früher als ich. Schnell brachte ich dann meine Kamera in Position, denn auf die Äffchen konnte man sich verlassen, ich war absolut sicher, gleich ein Raubtier in Aktion filmen zu können.

Allerdings blieb der Tiger doch oft erfolglos, obwohl er ein gefürchteter Jäger ist, der sich leise und schnell anschleicht, sein Opfer blitzartig anspringt und tötet. Denn die vermeintlich sichere Beute hatte die Aufregung in der Schar der Affen auch richtig gedeutet und sich auf schnellstem Weg in Sicherheit gebracht.

Aber ich hatte die Affen nicht nur als Warner vor Gefahren kennengelernt, sondern auch als Tiere, die sogar für den Menschen ein Beispiel abgeben könnten.

Kaum eine Tierart widmet sich so zärtlich und intensiv dem „Familienleben", wie es die Affen tun. Die ganze Sippe fühlt sich anscheinend für die jungen und ganz kleinen Äffchen verantwortlich, rührend kümmern sich die Großen um deren Wohlergehen in allen Dingen, bei der Pflege, Futtersuche und beim Spiel. Selbst halbwüchsige Affen, die sich eigentlich den ganzen Tag lang balgen und herumtoben, um ihre überschüssige Energie loszuwerden, sind nett und behutsam im Umgang mit ihren „kleinen Geschwistern". Dagegen sind Affen, die durch irgendwelche Umstände zu Einzelgängern wurden und keinen Anschluß mehr an die Herde halten, aufrichtig zu bedauern, denn der Mangel an Zuwendung und Zärtlichkeit kann diese Tiere erstaunlicherweise seelisch ähnlich krank machen wie einen Menschen, dem der soziale Bezug fehlt.

Gegenseitige Körper-
pflege dient wie hier nicht
nur der Hygiene, sondern
auch der Festigung
sozialer Bindungen bei
den Affen

All die Affen, die mir bei meiner Arbeit im Dschungel oft stundenlang Gesellschaft leisteten, bezeichnete ich gern als „freischaffende Überlebenskünstler des Dschungels". Aber es gibt auch Affen, die eine ganz andere Lebensweise als im Dschungel haben. Sie leben sehr viel bequemer, um nicht zu sagen, sie führen ein ziemlich faules Dasein. Dazu gehören zum Beispiel die sogenannten „Tempelaffen".

Darüber hinaus begleiteten mich auch sogenannte Halbaffen wie die Koboldmakis oder Plumploris, von denen ich im Zusammenhang mit den „drei Etagen des tropischen Regenwalds" bereits sprach, auf meinen Wanderungen durch den südostasiatischen Dschungel. Besonders den Koboldmaki, dem man auf Borneo öfter begegnet, konnte ich immer wieder begeistert beobachten, filmen oder fotografieren. Eindrucksvoll ist er vor allem wegen seiner übergroßen Augen. Diese funkelnden, braunen Augen sind etwa 150mal so groß wie die des Menschen. Diese Augen sind allerdings starr, sehen nur in eine feste Richtung und können nicht etwa aus den Augenwinkeln heraus etwas wahrnehmen. Deshalb muß der Koboldmaki seinen Kopf ständig hin- und herbewegen, um alles beobachten zu können. Doch mit unglaublicher Leichtigkeit kann er Drehungen bis zu 180° mit seinem Kopf machen, so daß dies gar kein großer Nachteil ist.

Oben und in der Mitte: Koboldmaki, eine kleine Halbaffenart, die besonders durch überdimensional große Augen auffällt. Darunter ein Plumplori, der ebenfalls zu den Halbaffen zählt

In diesem Zusammenhang fällt mir ein Aberglaube der Kopfjäger von Borneo ein. Wegen der Leichtigkeit, mit der der Koboldmaki seinen Kopf in alle Richtungen bewegt, glaubten sie, bei diesem Tier sei die Verbindung zwischen Kopf und Rumpf nicht so stabil wie bei anderen Tierarten. Begegnete nun ein Kopfjäger einem solchen Koboldmaki auf seinem Kriegspfad durch den Dschungel, so nahm er dies als Omen dafür, daß der Kopf seines Gegners fallen würde. Also ein gutes Omen! Etwas anderes war es aber, wenn der Betreffende sich friedlich zu Hause in der Nähe seiner Hütte befand. Nun galt im umgekehrten Sinn, daß hier bald sein eigener Kopf fallen würde, ein schlechtes Omen also!

Meine Begegnungen mit Menschenaffenarten waren besonders vergnüglich und sogar lehrreich. Von diesen Affen leben heute noch vier unterschiedliche Arten: der Gibbon, der Orang-Utan, der Schimpanse und der Gorilla. Schimpansen und Gorillas haben ihr hauptsächliches Verbreitungsgebiet allerdings in Afrika, während der Orang-Utan sowie der Gibbon in Asien bzw. Südostasien beheimatet sind. Besonders die Zahl der Orang-Utans geht immer mehr zurück. Auch das Verbreitungsgebiet ist im Laufe der Zeit immer kleiner geworden: Mittlerweile gibt es den Orang-Utan nur noch auf Borneo und in einigen Teilen Sumatras.

Ein Gibbon im Dschungel
von Borneo: Diese Affen-
art wird auch als „Lang-
armaffen" bezeichnet und
wurde früher zu den
Menschenaffen gezählt.
Rechts: Ein Gibbon im
Baum beim Pflücken von
Nahrung

Die Gibbons haben in ihrer Entwicklungsgeschichte noch eine Besonderheit zu verzeichnen: Die zunehmende Größe mag zwar ein Auslöser gewesen sein, sich von Ast zu Ast zu schwingen, statt darüber zu balancieren, doch dann nutzten die Gibbonvorfahren die neue Bewegungsart noch viel geschickter aus als die Ahnen der anderen Menschenaffenarten. Statt weiter zu wachsen, verringerte sich ihre Körpergröße, so daß die heutigen Gibbons zu den perfektesten Kletterern und Akrobaten innerhalb der Gruppe der Menschenaffen gehören. Selbst in den schönsten und größten Freigehegen, die Europas Tierparks den Gibbons zu bieten haben, können sie ihre Kletter- und Hangelkunststücke nicht so zeigen wie in freier Wildbahn. Jedesmal war es ein besonderes Erlebnis für mich, diesen kraftvollen und doch gleichzeitig anmutigen Bewegungen durch die Bäume des tropischen Regenwalds zuzusehen. Bis zu zehn Meter wirbeln die Gibbons manchmal durch die Luft, um zielsicher mit einer Hand an einem bestimmten, anvisierten Ast zu landen. Als ob sie die Verblüffung des Zuschauers perfekt machen wollen, schwingen sie oft sogleich weiter durch die Lüfte – eher Flugkünstler als Kletterer!

Das ist natürlich nur aufgrund der langen Arme möglich. Kommt ein Gibbon tatsächlich einmal dazu, sich bei all seiner schwungvollen Fortbewegung zwischendurch auf dem Boden niederzulassen, so entpuppen sich bald seine Arme als so lang, daß er sie hoch über seinen Kopf halten muß, damit sie ihn nicht behindern. Auch die Greifhand ist entsprechend der Kletterei in puncto Fingerfertigkeit etwas zu kurz gekommen. Denn die sprichwörtliche, „affenartige" Geschwindigkeit, mit der sich die Gibbons von Ast zu Ast schwingen, erfordert, daß die Hände schnell nach einem Ast greifen, ihn aber ebenso schnell wieder loslassen können. Ein abgespreizter Daumen wäre dabei sehr im Weg, deshalb haben sich die Daumen allmählich zurückentwickelt. Daher kommt es also, daß Gibbons nicht, wie die meisten anderen Affen, gezielt mit den einzelnen Fingern nach Früchten oder Blättern greifen, sondern sie in der hohlen Hand aufnehmen müssen, was manchmal den Eindruck von Ungeschicklichkeit erwecken kann.

Hauptnahrung der Gibbons sind Früchte aller Art, von denen sie an den vielen verschiedenen Bäumen des tropischen Regenwalds genügend finden. Manchmal reicht schon das Angebot eines Baumes aus, daß ein Gibbon seine Tagesration an Nahrung decken kann. Sogar mehrere Gibbons können an den Früchten eines einzigen Baumes satt werden. So gehen sie – anders als die Orang-Utans – in ihren relativ großen Familienverbänden gemeinsam auf Futtersuche. Und dabei sind sie alle hellwach, spähen mit größter Aufmerksamkeit nach möglichen Gefahren aus und versetzen mit ihren sehr hohen, manchmal fast trillernden Lauten und „Gesängen" den ganzen Urwald in Aufruhr, wenn sie von Zeit zu Zeit „Alarm" geben.

Wenn ich auf die lange Geschichte meiner Expeditionen zurückschaue, kann ich kaum sagen, welche meiner äffischen Begleiter mir die liebsten waren. Große Zuneigung empfinde ich für sie alle und vor allem tiefe Dankbarkeit für die treuen Dienste, die sie mir als amüsante Gesellschafter oder wachsame „Gefahrenmelder" geleistet haben.

AFFENLIEBE

Schon aus dem Familien- und Hordenleben der meisten Affenarten kann man ablesen – ohne die Tiere dabei zu vermenschlichen –, daß der Ausdruck „Affenliebe" wohl nicht von ungefähr kommt. Er ist berechtigt angesichts der sorgfältigen Fellpflege, die regelmäßig einen Platz im Tagesablauf der Affen findet, angesichts der liebevollen und fürsorglichen Anleitung, die ältere Affen, insbesondere die Affenmütter, ihren Kleinen beim Klettern geben, und auch die entschlossene, manchmal rabiate Art, mit der die Oberhäupter der Affenfamilie ihre Horde vor Feinden und Gefahr beschützen, zeigt die tiefen Bindungen, die diese Tiere zueinander haben.

Eine andere Gruppe von Affen hat sich schon vor längerer Zeit weit vom Dschungel entfernt. Ähnlich wie in vielen Städten, wie wir sie in Europa kennen, Tauben zum Stadtbild gehören, leben in vielen Städten Indiens und Sri Lankas Affen, die sich an die urbane Umgebung gewöhnt haben. So seltsam es auch klingen mag: Es ist ganz normal, da und dort turnende Affen auf den Dächern zu entdecken! Das Stadtleben dieser Affen gestaltet sich in den allermeisten Fällen sehr komfortabel – denn die Menschen und besonders die Kinder lieben ihre Affen und füttern sie in ziemlich regelmäßigen Abständen. Doch trotz aller gegenseitigen Zuneigung zwischen Menschen und Affen leben die Stadtaffen sehr gefährlich, denn die Regeln des Straßenverkehrs beachten sie natürlich nicht. So kam schon mancher Affe durch einen Autounfall zu Tode. Ebenso häufig kann es passieren, daß der eine oder andere Affe bei seinen Turnereien an elektrische Leitungen gerät. Doch aus solchem Schicksal entstehen manchmal neue Lebensgemeinschaften unter den Tieren. So traf ich einmal auf ein verwaistes

Rhesusäffchen, dessen sich sehr schnell eine Hündin als Ersatzmutter angenommen hatte. In richtiger Affenliebe hatte sie den noch jungen, hilflosen Affen „adoptiert". Den manchmal etwas verwunderten Blikken der Hündin entnahm ich, daß ihr das Verhalten des Äffchens im Gegensatz zu ihren eigenen Welpen doch etwas fremdartig vorkam. Dafür geriet das Affenbaby seinerseits ins Staunen, wenn seine „Mutter" zu lautem Gebell ansetzte. Die Liebe der Adoptivmutter ging so weit, daß sie das quirlige Äffchen sogar geduldig und ausdauernd auf ihrem Rücken reiten ließ – wenn es doch solche Bedürfnisse hatte!

In den Städten konnte ich jedoch auch Affen beobachten, die beileibe nicht nur den ganzen Tag mit unbekümmerten Turnereien und Kletterkunststücken verbringen durften. Denn mancherorts haben sich Menschen die Kletterkunst der Affen zunutze gemacht und spannen die Tiere für ihre Zwecke ein. So konnte ich häufig Affen sehen, die bei der Kokosnußernte beinahe ihr Letztes gaben, um die Belohnung – eine Nuß für sich selber – zu erhalten. Ich fragte mich beim Anblick der wirklich harten Arbeit, die die Tiere da leisteten, ob sie daran wohl noch „Spaß" haben konnten.

Affenliebe läßt schmunzeln und staunen – doch auch Affenleid, wie Verkehrsunfälle, nicht artgerechte Haltung als Arbeitssklaven und ähnliches, macht betroffen.

Noch einen ganz anderen Aspekt von Affenliebe entdeckte ich, als ich bei meiner Expedition zu den letzten Nasenaffen Borneos das Verhalten mancher Jungtiere gegenüber ihren Müttern dokumentieren konnte. Ich hatte zuvor schon von diesem seltsamen Verhalten gehört, doch bis zum Zeitpunkt meiner Expedition war es noch nie dokumentiert worden. Die Liebe der Jungaffen zu ihren Müttern geht nämlich so weit, daß sie es oft nicht dulden, wenn die Mutter den Paarungsabsichten eines männlichen Tieres folgt. Die Ablehnung des Jungaffen zeigt sich auf sehr ungewöhnliche Weise: Um die Paarung zu verhindern, geht der junge Affe zielstrebig auf die riesige Nase des männlichen Konkurrenten los, um kräftig an seinem Riechorgan zu ziehen.

Leider konnte ich nie feststellen, ob es sich bei den eifersüchtigen Jungtieren ebenfalls um männliche Tiere handelte. Sollte dies zutreffen, wären die Wurzeln des Ödipuskomplexes möglicherweise bereits bei unseren äffischen Vorfahren zu suchen. Wie es sich auch verhalten mag, für mich als unbeteiligten Zuschauer waren diese Begleiterscheinungen einer Paarung sehr interessant und komisch zugleich.

Wachsam sieht sich der Nasenaffe mit dem grotesken Riechorgan nach Gefahren um (ganz links)

Die jungen Rhesusaffen sind dagegen noch sorglos und könnten den ganzen Tag mit Spaß und Spiel verbringen. Die Affenmütter allerdings sind in ständiger Alarmbereitschaft und bleiben in nächster Nähe bei den Jungen

DIE FEINSCHMECKER-AFFEN
VON BORNEO

Die Zoologen haben den Fein-schmecker-Affen einen ganz ande-ren Namen gegeben, sie nennen sie Javaner-Affen. Doch dieser Name kann leicht zu einer falschen Annah-me führen. Diese Affenart existiert nämlich nicht nur, wie es der Name suggeriert, auf der Insel Java. Das Verbreitungsgebiet dieser Makaken-art erstreckt sich vielmehr auf sehr viele Länder Südostasiens, unter

anderem auch auf Borneo. Von den insgesamt etwa 190 Affenarten, die es auf der ganzen Welt gibt, haben sich eigentlich nur die Javaner-Affen das Territorium zwischen Dschungel und Meer, ja sogar den Bereich der Meeresbrandung, als Lebensraum erobert.
Es hat sicherlich Hunderttausende von Jahren gedauert, bis sie ihr Leben diesem für Affen fremdarti-

gen Umfeld angepaßt hatten. Heute sollen sie ganz selbstverständlich am Meer auf Futtersuche gehen. Diesem Phänomen wollte ich selber einmal nachspüren und vor allem für meine Leser und Zuschauer doku-mentieren. Obwohl ich damals gera-de erst von einer kräftezehrenden Expedition zu den letzten Nasen-affen Borneos zurückgekehrt war, entschloß ich mich, das feuchtheiße

Javaner-Makaken, die
sogenannten „Fein-
schmecker-Affen von
Borneo", die es auch noch
in vielen anderen südost-
asiatischen Ländern gibt.
Oben und links im Porträt,
ganz oben ein junger
Javaner-Affe bei vorsichti-
gen Kletterübungen. Diese
Affen leben am Meer

Klima und die sumpfigen Mangrovegebiete Borneos noch einmal in
Kauf zu nehmen. Ich war so neugierig auf diese andersartigen Affen,
die in einem sumpfigen Ökosystem
zwischen Dschungel und Meer leben.
Außerdem wollte ich auch herausfin-
den, ob und in welcher Weise die
Behauptung, diese Affen seien die
Feinschmecker der Mangrovesümpfe,
überhaupt zutraf.
Ein geeignetes Arbeitsgebiet schien
mir die Nordküste Borneos im heute
malaysischen Teilstaat Sarawak zu
sein. Denn dort befindet sich der
große Nationalpark von Bako, der
saubere Strände, kristallklares
Wasser und eine intakte Tierwelt
bieten sollte. Und tatsächlich waren
wir begeistert, in dem klaren Wasser
dort Einsiedlerkrebse zu beobachten, die in den unterschiedlichsten
Muscheln hausten. Ich hatte fast den
Eindruck, sie wollten ihrem Namen
„Einsiedler" keine Ehre machen, denn
wir konnten sehr häufig Paarungsver-
suche beobachten.
Auch die wunderbare Welt der Koral-
lenriffe unter Wasser schien völlig in
Ordnung zu sein, eine so zauber-
hafte Farben- und Formenvielfalt
entdeckten wir dort, daß wir uns
manchmal in eine richtige Märchen-
welt versetzt sahen. Von einer
Verschmutzung des Meeres konnte
hier noch keine Rede sein, denn
gerade diese Kleinstlebewesen
wären die ersten, die schlechtere
Umweltbedingungen zu spüren
bekämen.

Solcher Nahrung verdan-
ken die Feinschmecker-
Affen ihren Namen: Unten
Einsiedlerkrebse, die
sogar kleine Fische fres-
sen können; beliebte
Leckerbissen der Javaner-
Affen

Charakteristische Aufnahmen vom Mongrovedschungel: üppig wucherndes, beinahe undurchdringliches Grün und viele Luftwurzeln, die dieses Wachstum erst ermöglichen. In solchen Gebieten sind auch die Feinschmecker-Affen zu Hause

Das Landschaftsbild war von Abwechslung in Form und Farbe beinahe ebenso geprägt wie die Tierwelt. Entlang der Küste zeugen bizarre Felsformationen von den gewaltigen Stürmen des Südchinesischen Meeres, die hier Jahrtausende lang getobt haben müssen. Noch heute verändert die Kraft und Gewalt der Wellen während der Monsunstürme die Kalksteinfelsen der Küste: Dort können sich nur noch kümmerliche Ausläufer des tropischen Regenwalds halten, an vielen Stellen mußten sie dem salzigen Meerwasser bereits weichen.

In den ruhigeren Buchten des Bako-Nationalparks liegen die Mangrovewälder mit ihrem engen Geflecht von Wurzeln, die den Schlick des Meeres einfangen. Wegen seiner sumpfigen Beschaffenheit bildet der Untergrund eine so dichte und luftundurchlässige Schicht, daß die Mangrovebäume nach oben gerichtete Luftwurzeln besitzen, mit denen sie bei Ebbe den lebensnotwendigen Sauerstoff aufnehmen können.

Für Tage und Wochen wurde diese sumpfige Welt nun wieder zu unserem Arbeitsgebiet. In der manchmal unerträglich stickigen Treibhausluft und mit den allgegenwärtigen Moskitoschwärmen waren das nicht ausschließlich Tage voll guter Laune und Begeisterung. Denn wieder einmal mußten in mühsamer Arbeit gute Kameraverstecke errichtet werden; tagelang mußten wir nun darin ausharren und dabei mit der

Auf solche bizarren
Felsformationen stößt
man an der Nordküste
Borneos im Teilstaat
Sarawak am Süd-
chinesischen Meer

erbarmungslos herunterbrennenden Sonne zurechtkommen. Nur durch feuchte Tücher konnten wir uns von Zeit zu Zeit ein wenig Erleichterung schaffen, doch auch die Kameras hatten solche „Erfrischungen" dringend nötig: Im grellen Sonnenlicht heizten sie sich derartig schnell auf, daß wir sie bald als Bratpfannen hätten benutzen können, wenn wir nicht ständig für Abkühlung gesorgt hätten. Zwar bekamen wir die gesuchten Javaner-Affen relativ früh vor die Kamera, nur von den angeblichen Feinschmeckergewohnheiten konnten wir zunächst nichts feststellen. Vorerst verließen die Affen den an die Mangrove angrenzenden Regenwald nämlich überhaupt nicht. Dafür wurden wir dann Zeugen einer jener „Turnstunden für Anfänger", die die liebevollen Affenmütter ihren Jungtieren erteilen. Ihre Kletterfähigkeiten müssen die kleinen Affen über Wochen und Monate hinweg mühsam erlernen, sie sind ihnen nicht etwa angeboren. Und für diese Übungen eignen sich vor allem niedrige Büsche und Bäume mit sehr tief hängenden Ästen, bei denen ein Sturz keine ernsthaften Folgen haben kann.

Denn wenn so ein Jungäffchen auf den Boden stürzt und sich dabei zu dem Schrecken auch noch eine ernstliche Verletzung zuzieht, droht von noch einer unerwarteten Seite Gefahr: Hier in dieser Gegend gibt es nämlich auch viele Bartschweine. Diese Tiere sind Allesfresser, und ein kleiner verletzter Affe, der nicht flüchten kann, wäre bei der sonst hauptsächlich pflanzlichen Kost eine willkommene Abwechslung. Diese bärtige Wildschweinart, bei der die Männchen übrigens viel größere Backenbärte haben als die Weibchen, gibt es nur auf Borneo. Von den einheimischen Dschungelstämmen wird das Bartschwein mit Vorliebe gejagt – einst mit Blasrohr und Giftpfeilen, heute zunehmend mit modernem Jagdgewehr. Das hat allerdings dazu geführt, daß diese Tierart in manchen Teilen des Landes schon sehr rar geworden ist. In den Gegenden mit überwiegend mohammedanischer Bevölkerung, die aus religiösen Gründen kein Schweinefleisch ißt, nimmt ihre Zahl hingegen derartig zu, daß die Bartschweine bereits zu einer richtigen Plage geworden sind. Auch im Bako-Nationalpark gibt es einige Exemplare mehr als der zuständigen Aufsichtsbehörde eigentlich recht ist. Schließlich beobachtete ich dann zum erstenmal, daß die Javaner-Affen gelegentlich die Mangostan-bäume aufsuchten. Sie ernteten die Früchte dieser Bäume und verspeisten sie genüßlich. Was ihnen daran allerdings so schmeckte, war mir ein Rätsel, denn wilde Mangostanfrüchte sind noch erheblich saurer als Zitro-

nen. Von besonderen Feinschmeckergewohnheiten konnte man da wohl auch kaum sprechen, denn an diesen Früchten deckten die Affen lediglich ihren täglichen Vitamin-C-Bedarf. Obwohl die Javaner-Makaken bei diesen Mangostanfrüchten keine Futterkonkurrenten unter den anderen Affen befürchten müssen, räumten sie plötzlich das Feld, als eine ganze Horde einer anderen Affenart auftauchte.

Das waren Silberlanguren, die allerdings an den Früchten des Mangostanbaums überhaupt kein Interesse zeigten. Dieser Baum befand sich anscheinend nur auf ihrem Weg zu den richtigen Futtergebieten. Und dieses angestrebte Futtergebiet waren zu meinem großen Erstaunen doch tatsächlich die Mangrovebäume unweit meines Unterstandes! Noch nie zuvor hatte ich diese Schlankaffenart in den Mangrovebäumen auf Futtersuche gesehen! Das schien mir für diese ausschließlichen Blattfresser, die sich sonst immer tief im Dschungelinnern aufhalten, völlig untypisch! Als ihre bevorzugten Futterplätze gelten nämlich die allerhöchsten Bäume des Regenwalds. Die Aufnahmen, die ich dann von den Silberlanguren mitten in den Mangrovesümpfen machen konnte, waren wieder einmal ein Beleg dafür, daß viele Tiere, wie eben auch diese Affen, ihre Freßgewohnheiten im Lauf der Zeit durchaus an das Futterangebot anpassen können.

Silberlangur, eine sehr
elegant aussehende
Affenart. Vor allem für
junge Silberlanguren geht
vom Bartschwein (rechts),
das es auf Borneo noch
häufig gibt, Gefahr aus

Noch eine andere Besonderheit fiel mir auf: Ich konnte ein Muttertier filmen, das ein Neugeborenes bei sich trug. Dieses Affenbaby war grell orange gefärbt. Die Jungtiere der allermeisten Tierarten besitzen eine besondere Tarnfarbe, um vor den Gefahren des Dschungels anfänglich besser geschützt zu sein. Doch bei den Silberlanguren signalisiert das knallige Orange den anderen Affen aus der Sippe, daß es sich hier um ein neugeborenes Äffchen handelt, das besonderen Schutz und Unterstützung braucht. Diese Farbe bleibt dem jungen Äffchen ungefähr drei bis vier Wochen erhalten, und in dieser Zeit kann es unbekümmert alles lernen, was ein Affe so als Überlebenstechnik benötigt. Dann wird sein Fell allmählich grau, und es ähnelt den anderen Tieren der Horde immer mehr.

Wieder einmal hatte ich nicht die Javaner-Makaken gefilmt, weshalb ich ja eigentlich hier war, sondern ganz andere Affen, auch einige Schlangen, die mir zufällig über den Weg krochen. Wir waren eben gezwungen, unsere Standorte ständig zu wechseln, wobei wir nicht nur einmal bis zum Bauch in dem zähen Morast versanken. Doch bei allen Strapazen, die der Aufenthalt in diesem heißen Sumpfgebiet mit sich brachte, gab es auch immer wieder Überraschungen. So hatte ich plötz-lich einen Pfeilschwanzkrebs vor dem Objektiv. Das war eine gelunge-ne Überraschung, da dieses Tier nur äußerst selten an Land kommt. Dieser Krebs lebt schon seit dem Kambrium, also seit etwa 300 Millio-nen Jahren, auf der Erde. Ich hatte also eine Begegnung mit einem Urtier, das war doch eine ganz besondere Situation! Weil sich schon einmal die Gelegenheit bot, konnte ich der Versuchung nicht widerste-hen und sah nach, was sich unter dem starken Panzer des Pfeil-schwanzkrebses verbarg: Ein ziem-lich kleiner Körper im Verhältnis zum relativ kräftigen Panzer war darunter, mit lamellenartigen Kiemen und insgesamt zehn Beinen. Dann begab ich mich in ein neues Versteck zur Beobachtung der Javaner-Affen, denn schließlich hatte ich an meinem ursprünglichen Expe-ditionsziel noch immer Interesse: Ich wollte feststellen, was es mit den angeblichen Feinschmeckergewohn-heiten dieser Affen auf sich hatte. Eigentlich war dieses neue Versteck ein richtiger Ausguckfelsen. Und den verließ ich nun während fünf langer Wochen beinahe überhaupt nicht mehr. Von morgens bis abends warten, ausspähen, wieder warten. Aber endlich gelangen von dieser Stelle aus doch noch die Aufnah-men, auf die wir alle so lange hatten warten müssen. Wir entdeckten die Javaner-Affen, als sie sich zunächst nur äußerst zaghaft auf die Sandflä-chen wagten, die während der Ebbe sichtbar wurden. Das Futter, nach dem sie dort suchten, mußte sehr klein, beinahe unscheinbar sein. Dann suchten sie von Zeit zu Zeit auch zwischen den Luftwurzeln der Mangrovebäume herum. Zwar konn-te ich mir gut vorstellen, daß sie dort in den Wasserpfützen kleine Meerestiere fanden, doch sie deshalb als Feinschmecker zu bezeichnen, schien mir jedenfalls nicht angebracht.

Aber eines Tages hatte ich allen Grund zum Staunen: Einer der Javaner-Makaken, den ich während einer Flutperiode vors Objektiv bekam, schwamm zielstrebig ins Meer hinaus, um dort einen ange-schwemmten Fisch genauer unter die Lupe zu nehmen. Es war absolut verblüffend, wie zügig dieser Affe ins Meer hinausschwamm, denn ich hatte noch nie zuvor erlebt, daß ein Affe richtig schwamm und nicht etwa nur herumplanschte. Doch dieser Affe fühlte sich ganz offen-sichtlich über und unter Wasser ebenso wohl wie an Land, weshalb also sollte er nicht auch im Wasser auf Futtersuche gehen?

Doch leider fand die erwartete große Fischmahlzeit dann gar nicht statt, denn schließlich schwamm das Tier ohne den zuvor inspizierten Fisch zurück. Ich nahm an, daß er für die Nase des Feinschmecker-Affen vielleicht schon zu weit in den Zustand der Verwesung übergegan-gen war und er deshalb auf diese Beute verzichtete.

Oben links: ein Nasen-
affenweibchen unterwegs
zwischen Luftwurzeln.
Oben und links im Bild
Pfeilschwanzkrebse,
lebende Fossilien

Nachdem ich schließlich einige Male Javaner-Affen bei solchen Feinschmecker-Mahlzeiten vermuten konnte – die Entfernung war einfach viel zu groß, um es genau ausmachen zu können –, war mir klar, daß ich mit anderen Mitteln vorgehen mußte, wollte ich doch noch zu überzeugenden Aufnahmen kommen. So investierte ich noch einiges an mühevoller Kleinarbeit in die bessere Tarnung meiner Unterstände. Und tatsächlich, nun näherten sich die Affen sogar bis auf wenige Meter, vor allem, wenn die Ebbe-Periode in die späten Vormittagsstunden fiel. Nun hatte ich endlich genau im Blick, was diese Feinschmecker da mit Vorliebe verspeisten: Alle möglichen Krustentiere, also Krebse und Krabben, vereinzelt Garnelen und

auch kleinere Fische schmeckten ihnen offenbar außerordentlich gut. Allerdings hatten sie nur an wirklich frischer Nahrung Interesse, alles andere blieb unbeachtet.

Damit stand nun fest, daß sich die Javaner-Affen – als einzige mir bekannte Affenart – tatsächlich auf Krustentiere spezialisiert hatten. Allerdings kam ich schnell zu dem Schluß, daß solche Feinschmeckermahlzeiten für sie nur so etwas wie ein zweites Frühstück darstellen konnten. Fiel nämlich nicht die Ebbe, sondern die Flut in die späten Vormittagsstunden, dann ließen sie sich den ganzen Tag über nicht in den Mangroven sehen und hatten anscheinend überhaupt keine Schwierigkeiten, ihren Tagesbedarf an Futter im Dschungel zu decken.

Selbst ein üppig gedeckter Tisch in den frühen Nachmittagsstunden schien völlig uninteressant für sie; zu dieser Zeit zogen die Affen es vor, sich die Bäuche mit den Blättern der Dschungelbäume vollzuschlagen. Andererseits verlangte es ja auch eine große Geschicklichkeit und Geduld, um an das spärliche Fleisch der Krebse überhaupt heranzukommen. Nach meinen Beobachtungen in den Mangrovesümpfen Borneos möchte ich behaupten, daß Fische und Krustentiere zwar zum Speiseplan der Javaner-Affen dazugehören, jedoch nur einen kleinen Prozentsatz ihrer Nahrung stellen und nicht, wie manchmal behauptet wird, einen beträchtlichen Teil. Denn je nach Futterangebot konnten die Feinschmecker-Affen entweder stunden-

Hier gelang es, die ungewöhnlichen Freßgewohnheiten der Javaner-Affen im Bild festzuhalten: ganz rechts der Fang eines Krebses, daneben die Affen beim genüßlichen Mahl. Der Feinschmecker im Baum (oben), erfreut sich auch an einem Krebs

lang bei ausgiebigen Mahlzeiten am Stand verweilen oder aber auch ganz darauf verzichten und sich als Vegetarier im Dschungel sattfressen. Glücklicherweise sind diese Feinschmecker-Affen mit ihrem großen Verbreitungsgebiet eine Tierart, die keineswegs vom Aussterben bedroht ist. Zwar gibt es da und dort noch Angehörige einiger Dschungelstämme, die auf die Feinschmeckeraffen Jagd machen, da sie ihrerseits ausgefallene Feinschmeckergewohnheiten befriedigen möchten. Aber inzwischen gibt es schon viele solcher gut bewachten Schon- und Schutzgebiete wie den Nationalpark von Bako, so daß der Fortbestand dieser Affenart mit ihren außergewöhnlichen Freßgewohnheiten eigentlich gesichert ist.

DER GEISTERBERG VON BORNEO – ORANG-UTANS

Orang-Utans. Diese Menschenaffenart findet man heute nur noch auf Sumatra und in Borneo. Hier im Bild ein Jungtier

Von den vier Menschenaffenarten Gorilla, Schimpanse, Gibbon und Orang-Utan lebt neben den weitverbreiteten Gibbons noch der Orang-Utan im südostasiatischen Raum. Allerdings gibt es den „Waldmenschen", wie die genaue Übersetzung des malayischen Namens „orang hutan" lautet, nur noch in einem kleinen Teil Sumatras und auf Borneo. Fossile Funde aus dem Pleistozän belegen aber, daß Orang-Utans in der Frühzeit auch im Süden Chinas, im Norden Vietnams, in Laos und auf Java gelebt haben müssen. Anders als die kleinen und unvorstellbar flinken Gibbons sind Orang-Utans eigentlich ausnahmslos sehr kräftige, stämmige Tiere. Das Orang-Utan-Weibchen kann ausgewachsen bis zu 1,50 Meter groß sein und wird dabei 30 bis 50 Kilogramm schwer. Orang-Utan-Männchen haben aufgerichtet manchmal eine Größe von bis zu 1,80 Meter. Dabei können sie bis zu zwei Zentner schwer sein. Orang-Utans sind damit die größten und schwersten Tiere unter den existierenden Baumbewohnern. Die sehr langen und muskulösen Arme können eine Spannweite von zweieinhalb Meter haben, während die Beine im Verhältnis dazu ausgesprochen kurz sind. Jedoch besitzt ein Orang-Utan sowohl an den Armen als auch den Beinen kräftige Finger, die sehr fest zugreifen können, weshalb man diese Tiere häufig auch treffend als sogenannte „Vierhänder" bezeichnet.

Nach aktuellen Schätzungen gibt es heute noch ungefähr 2 000 bis 3 000 wildlebende Exemplare dieser großen Menschenaffenart mit dem zottigen, rotbraunen Fell. Die Weibchen werden erst im Alter von etwa zehn Jahren geschlechtsreif. Dann bringen sie jedoch auch nur alle drei bis vier Jahre jeweils ein Junges zur Welt. Denn solange dieses Junge gesäugt und großgezogen wird, ist die Orang-Utan-Mutter überhaupt nicht empfängnisfähig – eine Einrichtung der Natur, die sicherlich gewährleisten soll, daß dieses „Einzelkind" der Orang-Utan-Mutter allen Gefahren des Urwalds gewachsen ist, bevor es eines Tages selbständig durchs Revier streift. Und da über die geringe Nachkommenschaft hinaus das Durchschnittsalter der noch frei lebenden Orang-Utans bei etwa 30 Jahren liegt, war mit einer explosionsartigen Vermehrung dieser Tierart ohnehin noch nie zu rechnen.

Der größte Feind der Orang-Utans ist und bleibt der Mensch, der diese Tiere bereits seit Jahrtausenden verfolgt. Sogar vor noch gar nicht allzu langer Zeit ging man so weit, Muttertiere abzuschießen, um an ihre Jungtiere heranzukommen, die in zoologische Gärten umquartiert werden sollten.

Trotz ihres hohen Körpergewichts sind Orang-Utans dem Baumleben bestens angepaßt. Dies nicht nur aufgrund ihrer vier „Hände", die sie alle gleichermaßen geschickt und kraftvoll einsetzen können. Besonders die jüngeren Orang-Utans haben Gelenke mit derartig langen und dehnbaren Bändern, durch die sie ihre Beine in so extremen Winkeln abspreizen können, daß man beim Zuschauen unwillkürlich denkt, das müsse dem Tier höllisch weh tun. Dennoch hatte ich jedesmal, wenn ich mit viel Glück einige der scheuen Tiere beobachten konnte, den Eindruck, daß trotz aller Geschicklichkeit die Größe und das Gewicht der Orang-Utans doch ein gewisses Handikap darstellten. Denn nicht alle Äste der Urwaldbäume sind stark genug, um einen Orang-Utan zu tragen. Da krachen und brechen nur allzu häufig Äste herunter, wenn sich diese großen Menschenaffen auf Futtersuche durch den Wald bewegen. Auch die Schnelligkeit der Fortbewegung wird davon natürlich beeinträchtigt. Die Gibbons haben es da im Vergleich zu den Orang-Utans sehr viel einfacher. Für einen Orang-Utan steht derartige Leichtigkeit in der Fortbewegung von Baum zu Baum durch einfache Hangelkunststücke völlig außer Frage. Statt dessen gelangen sie mit einer ganz anderen Methode zum nächsten Baum: Entweder recken und strecken sie sich in ihrer ganzen Körpergröße so weit, bis sie einen starken Ast ergreifen können, oder aber sie rütteln und schütteln so lange an dem Baum, auf dem sie sich gerade befinden, bis sich dieser so weit überneigt, daß sie den nächsten, angestrebten Baum durch Springen erreichen können. Einfallsreich und raffiniert erscheinen alle diese Techniken, doch als besonders schnell oder gar bequem kann man sie kaum bezeichnen. Wahrscheinlich hängt es auch damit zusammen, daß viele der Orangs, besonders wenn sie älter und damit etwas ungelenkiger werden, auf den Boden herunterkommen, um bequemer die Entfernung zum nächsten früchtetragenden Baum überwinden zu können.

Immerhin ziehen sich über 30 % aller Orang-Utans während ihres Lebens mindestens einen Knochenbruch zu; dies stellte sich bei der Untersuchung von Skeletten erwachsener Tiere heraus. Wahrscheinlich liegt es ebenfalls in der Größe dieser Tiere begründet, daß sie vorwiegend als Einzelgänger durch den Urwald streifen. Denn da sie sich hauptsächlich von Früchten aller Art ernähren und nur selten auch einmal mit Blättern vorliebnehmen, muß sich jeder Orang-Utan ganz ordentlich anstrengen, um seinen Tagesbedarf decken zu können.

Die früchtetragenden Bäume können im Dschungel nämlich oft sehr weit voneinander entfernt zu finden sein. Und anders als in unseren europäischen Breiten gibt es Bäume, die nur alle zehn bis fünfzehn Jahre Früchte tragen, aber auch solche, die ganzjährig mit Früchten behangen sind, aber möglicherweise nur an einem einzigen Ast hängen. Außerdem spielen Einflüsse, wie zum Beispiel starke Temperaturschwankungen oder plötzliche Unwetter, eine große Rolle für den Fruchtbestand.

Ein Dasein als Einzelgänger führen die Männchen, sobald sie sich von ihren Müttern gelöst haben. Gesellschaft suchen sie dann für den Rest ihres Lebens nur noch die wenigen Male, in denen sie kurz mit einem Weibchen zur Paarung zusammenkommen.

Orang-Utans befinden sich häufiger am Dschungelboden als andere Affenarten, vor allem wenn sie sich auf Futtersuche begeben. Denn ihr Gewicht erlaubt den kräftigen Tieren nicht immer, jeden Ast zur Fortbewegung zu nutzen. Dennoch sind sie dem Baumleben gut angepaßt, und vor allem junge Orang-Utans wie hier im Bild sind noch sehr beweglich

Als Nahrung dienen dem Orang-Utan hauptsächlich Früchte. Von allen Menschenaffen ist der Orang-Utan am meisten gefährdet

AFFENARTIG
IST NICHT IMMER ARTIG

Sicher sind wirklich alle Affen für die Menschen sehr liebenswerte Geschöpfe, für deren Schutz und Erhaltung einzutreten nicht nur besonders wichtig und lohnenswert ist, sondern auch verhältnismäßig leichtfällt. Sind die Affen doch unsere nächsten Verwandten, die uns vielleicht deshalb so faszinieren, weil sie uns in Aussehen und auch Verhalten häufig an uns selbst erinnern.

Wie menschlich das Verhalten der Affen anmuten kann, habe ich selber oft erfahren können; von diesen manchmal lustigen, manchmal aber auch traurigen oder sogar tragischen Ereignissen möchte ich dem Leser einige nicht vorenthalten ...

Zunächst möchte ich da noch einmal auf die allseits beliebten und gerne geduldeten Tempelaffen zurückkommen. Mit ihrer ständigen Gegenwart, die sie durch lautes Geschrei und aufgeregtes Gehüpfe und Gespringe unterstrichen, wenn es darum ging, den Pilgern möglichst viele Leckerbissen abzugewinnen, erinnerten sie mich oft an gewisse Hauswarte, die davon überzeugt sind, an diesem Ort für alle anderen völlig unentbehrlich und von größter Wichtigkeit zu sein. Negativ und nicht nur affenartig, sondern vor allem „unartig" fielen darunter solche gierigen Schnellfresser auf, die in großer Angst, ein anderer Affe könne ihnen etwas wegfressen, alles Erreichbare an Futter in Windeseile in sich hineinstopften – ob der Hunger nun groß

Wenn es ums Futter oder ums Territorium im allgemeinen geht, kennen viele Affen „keinen Spaß": Hier tragen zwei rivalisierende Langurengruppen ihre Streitigkeiten aus (oben). Darunter eine Langurenmutter, die um ihr Junges stets sehr besorgt ist. Bei diesen Languren handelt es sich um Hulman-Affen

oder klein war. Doch solche Erscheinungen waren zugegebenermaßen eher selten und trugen bei vielen Zuschauern, den Touristen, Einheimischen und Pilgern sehr zur Heiterkeit bei.

Zwar wies ich schon darauf hin, daß die Affen auch für die Inder keine „heiligen Tiere" sind, doch es gibt eine alte indische Legende, die die besondere Achtung und Liebe, die die Menschen hier den Affen entgegenbringen, erklären könnte.

Diese Geschichte erzählt, daß vor vielen tausend Jahren die Affen dem göttlichen Helden Rama geholfen hätten, seine Frau Sita zurückzuerobern. Die soll nämlich von bösen Dämonen geraubt und gefangengehalten worden sein. Außerdem erzählen sich die Leute hier auch gern die Geschichte von den Streifenhörnchen: Diese Tierchen, die damals noch gar nicht gestreift gewesen sein sollen, sollen Rama in großen Scharen zu Hilfe geeilt sein, als er die Brücke zur Insel Lanka hinüber baute. Dafür soll Rama sie später liebevoll und dankbar über den Rücken gestreichelt haben. Und so tragen sie noch heute den Abdruck des göttlichen Fingers auf dem Rücken.

Eine andere Affenart findet noch heute in Form einer Statue in ganz Indien Verehrung. In fast jedem Tempel existieren Darstellungen des „Hanuman" oder Reliefs und Bilder mit Darstellungen von Hanuman. Hanuman genießt seine Verehrung als Götterbote in Gestalt eines Affen, der fliegen kann. Die Affen auf all diesen Hanuman-Darstellungen sehen den Hulman-Affen nicht nur zum Verwechseln ähnlich, sie sind eigentlich mit ihnen identisch, lediglich der Name wurde im Laufe der Zeit etwas abgeändert.

Dieser Götterbote, der fliegende Hanuman-Affe, soll in selbstloser Treue zu Rama versucht haben, diesem zu Hilfe zu kommen, als dessen Bruder schwer verletzt war. Denn nur ein ganz bestimmtes Heilkraut, das es wiederum nur im Himalaya gab, konnte den Kranken noch retten. Da flog Hanuman sofort los, nur leider hatte er anscheinend kein gutes Gedächtnis, denn kaum unterwegs, vergaß er den Namen des Krautes, das er holen sollte. Doch in seiner Entschlossenheit, schnell Hilfe zu bringen, soll er kurzerhand einen ganzen Gipfel des Himalayagebirges gebracht haben, damit aus allen Kräutern das richtige herausgesucht werde.

Ein anderes Mal muß es zu einem Mißgeschick gekommen sein, dem die Hulman-Affen mit größter Wahrscheinlichkeit heute ihren Namen verdanken: Hanuman geriet selber in Gefangenschaft böser Dämonen, die ihn auf einem Scheiterhaufen verbrennen wollten. Im allerletzten Augenblick konnte sich Hanuman – aus eigener Kraft – befreien und kam noch einmal mit dem Leben davon, doch er verbrannte sich dabei Gesicht und Hände. Dies soll

Statue von Hanuman, der als Götterbote in Affengestalt Verehrung genießt. Solche oder ähnliche Statuen sieht man in Indien häufig. Die Hulman-Affen (links) gelten als die direkten Nachkommen Hanumans: Das schwarze Gesicht und die schwarzen Hände sollen sie von ihm geerbt haben. Als Nachkommen Hanumans sind die Hulman-Affen besonders beliebte Tiere

der Grund sein, weshalb die Hulman-Affen, die direkten Nachkommen des Hanuman, noch heute solche schwarzen Gesichter und Hände haben.

Biologisch gesehen sind die Hulman-Affen die größte existierende Langurenart, die wiederum zu den Schlankaffen gehören. Sie erreichen nämlich eine Größe von etwa 80 Zentimetern, dazu haben sie noch einen Schwanz von fast 1 Meter Länge. Im Himalaya-Gebiet, wohin Hanuman einst geflogen sein soll, gibt es sie tatsächlich noch heute, sie sind aber auch im ganzen restlichen indischen Raum und auf Sri Lanka nach wie vor weit verbreitet. Und fast noch häufiger als jede andere Affenart gehören sie wie eine feste Einrichtung zu den Tempeln Indiens; sie leben in kleineren Ortschaften, mit besonderer Vorliebe auch in den Gärten der Einwohner, wo sie in Hülle und Fülle die von ihnen geliebten Früchte oder Blätter finden. Einmal erlebte ich Affen, die sich – ähnlich wie so mancher Mensch – nicht mehr artig benahmen, als nämlich Alkohol ins Spiel kam. Vor allem kleine Rhesusäffchen konnte ich oft dabei beobachten, wie sie sich am Palmwein, der auch den Einheimischen recht gut schmeckt, gütlich taten. Gerade die Rhesusaffen sind in Indien ohnehin als kleine Säufer bekannt, und verständlicherweise geraten die Bauern von Zeit zu Zeit in Wut, wenn allzu rigoros über ihre Palmweintöpfe hergefallen

Diesen Affen, der sich gerade auf die Kühlerhaube schwingt, nannte Werner Fend später „Adolar, den Autohasser"

wird. Doch da machen es die Affen in ihrer Gier dem Bauern einfach nach: Wie er klettern sie hoch in die Palmen, möglichst gleich an eine zuvor vom Bauern frisch angeschnittene Stelle, denn auch die Affen sind anscheinend der Auffassung: Der Thekenplatz ist immer noch der schönste.

Und noch ein Erlebnis werde ich wohl nie vergessen, das ich mit einem Affen hatte, der sich so gar nicht „artig benehmen" wollte! Ich kurvte einmal ganz gemütlich mit einem kleinen Auto auf einer der Dschungelstraßen Indiens dahin. Da stürzte plötzlich ein Affe aufs Auto zu, sprang auf die Motorhaube, obwohl ich natürlich hupte, als ich nach der ersten Schrecksekunde ahnte, was er im Schilde führte. Auf der Motorhaube vollführte er die wildesten Sprünge. Hielt er mich vielleicht für ein „Tier mit vier Rädern", das in sein Revier eindringen wollte? Schließlich riß mir der wütende Affe mit kraftvollem Schwung den Scheibenwischer vom Auto, und mit dieser „Beute" zog er davon. Erst nachdem auch meine Begleiter mir bestätigten, ich hätte soeben nicht geträumt, konnte ich glauben, was passiert war.

Noch nach Jahren trauert „Adolar" um seine Gefährtin, die von einem Auto überfahren wurde. Hier „rächt" er sich an Fends Scheibenwischer

Das Tier hielt ich zunächst einfach für einen hysterischen Affen. Doch als ich später seine Geschichte von einigen Dorfbewohnern erfuhr, wurde mir die ganze Tragweite seines traurigen Schicksals bewußt. Seine Lebensgefährtin war vor etlichen Jahren versehentlich von einem Auto totgefahren worden – vor den Augen des Affen! Seitdem haßte er alle Automobile und ging wutentbrannt auf sie los – wie auf ein feindliches Tier, obwohl er natürlich gegen einen solchen Blechkasten nicht viel ausrichten konnte. Seitdem schätzte ich den ungestümen Angreifer als besondere Affen-Persönlichkeit – als Affen mit „Charakter". Ich hoffe nur, daß er seinen aussichtslosen Kampf gegen die Zivilisation und ihre manchmal verheerenden Auswirkungen auf die Tier- und Pflanzenwelt nicht inzwischen mit dem eigenen Leben bezahlen mußte.

Das waren sie: alle meine Affen – die lustigen, die traurigen, die einsamen und die frechen Affen. Ich hoffe, daß sie meinen Lesern nun vielleicht ebenso ans Herz gewachsen sind wie mir während meiner langen Aufenthalte bei diesen munteren Gesellen.

Menschenaffen

Menschenaffen, die zur Familie der Altweltaffen gehören und die in Afrika, Sumatra und Borneo vorkommen, sind die Tiere, die dem Menschen sowohl in Aussehen als auch „geistigen" Fähigkeiten am nächsten stehen.

Von den verschiedenen Menschenaffenarten der Gorillas, Schimpansen und Orang-Utans sind die Gorillas und Schimpansen dem Menschen näher verwandt als die Orang-Utans, was durch Untersuchung der Bluteiweiße herausgefunden wurde. Bis vor kurzem galten auch die Gibbons, eine etwas kleinere Affenart, einwandfrei als Menschenaffen, doch in jüngster Zeit werden sie von den Zoologen zunehmend als gesonderte Familie behandelt. Als ausgesprochene Urwaldbewohner sind die Gibbons in ganz Südostasien, in Sumatra, Borneo und Java sowie einigen malaysischen Inseln verbreitet. Ihre Ernährung beschränkt sich hauptsächlich auf Pflanzen und

Früchte, auch ihren Flüssigkeitsbedarf decken sie mit Hilfe von Grünfutter. Gelegentlich kann man auch beobachten, daß sie die Wassertropfen regenfeuchter Blätter ablecken. Die Eigenschaften der Menschenaffen, die äußerlich den Menschen so ähneln, sind vielfältig: Normalerweise bewegen sich diese Affen zwar auf vier Beinen, gelegentlich richten sie sich aber auf und können so auch kürzere Strecken zurücklegen. Dann fällt allerdings auch auf, daß die Menschenaffen – anders als der Mensch – viel längere Vorderarme als Beine haben. Dies ist für das Schwingen von Ast zu Ast und das Greifen nach weit entfernten Blättern oder Früchten vorteilhaft. Menschenaffen tragen ihre Jungen etwa acht bis neun Monate aus, und ähnlich wie beim Menschen wird das Junge in hilflosem Zustand geboren und deshalb zunnächst von der Mutter immer herumgetragen und gesäugt. Außerdem besteht eine

große anatomische Ähnlichkeit zwischen den inneren Organen der Menschenaffen und denen der Menschen. Sie gleichen sich nicht nur in Größe und Gestalt, sondern haben auch eine ähnliche Lage im Körper.

Was nun die „geistigen" Fähigkeiten der Menschenaffen betrifft, die näher an die der Menschen heranreichen als die aller anderen Tierarten, so führt man sie nicht nur auf die beachtliche Größe des Gehirns bei Menschenaffen zurück, sondern auch auf das angeborene Neugierverhalten der Tiere. Als die „intelligenteste" Menschenaffenart gilt dabei der Schimpanse, dicht gefolgt von Gorilla und Orang-Utan. Leider sind heute alle Menschenaffenarten – wie viele Tiere – in ihrem Bestand bedroht. Am meisten betroffen ist der Orang-Utan, den man nur noch in einigen Rückzugsgebieten auf Borneo findet.

Borneo

Borneo ist als die größte der Sunda-inseln und als drittgrößte Insel der Erde die Heimat der Orang-Utans. Doch auch Gibbons und andere Affenarten, wie z. B. die ebenfalls selten gewordenen Nasenaffen, kommen vor, außerdem noch einige seltene Wildkatzenarten, Hirsche, Schlangen und viele Vogelarten, von denen manche, wie z. B. eine Rebhuhnart und eine Unterart des Nashornvogels, ausschließlich hier existieren.

73 % der Landesfläche Borneos sind indonesisches Staatsgebiet, die restliche Fläche im Nordwesten und Norden des Landes gehört zu Malaysia und Brunei. Die Inselgebiete, die Borneo umgeben, wie z. B. die kleinen Sundainseln, gehören zu den unruhigen, von Erdbeben und Vulkanausbrüchen geprägten Gegenden unserer Erde. An Tiefseegräben und Bruchlinien entlang reihen sich Vulkane zahlreich an den Gebirgsketten. Borneo dagegen, das in indonesischer Landessprache „Kalimantan" heißt, stellt eine alte, stabile Landmasse dar. Durchs ganze Land ziehen sich Gebirgsketten, die von vielen Flüssen, Hochflächen und Hügellandschaften durchbrochen sind. Borneo liegt in der Klimazone eines regenreichen Äquatorialklimas, das sich vor allem durch gleichmäßig hohe Temperaturen bei etwa 27°C und ganzjährige Niederschläge zwischen 2000 und 4000 mm/Jahr auszeichnet. Glücklicherweise sind die Regenwälder Borneos, von

denen immerhin ca. 80 % der Landesfläche bedeckt sind und die als undurchdringliche Mangrovewälder auch die Küsten säumen, kaum forstwirtschaftlich erschlossen. So findet man hier noch große Gebiete unberührter Urwälder, wobei besonders die Bergwälder, wie sie beispielsweise am 4001 Meter hohen Kinabalu existieren, eine unglaubliche Artenfülle aufweisen.

Obwohl die Land- und Forstwirtschaft bisher noch wenig entwickelt ist, finden viele Erwerbstätige im landwirtschaftlichen Bereich Beschäftigung. An den Küsten wird viel Naßreisanbau betrieben, auf den Plantagen werden hauptsächlich Kokospalmen und Kautschuk kultiviert. Kautschuk stellt eines der wichtigsten Exportgüter dar. An den

Küsten und vielen Binnengewässern gehen die Menschen dem Fischfang nach, doch diese Tätigkeit ist zumeist auf den unmittelbaren Eigenbedarf beschränkt.

Leider gewannen durch Interessenten aus dem Ausland Abholzung und Holzexport mit der Zeit vor allem in Gegenden von Sabah und Sarawak zunehmend an Bedeutung. Doch in den vergangenen Jahren wurden zahlreiche Gebiete unter strengen Naturschutz gestellt, so daß man hier auf die Erhaltung großer Teile der Natur und einiger selten gewordener Tiere hoffen darf.

MEINE GEFÄHRLICHSTEN ABENTEUER

Meine bisherigen Berichte haben es sicher schon deutlich gemacht: Manche Situationen, in die ich auf meinen Expeditionen in den Dschungeln Südostasiens geriet, waren in der Tat äußerst brisant und haben mich mehr als einmal in ernstliche Gefahr, ja sogar in Lebensgefahr gebracht.

Des Risikos, das man bereits mit dem ersten Schritt in den Dschungel eingeht, bleibt man sich eigentlich immer bewußt. Dieser Angst – oder nennen wir es vielleicht besser die Ungewißheit darüber, ob alles gut verlaufen wird – entkommt sicherlich niemand. Dieses Gefühl von vager Angst habe ich immer deutlich gespürt, es war mit jeder neuen Expedition in den Dschungel untrennbar verbunden. Jedoch erzeugte es auch stets eine gewisse Spannung in mir, ein gesteigertes Lebensgefühl, das alles, was geschieht, zum Ereignis werden läßt. Nur darauf kann ich es wohl auch zurückführen, daß ich mich trotz der manchmal immensen körperlichen Strapazen nie davon abhalten ließ, immer wieder in diese Welt voll Spannung und Abenteuer zurückzukehren.

Mit Tigern fing es an ... mit Tigern hört es auf!

Da alle meine faszinierenden Aufenthalte in dieser fernen Welt als Folge der beeindruckenden Erlebnisse mit Tigern zustande kamen, erzähle ich auch im letzten Kapitel meines

Buches von Tigern. Denn mein Leben wurde ohnehin immer dann besonders gefährlich und abenteuerlich, wenn ich mit diesen Herrschern des Dschungels zusammentraf. Und so tauchen nun die gefährlichen und vielleicht geschicktesten Jäger des Dschungels wieder auf, wenn ich über meine gefährlichsten Abenteuer berichte, zu denen auch abenteuerliche Begegnungen mit außer Rand und Band geratenen wilden Elefanten und den sagenhaften Komodo-Waranen gehören.

Der große Waran (oben) verschlingt mühelos eine ganze Ziege. Der fast unumschränkte Herrscher des Dschungels dagegen, der Tiger, streift hier noch suchend durch den Dschungel

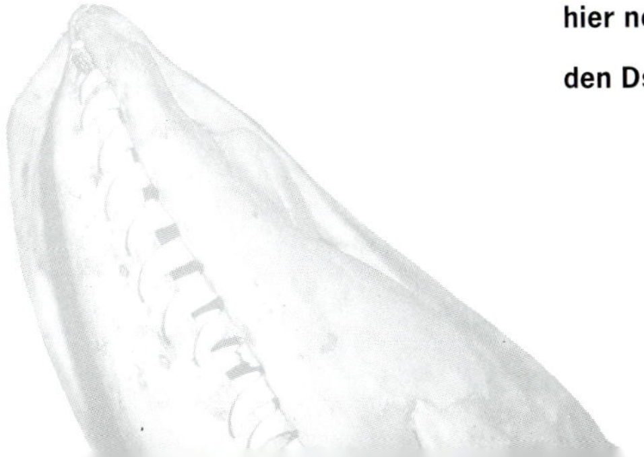

TIGER FRESSEN
KEIN GESICHT

Auf den ersten Seiten dieses Dschungelbuchs habe ich dem Leser ausführlich von meinen Abenteuern mit den Tigern erzählt. Von der Jagd, die ich auf verschiedenste Art und Weise auf diese stattlichen Raubkatzen gemacht habe: die Jagd mit der Kamera, um endlich einmal schöne Aufnahmen von diesen Tieren in freier Wildbahn zeigen zu können. Dann natürlich meine vielen Jagden nach den Menschenfressern unter den Tigern, im Lauf der Zeit zunehmend mit Narkosegewehr und Käfig-Konstruktionen. Menschenfresser, die

entweder – wie die Tiger der Sunderbans – grundsätzlich den Menschen in ihr Beuteschema aufgenommen haben oder aber durch ungünstige Umstände dazu veranlaßt wurden. Doch ganz gleich, wie und durch welche Umstände Tiger, vereinzelt auch Leoparden, zu sogenannten „Man-Eaters", also Menschenfressern, werden, eines haben sie dabei gemeinsam: Bevor sie damit beginnen, von ihren frischgerissenen, menschlichen Opfern zu fressen, müssen diese auf dem Bauch liegen. Da kann der Hunger noch so groß

Dieser Büffelriß fand ebenso bei Nacht statt wie der Riß der Ziege durch einen Leoparden (unten). Da Raubtiere ihren Opfern nicht ins Gesicht sehen können, griff Werner Fend häufig zum Trick mit der Maske (links), um sich so auch von hinten besser vor den gefährlichen Tieren zu schützen

sein, nie würde ein Tiger zu fressen beginnen, wenn ihn sein Opfer dabei sozusagen „ansehen" könnte! Die Jäger Indiens behaupten fast einhellig, das hinge damit zusammen, daß diese Raubkatzen keinem Menschen in die Augen sehen könnten, und erst recht nicht in die starren, sicherlich auch noch vor Schreck weit aufgerissenen Augen eines getöteten Tigeropfers.

Eine seltsame Beobachtung konnte ich selber in den vielen Jahren machen, in denen ich die Schauplätze solcher „Tiger-Greueltaten" in Augenschein nahm: Das Innere der Handflächen der von ihnen getöteten Menschen fressen die Raubkatzen grundsätzlich nie. Doch konnte ich dafür bis heute keine Erklärung finden, und allem Anschein nach wird die Ursache dieses Phänomens auch noch weiterhin im dunkeln bleiben. Die Erkenntnis, daß Tiger den Menschen offenbar nicht in die Augen sehen können, machte ich mir mehrere Male zunutze, wenn ich den gefährlichen Raubtieren zu Filmzwecken ganz besonders nahe kommen mußte: Mit einer Maske versehen, die quasi einen „zweiten" Werner Fend darstellte, kam ich den Raubtieren so nahe, daß mir manchmal selbst der Atem stockte. Um den Effekt am besten auszunutzen, setzte ich die Maske nach hinten auf, sah also – zumindest für einen Tiger – von vorne genauso aus wie von hinten und schützte mich so vor einem Angriff in den Rücken.

Man kann seine eigene Gefährdung durch Tiger auch ein wenig vermindern, indem man besonders aufrecht und gerade geht. Denn häufig wurden Menschen dann von Tigern angegriffen, wenn sie gerade in sitzender, kauernder oder gebückter Position waren. Der aufrechte Gang jedoch vermittelt den Raubkatzen offenbar, daß es sich hier um ein Lebewesen handelt, das nicht in ihr Beuteschema paßt – es sei denn, man steht ausgerechnet einem der gefürchteten Man-Eater gegenüber. Am bewährtesten, wenn auch ein wenig seltsam anmutend, ist deshalb der Trick mit der Maske, um den gefürchteten Tiger seinerseits auf Distanz zu halten. Denn: Tiger fressen kein Gesicht ...

KOMODO-WARANE — GEFÄHRLICHE JÄGER DES DSCHUNGELS

Eine urwelthaft anmutende Art von Raubechsen sind die Komodo-Warane, die, wie ihr Name schon andeutet, auf Komodo, einer der tausend tropischen Inseln Indonesiens, beheimatet sind – einer paradiesischen Landschaft im Reich der Südseeinseln. In diesem Naturparadies leben die Komodo-Warane, Reptilien von fast vier Meter Länge.

Wegen ihres Aussehens, das durchaus an das eines Fabelwesens erinnert, sind die Komodo-Warane inzwischen auch als „die Drachen von Komodo" in der ganzen Welt bekannt geworden.

Obwohl es sie nur auf Komodo und noch einigen sehr kleinen, angrenzenden Inseln gibt, zählen sie für mich zu den besten Jägern des Dschungels. Weshalb das so ist, wird der Leser verstehen, wenn ich von meinen eigenen aufregenden Erlebnissen mit diesen ungetümlich großen Echsen oder von den teilweise erschreckenden Berichten einiger Einwohner Komodos erzähle.

Als ich mich entschloß, auch auf die „Komodo-Drachen" einmal Filmjagd zu machen, kannte ich sie wie jeder andere nur aus Büchern, in denen man lesen konnte, daß es sich bei

den Komodo-Waranen zwar um sehr große, im allgemeinen aber harmlose Echsen handle.

Doch leider erfuhren wir gleich nach unserer Ankunft auf Komodo, daß solche Aussagen eine unverantwortliche Verharmlosung dieser Raubtiere darstellen. Denn das erste, was uns außer dem glasklaren, in keiner Weise verunreinigten Wasser der Meeresbuchten Komodos auffiel, war eine Tafel, versehen mit einem Kreuz. Einheimische Wildhüter erklärten uns bald darauf, dieses Kreuz erinnere an den Baron Rudolf von Reding-Bibbereg, der an dieser Stelle 1974 verschwunden ist – verschwunden als mutmaßliches Opfer eines Komodo-Warans, denn seine Leiche wurde nie gefunden. Lediglich seine Kamera, mit der er die wundersamen Echsen festhalten wollte, und auch Blutspuren wurden entdeckt. Damals wie heute rätselt man allerdings noch, ob der Baron tatsächlich in heimtückischer Weise von Waranen im Schlaf überrascht und weggeschleift wurde oder ob er womöglich einen Herzschlag erlitten und erst dann von den Komodo-Waranen gefunden worden war. Natürlich stand ich solchen Menschenfressergeschichten zunächst einmal sehr skeptisch gegenüber. Wußte ich doch, daß die Einheimischen es liebten, irgendwelche Gruselgeschichten über ihre Heimat zu erzählen, um damit die aus aller Welt angereisten Touristen ordentlich zu erschrecken.

Warane wie dieses drei-
einhalb Meter lange Tier
leben nur auf der Insel
Komodo (links), die zu
Indonesien gehört.
Das Kreuz rechts im Bild
erinnert an einen der
Todesfälle durch Komodo-
Warane

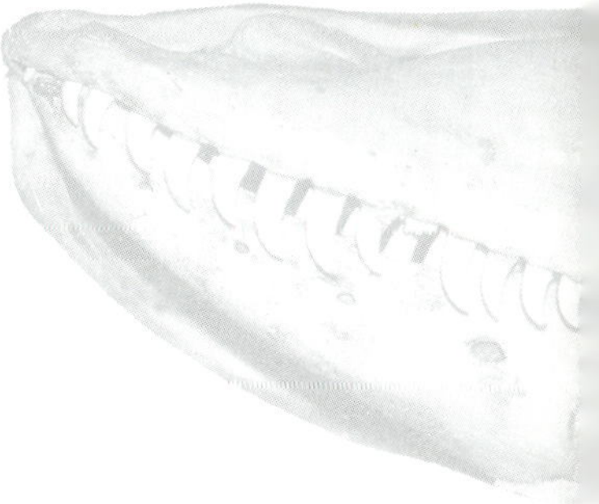

Oben u. rechts unten:
Warane beim Fressen –
als Touristenattraktion.
Rechts ein Warangebiß,
beim lebenden Tier durch
die Lefzen verdeckt

Doch angesichts der Gedenktafel
und des Kreuzes und der Ernsthaf-
tigkeit der Wildhüter kam ich zu der
Überzeugung, daß an dieser
Geschichte wohl nichts erfunden
worden war.

Auch aus Touristengruppen in späteren Jahren sind immer wieder
einmal Menschen spurlos verschwunden, und zwar immer dann, wenn sie
sich abseits des freigeschlagenen
Weges und ihrer Gruppe bewegt
hatten. Man hat nämlich schon früh
damit begonnen, aus den nur hier
lebenden Echsen eine gewinnbrin-
gende Touristenattraktion zu
machen. Man faßt die Touristen in
größere Gruppen zusammen, stellt
sie unter die Aufsicht eines erfahre-
nen Wildhüters, um sie zu den
„Komodo-Drachen" zu führen, für die
manche der Besucher, meist Europäer und Amerikaner, viele tausend

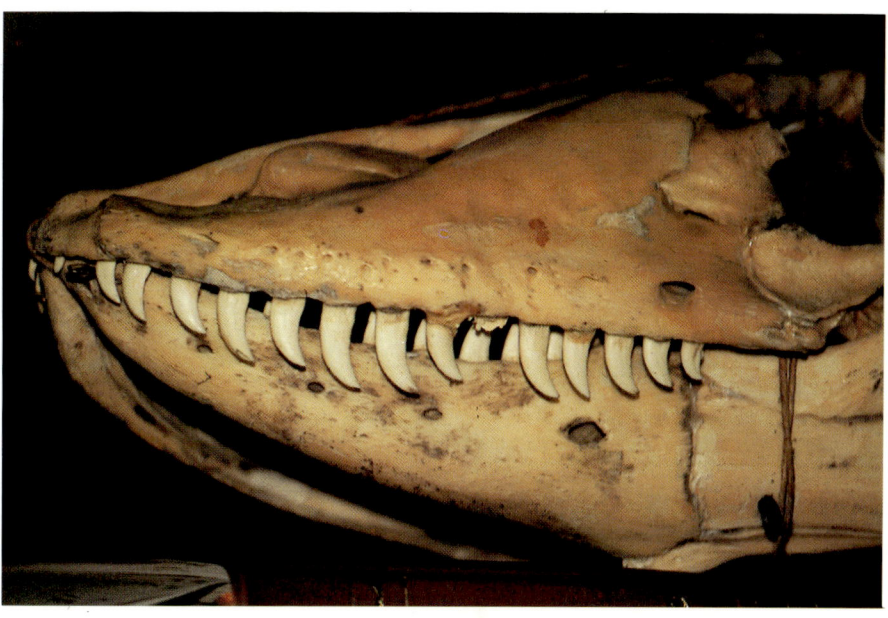

Kilometer Anreisewege in Kauf genommen haben.

Doch man zeigt den Touristen nicht
etwa nur den Weg zu den Komodo-
Waranen, die etwas tiefer im Landesinnern leben. Auf Wunsch werden
ihnen auch das mächtige Maul und
die gierigen Freßmethoden vorgeführt. Dazu werfen die Wildhüter den
Komodo-Waranen eine oder zwei
tote Ziegen vor, die natürlich – der
Dramatik des Schaupiels durchaus
angemessen – von den Reisenden
zuvor bezahlt werden müssen.
Obwohl man sich so auch heute
noch von der zerstörerischen Kraft
der gewaltig langen Zähne dieser
Echsen überzeugen kann und außerdem überall Warntafeln aufgestellt
sind, die auf die Gefährlichkeit der
Tiere hinweisen, und die Einheimischen den Besuchern bereitwillig

grausame und Mitleid erregende
Geschichten erzählen, unterschätzen
viele Besucher die Gefahr noch
immer. Sie marschieren allein, völlig
schutzlos, nur mit ihrer Fotokamera
ausgerüstet, in den Urwald, wo
ihnen große Gefahr droht. Bevor ich
selber den ersten Komodo-Waran
sah, hörte ich mich natürlich weiter
um und stieß teilweise auf wirklich
erschütternde Schicksale. Ein
Einwohner des Ortes, in dem wir
unser Lager aufgeschlagen hatten,
erzählte mir: „... die Sonne stand
gerade senkrecht über unseren
Hütten. Völlig unbemerkt war der
Waran ins Fischerdorf gekommen
und tauchte plötzlich unter den spie-
lenden und lärmenden Kindern auf.
Blitzschnell verbiß er sich in den
gerade sechsjährigen Abu Bakar
und schleppte ihn weg.

Durch das Geschrei der Kinder wurden wir Erwachsenen alarmiert, rannten hinter der Riesenechse her und stellten sie sogar noch am Rand des Dschungels. Mit Werkzeugen und langen Stangen sind wir damals auf das Tier losgegangen. Es gelang

Hier im Bild der kleine Ort Komodo, das einzige Fischerdorf, benannt nach der gleichnamigen Insel. Die hier lebenden Menschen sind zwar hin und wieder den Angriffen der Komodo-Warane ausgesetzt, profitieren aber auch von den vielen Touristen, die wegen der sagenhaften Raubechsen auch weite Anreisewege nicht scheuen

gerade noch, Abu aus den Zähnen des Raubtiers zu befreien, aber an den schweren Verletzungen starb der Junge noch an Ort und Stelle in den Armen seines Vaters. Wir konnten nur hilflos zusehen …"

Und nicht nur die einheimischen Kinder sind gefährdet durch die menschenfressenden Raubechsen. 1986 wurde ein japanischer Kameramann beinahe Opfer eines Warans, als er sich beim Filmen so nahe an einen der „Drachen" heranwagte, daß dieser ihn tief in die Schulter biß.

Dann schilderten mir einige Einheimische noch, wie sie bei einem ähnlichen Zwischenfall vor einigen Jahren eine Frau aus ihrem Ort gerade noch vor dem sicheren Tod durch eine der Raubechsen bewahren konnten. Die Frau war zum Holzsammeln in den Dschungel hinausgegangen, und man hörte ihre Hilferufe. Sie konnte noch rechtzeitig aus den Zähnen des Warans befreit werden, weil ein paar Männer mit vereinten Kräften mit Stöcken, Stangen und ähnlichen Gegenständen auf das Tier losgingen.

Bei solchen Befreiungsaktionen handelte es sich jedesmal um sehr heikle Unterfangen. Das wurde mir spätestens klar, als ich selbst einige der Kolosse vor die Kamera bekam und einige wenige Male auch einen Blick in ihre riesigen, aufgesperrten Mäuler werfen konnte. Genau betrachten konnte ich das Gebiß aber erst bei einem toten Waran, der auch

einen Menschen angefallen hatte: enorm kräftige, außerdem stark nach hinten gebogene, messerscharfe Zähne! Wegen all der schrecklichen Erzählungen über die Komodo-Warane fragte ich mich auch immer wieder, wie es nur möglich ist, daß diese Echsen, die doch sehr schwer sind und deshalb sehr behäbig wirken, so erfolgreiche Jäger sind, obwohl sie schließlich ihre Opfer gar nicht anspringen und damit blitzartig überrumpeln können.

In den Mägen einiger toter Komodo-Warane, die man genauer untersucht hat, fanden sich große Überreste von Ziegen und Schafen, von Wildschweinen und – auch wenn es unglaublich erscheint – sogar ganze Hirschhufe! Außerdem stellte sich heraus, daß die Komodo-Warane sich auch untereinander fressen, also Kannibalismus an der Tagesordnung ist, wenn sonst kein ausreichendes Nahrungsangebot besteht. Denn die Untersuchung brachte es deutlich ans Licht: Größere Warane hatten ganz offensichtlich kleinere angefallen und restlos verspeist. Eines Morgens wurde ich dann selber Zeuge, wie zwei Warane jeweils eine Ziege rissen und restlos verschlangen. Die Warane waren in den frühen Morgenstunden bis an die Hütten der Dorfbewohner gekommen. Für mich war es mehr als beeindruckend, es war erschreckend, wie sie in kürzester Zeit die Ziegen samt Köpfen und Hufen verzehrten!

In diesem Moment erst verstand ich wirklich, warum von den vielen menschlichen Opfern, die die Warane schon gefordert haben, fast nie irgendwelche Überreste gefunden worden waren!

Heute geht man davon aus, den Tourismus rund um die „Komodo-Drachen" einigermaßen unter Kontrolle zu haben. Folglich kann es eigentlich zu keinen ernsten Zwischenfällen mehr kommen. Doch als Zuschauer bei einer Aktion für Touristen schien es mir doch sehr erstaunlich, wie sorglos im Umgang mit dem eigenen und dem Leben anderer Menschen die Einheimischen angesichts dieser gefährlichen Tiere waren. Zwar hatte man eine Art „Gehege für Zuschauer" gebaut, doch viele der Besucher

Hier haben sich gleich mehrere der riesigen Warane zum Fressen eingefunden, so daß die Beute binnen kurzem restlos in ihren Mägen verschwunden sein wird

verließen diesen Schutzraum, um nach dieser weiten Anreise endlich auch sensationelle Aufnahmen von den abenteuerlichen und gefährlichen Raubechsen zu bekommen! Meist wußte man, aus welcher Richtung die Echsen zu erwarten waren, wenn sie sich der Raubtierfütterung näherten. Doch in gewissen Abständen kam es auch vor, daß der Ansturm der Warane auf die toten Ziegen oder Schafe aus verschiedenen Richtungen erfolgte. Da ist schon so mancher Unvorsichtige fürchterlich erschrocken und konnte sich gerade noch rechtzeitig ins sichere Zuschauergehege zurückziehen.

Obwohl die Warane wegen ihrer Größe und der massigen Körperbauweise leicht einen behäbigen, sogar

Oben im Bild ein lauern-
der Waran. Werner Fend
ist sich während des
Filmens immer darüber
im klaren, daß auch für
ihn von diesen Echsen
große Gefahr ausgeht.
Der etwas plumpe und
massige Körperbau der
Tiere täuscht nur zu
leicht über ihre Möglich-
keiten zum blitzartigen
Zuschnappen hinweg

schwerfälligen Eindruck machen
können, ist die Geschwindigkeit, die
ein hungriger oder angreifender
Waran tatsächlich erreichen kann,
ganz beachtlich! Die Schätzungen
vieler Experten nennen bis zu dreißig Stundenkilometer!
Nachdem ich schließlich ausreichend
detaillierte Informationen über die
Komodo-Warane und über ihre bis

dahin bekannte Lebensweise hatte,
begann ich meine Filmarbeit, mitten
unter ihnen, im dichten Dschungel.
Ich nahm dabei immer einen Begleit-
schutz von mehreren Wildhütern in
Anspruch, die zur Abwehr der
Warane für den Ernstfall einige
starke Hölzer mit sich führten. Denn
aufgrund von Erzählungen, Augen-
zeugenberichten und nach dem
Besichtigen einiger Unglücksstellen
war ich mir darüber im klaren, daß
ich mich nur so ausreichend schützen konnte.
Ich war vom ersten Moment an
beeindruckt und überwältigt, als ich
diese nächsten Verwandten der
harmlosen Bindenwarane vor der
Kameralinse hatte. Immer wieder
stellte ich mir die Frage, wie es
möglich sein konnte, daß sich eine

Echsenart zu einer so stattlichen Größe entwickeln konnte! Doch darüber haben sich schon viele Wissenschaftler den Kopf zerbrochen. Letztlich kam man zu der Annahme, daß auch diese Warane vor Millionen Jahren nur etwa zwei Meter lang waren. Und außerdem sollen sie, wie die Bindenwarane, die im ganzen südostasiatischen Raum verbreitet sind, von kleineren Tieren und vor allem von Aas gelebt haben. Da im Verbreitungsgebiet der Komodo-Warane jedoch überhaupt keine Raubtiere lebten, sollen die Warane allmählich diese Raubtierrolle eingenommen haben. Denn das Angebot von mittelgroßen bis großen Pflanzenfressern, also Hirschen, Wildrindern usw., ist auf dieser Insel schon immer ganz besonders vielfältig gewesen. So soll dann eine Entwicklung eingesetzt haben, die dazu führte, daß die Komodo-Warane aufgrund eines reichlichen Futterangebots schließlich eine Länge von vier Meter erreicht haben und außerdem ein Gebiß entwickelten, dessen zerstöre-

rische Auswirkungen die aller anderen Echsen in den Schatten stellt. Wie jagen die Komodo-Warane aber eigentlich? Ihrer Jagdmethode wollte ich auf den Grund gehen, war sie doch so überaus erfolgreich. Schnell fand ich heraus: Wenn Komodo-Warane auf Beute lauern, so halten sie sich zunächst fast bewegungslos, von hohem Gras völlig verdeckt, in der Nähe von Wildpfaden auf. Wie die anderen Waranarten auch, setzen die Komodo-Warane ihre Zunge als Riechorgan ein. So bemerken sie eventuell herankommende Beute selbst dann, wenn diese durch Gras und Büsche eigentlich noch verdeckt ist. Voll Spannung filmte ich, wie sich ein mächtiger Wasserbüffel näherte. Der Waran wollte gerade zuschnappen, doch der Büffel hatte die Gefahr rechtzeitig erkannt und stob davon. Wenig später gerieten zwei Hirsche in die Gefahrenzone. Doch sie hatten ähnliches Glück wie der Büffel: Sie entdeckten irgendein Anzeichen, das sie vor dem Angriff des Warans warnte und davonspringen ließ.

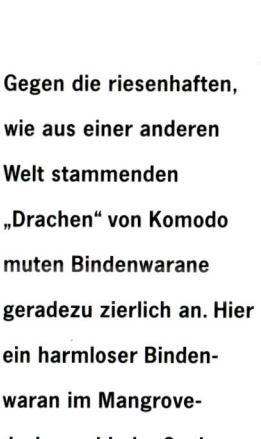

Gegen die riesenhaften, wie aus einer anderen Welt stammenden „Drachen" von Komodo muten Bindenwarane geradezu zierlich an. Hier ein harmloser Bindenwaran im Mangrovedschungel beim Suchen und Vertilgen von einigen Krebsen

Doch dann kam es zu einem dramatischen Ereignis! Die Wildhüter, andere Dorfbewohner, alle, die ich gefragt habe, bestätigten mir, so etwas habe es noch nie zu sehen gegeben: Ein Hirsch kreuzte das Versteck eines lauernden Komodo-Warans. In diesem Moment schnellte der Waran vor, durchbiß das Sprunggelenk des gesunden, völlig ausgewachsenen Timorhirschs!

Das Tier konnte nicht mehr fliehen, soviel schien mir sicher. Doch plötzlich war der Waran für einen Augenblick sehr irritiert. Irgendein Anzeichen für meine Anwesenheit mit der Kamera schien ihm nicht entgangen zu sein. Diesen Augenblick, in dem der Waran seine Aufmerksamkeit in meine Richtung lenkte, nutzte der Hirsch, um sich von seinem Angreifer zu retten.

Unten und rechts oben: Timorhirsch, ein begehrtes Beutetier des Komodo-Warans, dem die Raubechse häufig im hohen Gras auflauert

Doch so leicht gab der Waran seine Beute nicht auf. Ein Dschungeldrama besonderer Art nahm seinen Lauf. Immer wieder schnappte der Waran von unten nach den Läufen des sich davonschleppenden Hirschs, der mit letzter Kraft auf ein Wasserloch zustrebte.

Doch auch dorthin folgte der Waran. Und als ich selbst unter großer Kraftanstrengung möglichst getarnt und leise mit meiner Kamera bis auf kurze Entfernung an dieses Wasserloch gerobbt war, verfolgte ich das Ende dieses Dschungelkampfes: Der Waran gewann endgültig die Oberhand und tötete den Hirsch.

Seit diesem Erlebnis bin ich davon überzeugt, daß der Waran auf jeden Fall zu den besten Jägern des Dschungels gehört, und auch – besonders was den Menschen betrifft – mit zu den gefährlichsten. Unglücklicherweise machte ich selbst noch eine unangenehme Erfahrung mit den „Drachen von Komodo", die mir für immer in Erinnerung bleiben wird: Noch heute besitze ich einen kaputten Schuh ... Zu dieser Beschädigung kam es, als es mir beinahe so erging wie jenem Hirsch, der dem Komodo-Waran zum Opfer fiel. Ich war auf einem der schmalen Dschungelpfade unterwegs zu meinem Kameraversteck,

Hier kam Werner Fend einem der bedrohlichen „Komodo-Drachen" sehr nahe. Er folgte ihm weit durch den Dschungel bei seiner Suche nach geeigneter Nahrung – kein ganz ungefährliches Unternehmen für den Autor, wie sich später noch zeigen sollte

Seit diesem Erlebnis, an das ich bis heute nur ungern und stets mit einem flauen Gefühl im Magen zurückdenke, bin ich der festen Überzeugung, daß die bis dahin in Fachkreisen übliche Verharmlosung dieser Reptilien völlig unangebracht war. Die Komodo-Warane, die im Gras geduckt wie Schlangen ihren Opfern auflauern und die so gefährlich sein können wie Krokodile, sind tatsächlich äußerst gefährliche Raubtiere, die im dichten Urwald auch dem Menschen zum Verhängnis werden können. Vor einiger Zeit hat die indonesische Regierung wegen der immer häufiger werdenden tödlichen Zwischenfälle den Beschluß gefaßt, die Leute aus den beiden Fischerdörfern zu evakuieren. Gleichzeitig sollen dann auch die verbliebenen großen Gebiete der Insel zum Nationalpark erklärt werden. Von Wildhütern und Touristen abgesehen, bestimmen die letzten „Drachen" unserer Welt damit das Geschehen auf Komodo.

Oben: Trotz der Warnschilder für Touristen werden auf Komodo immer wieder Menschen Opfer von Waranen. Rechts im Bild der Autor bei der Filmarbeit

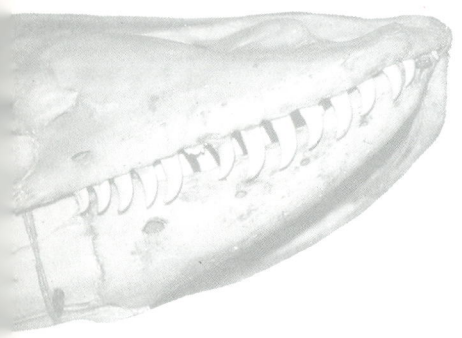

als ich plötzlich seitlich im Gebüsch ein Rascheln und eine Bewegung bemerkte.

Gott sei Dank, aufgrund der jahrelangen Dschungelerfahrung machte ich die richtige Reflexbewegung: Mit einem Riesensprung landete ich seitwärts in den Büschen. Daß ich dem Tier nur um „Sohlenbreite" entkommen bin, beweist noch heute dieser Rest meines Schuhs – der Waran verspeiste nur die Sohle.

Nach der ersten Schrecksekunde brachte ich mich halb barfuß und mit zitternden Knien in Sicherheit. Mir war klar, daß ich diesmal, obwohl ich sonst selbst immer Vorsicht predigte, zu leichtsinnig gewesen war!

Oben: Waran mit gerisse-
nem Hirsch. Der klägliche
Rest von Werner Fends
Schuh (links) dokumen-
tiert, wie der Autor selbst
nur um Haaresbreite dem
gefährlichen Tier entkam

WENN ELEFANTEN
AMOK LAUFEN

Elefanten sind Tiere, die uns wegen ihrer Kraft und Größe imponieren, die von der einheimischen Bevölkerung geliebt und verehrt werden, weil sie so klug und lernfähig sind. Sie sind aber auch Tiere, die das Fürchten lehren können, besonders wenn sie unvermittelt in Zorn geraten. Viele der dramatischen Ereignisse, die von der manchmal plötzlich auftretenden Aggression und Zerstörungswut der Elefanten zeugen, kenne ich nur aus Erzählungen, manche habe ich selbst erlebt, doch eines hatten die meisten dieser Begebenheiten gemeinsam: Nur sehr selten ließ sich eindeutig feststellen, worauf genau diese unvermittelten Angriffe durch Elefanten zurückzuführen sind.

Als ich eines Tages einem älteren Mönch begegnete und mit ihm ins Gespräch über Elefanten kam, erzählte er mir eine erschütternde Geschichte von einem seiner Mitbrüder. Dazu zeigte er mir eine völlig zerdrückte, unbrauchbar gewordene Bettelschale für Mönche, die ich bis heute aufbewahrt habe.
Damit hatte es folgendes auf sich: Dieser Mönch lebte wie viele seiner Mitbrüder auch in einer einsamen Hütte mitten im Urwald. Ihre Nahrung erbitten die Mönche im allgemeinen von den Bewohnern in den nächstgelegenen Dörfern, für die diese Gabe an die Mönche eine selbstverständliche Geste, ein Akt der Güte ist. Mit seiner Bettelschale ging also der Mönch immer über die

alten Dschungelpfade, tagein, tagaus. Obwohl diese Pfade auch von Elefanten begangen wurden und der Mönch ihnen auch von Zeit zu Zeit begegnete, kam es nie auch nur zum geringsten Zwischenfall zwischen den grauen Kolossen und dem Mönch auf seiner Wanderung zu den Dörfern.
Doch eines Tages blieb der Mönch verdächtig lange aus, so daß man begann, sich ernsthaft Sorgen zu machen. So gingen einige Leute los, um nach ihm zu sehen, und sie fanden ihn auch, aber er war tot und schlimm zugerichtet. Die Elefantenherde mußte ihn förmlich niedergetrampelt haben, sogar seine Bettelschale, deren Überreste ich verwahrt habe, zog die Wut der Elefanten auf

sich, so daß sie sie ebenfalls kurz und klein trampelten.

Was aber nun der Auslöser für dieses plötzlich aggressive Verhalten der Dickhäuter war, die dem Mönch schließlich jahrein, jahraus auf seinen Wanderungen begegnet waren, war völlig rätselhaft und wird wohl für alle Zeiten im dunkeln bleiben.

Dieses Unwissen über die Verhaltensweisen der Elefanten trägt auch maßgeblich dazu bei, daß sie mir und vielen anderen Menschen, denen ich im Dschungel begegnete, so gefährlich, unberechenbar und damit furchteinflößend erscheinen. Anders als Raubtiere, die man zum Beispiel durch Händeklatschen oder in die Luft abgegebene Warnschüsse verscheuchen kann, stellen sich viele Elefanten ganz einfach taub oder blind.

Aus eigener Erfahrung kann ich bezeugen, wie schwer es sein kann, einen kleinen Pfad zu passieren, wenn sich ein Elefantenbulle oder auch eine Elefantenkuh „in den Kopf gesetzt" hat, einen nicht passieren zu lassen. Ich versuchte nämlich einmal, eine Elefantenkuh, die sich von ihrer Herde gelöst und statt dessen vor meinem Jeep aufgebaut hatte, durch Hupen und Gestikulieren zu vertreiben – sie rührte sich nicht! Ich konnte Gas geben, den Motor aufheulen lassen, doch statt zu weichen, kam das Tier auf einmal bedenklich näher, so daß mir nichts anderes übrigblieb, als den Rück-

Eine wilde Elefantenherde (links oben). Wenngleich die meisten dressierten Elefanten zugängliche Geschöpfe sind, kommt es dennoch immer wieder zu Unglücksfällen. So trampelte (Bild unten) dieser sechsjährige Bulle seinen Mahaut tot.
Mitte: Den Rüssel betrachten die Inder als „Hand", deshalb heißt Elefant „Hati", „das Tier mit der Hand"

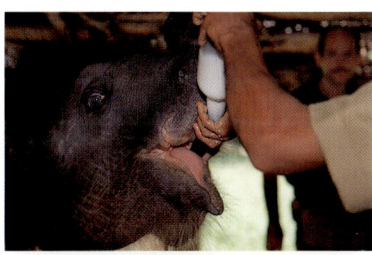

wärtsgang einzulegen, wollte ich nicht riskieren, samt Jeep von dem starken Tier durch die Luft geschleudert zu werden.

Der feine Geruchssinn der Elefanten bringt es mit sich, daß es im Dschungel immer wieder zu schrecklichen Zusammenstößen zwischen Menschen und Elefanten kommt. Dieser feine Geruchssinn der Tiere führt aber auch am Rand des Dschungels, wo die Menschen ihre Hütten haben, häufig zu Katastrophen. Denn Elefanten haben eine ausgesprochene Schwäche für zwei Dinge, die nur der Mensch herstellen kann: Das eine ist gekochter Naturreis, wenn dies auch etwas seltsam klingen mag. Das andere ist Alkohol, und zwar vornehmlich Branntwein und frischgebrannter Schnaps, den es in vielen Schwarzbrennereien im indischen Dschungel gibt.

Was den gekochten Naturreis angeht, finde ich, daß er eigentlich gar keinen besonderen Geruch hat, doch was riecht meine Nase schon im Vergleich zu einem Elefantenrüssel! Die Elefanten wittern den Reis schon kilometerweit, und er zieht sie so unwiderstehlich an, daß sie sich dafür sofort in Bewegung setzen. Damit läßt es sich ausnahmsweise einmal erklären, warum die wilden Dickhäuter schon so manche Bretterhütte und viele Touristencamps einfach niedergewalzt haben. Oft nur wegen eines einzigen Topfes voll gekochtem Reis! Wenn ich mir im Dschungel eine Reismahlzeit zuberei-

ten wollte, mußte ich deshalb immer sicher sein, daß sich in meiner näheren Umgebung keine Elefanten aufhielten; meist hielt ich jedoch schon aus Sicherheitsgründen nach einem Baum Ausschau, auf den ich mich im Notfall hätte retten können. Über die zweite Unart der Elefanten, die große Gier nach allem Hochprozentigen, hat es im Lauf der Zeit schon viele Berichte gegeben, deren Wahrheitsgehalt nicht angezweifelt werden kann.

Alkohol war in vielen Staaten Indiens völlig verboten, und dort, wo man ihn legal hätte erwerben und genießen können, wurde er nur zu unglaublich hohen Preisen angeboten. Deshalb entstanden im Lauf der Zeit immer mehr illegale Schnapsbrennereien, vorzugsweise in abgelegenen Dschungelverstecken, die sich nicht so leicht aufspüren ließen. Gerät der Geruch frischen Branntweins jedoch den Elefanten in die Nase, so gibt es für die Herde in diesem Moment kein Halten mehr. Sie stürmt die geheime Brennerei, und die „Razzia", die sie dann dort veranstaltet, stellt jede polizeiliche Durchsuchung mühelos in den Schatten! Selbst den letzten Tropfen Schnaps süffeln die genußsüchtigen Riesen aus und – wie die Menschen auch – „benehmen" sich dann dementsprechend schlecht. Das bedeutet, daß die gesamte Einrichtung kurz und klein geschlagen wird und die Dickhäuter in besonderer Wut auf Menschen losgehen.

Doch da jeder Schnapsbrenner in Indien dieses Verhalten kennt, handelt er in solchen Fällen meist richtig: Er vergißt seine gesamte Einrichtung und bringt sich statt dessen in Sicherheit. Ihm bleibt gar nichts anderes übrig, als zu warten, bis die erbarmungslose „Razzia" beendet ist, und dann mit Geduld an den Wiederaufbau seiner Brennerei zu gehen!

Ob sie als Reit- oder Tragtiere dienen, als Zugelefanten vor landwirtschaftlichen Geräten, als Reklame- oder Taxi-Elefanten oder gar als Kunkis – das sind Reitelefanten, von deren Rücken aus wiederum wilde Elefanten eingefangen werden können –, wohin man auch blickt, zahme Elefanten leisten in Indien noch heute alle Tage gute Dienste. Und wenn ich an längst vergangene Zeiten denke, so wurden auch im Krieg Elefanten erfolgreich gegen die feindlichen Truppen eingesetzt. Doch leider gab und gibt es noch heute Fälle, in denen Elefanten wegen plötzlicher Amokläufe traurige Berühmtheit erlangten. Meist waren das Elefanten, die schon jahrelang als Arbeitstiere gedient haben, also an Menschen gewöhnt waren, sich in ihrer Gesellschaft wohl gefühlt haben. Die einheimische Bevölkerung behandelt nämlich ihre zahmen Elefanten sehr gut. Manchmal griffen Elefanten dann sogar ihre nächsten Vertrauten, d. h. Stalljungen, Elefantentrainer oder Mahauts, die Elefantenführer, an.

Es gab zum Beispiel einmal einen Elefanten, der bei einer großen Holzverarbeitungsgesellschaft „angestellt" war und tagein, tagaus ein enormes Arbeitspensum bereitwillig erfüllte, aber plötzlich anfing, in gewissen Abständen Menschen anzugreifen und sie – in den allermeisten Fällen – sogar zu töten. Obwohl schließlich hinlänglich bekannt war, daß dieser Elefant, Shiv Dad, von Zeit zu Zeit Menschen tötete, ließ man ihn weiterhin arbeiten und nahm dieses Risiko in Kauf.

Ein anderer, lange Zeit landauf, landab bekannter „Killerelefant" hieß Akbar, war ein riesiger Reitelefant und an sich ganz zahm.

Eigentlich war er der bekannteste zahme Elefant dieser Gegend, auf dessen Rücken man unbesorgt in den Nationalpark von Kasiranga hinausreiten konnte, um sich die Nashörner in dieser Gegend anzusehen. Dennoch hat auch Akbar mindestens drei Menschen getötet: Der junge Mann, der für das Futter des zahmen Elefanten zuständig war, der sogenannte „Grasschneider", wurde aus verhältnismäßig einleuchtenden Gründen von dem Tier angegriffen. Denn um Akbar von Zeit zu Zeit ein wenig schneller vorwärts zu treiben, muß der Grasschneider ihm mit einer spitzen Stange, die sonst ausschließlich zum Grasschneiden verwendet wird, ziemlich weh getan haben. So reagierte Akbar schließlich aggressiv, ging auf seinen Futterknecht los und tötete ihn.

Einige Zeit nach diesem ersten Unfall muß ein anderer Elefantenbetreuer Akbar ebenfalls sehr gereizt haben, obwohl er sich dessen wahrscheinlich überhaupt nicht bewußt war: Nach einem langen Ritt und einem insgesamt sehr anstrengenden Arbeitstag wollte Akbar offenbar auf dem Nachhauseweg einige Bananen von einem Bananenbusch herunterreißen. Doch sein Betreuer hinderte ihn daran, trieb Akbar weiter an, und völlig überraschend, ohne daß es irgendwelche Vorzeichen gegeben hätte, reagierte Akbar dann auch in diesem Fall furchtbar aufgeregt und tötete den jungen Mann in unkontrollierter Wut.

Lange Zeit blieb dann jedoch alles ruhig um Akbar; er arbeitete weiterhin sehr effektiv für seinen Besitzer, so daß man ihm seine Untaten stillschweigend verzieh. Doch dann ging Akbar eines Tages auf einen jungen Mahaut los, und das spielte sich so ab: Sein Elefantenführer hielt einen Kürbis in der Hand und zeigte ihn einem anderen Mahaut, der ein wenig entfernt stand. Der Elefant Akbar jedoch „meinte", man habe ihm den Kürbis gezeigt, so daß er die Welt nicht mehr verstand, als der andere Mahaut den Kürbis plötzlich

mit in die Hütte nehmen wollte, anstatt ihn dem Elefanten als Belohnung zu überlassen. Jedenfalls ging Akbar auf den armen Mahaut los, wirbelte ihn ein, zwei Male durch die Luft, so daß der Junge kurz darauf seinen schweren Verletzungen erlag. Nach diesem für alle Umstehenden unfaßbaren Angriff ist Akbar dann „ganz seelenruhig" ins nächste Grasfeld getrottet und begann, friedlich zu grasen.

Für mich persönlich steht fest, daß die Elefanten eben, so treue Arbeitstiere und liebevolle Gefährten sie für den Menschen auch sein mögen, doch nie vollkommen berechenbar sind, sondern daß ihnen gegenüber einfach eine gewisse Vorsicht angebracht ist.

Meine Gefühle gegenüber diesen dicken Kolossen werden jedenfalls immer zwiespältig bleiben. Nie werde ich vergessen, wie oft mich treue Reitelefanten schon aus mancher Gefahr im Dschungel gerettet haben. Aber ich muß auch häufig an ihre wütendes Trompeten und Toben denken, an die elementare Kraft, die in diesen Tieren steckt, ihre Unberechenbarkeit, Eigenschaften, die Elefanten gefährlicher als Raubtiere machen können.

AUS MEINER DSCHUNGEL-
APOTHEKE GEPLAUDERT

Alle Erfahrungen und das ganze Wissen, das ich in den vielen Jahren meines Lebens sammeln konnte, die ich in den Gebieten des tropischen Regenwalds verbracht habe, machen dies deutlich: Der Dschungel ist für uns Europäer immer noch Gefahrenquelle, Ort des Ungewissen, manchmal auch des Unheimlichen und Unerklärlichen, andererseits aber auch Holzlager der Welt, an dem nach wie vor Raubbau getrieben wird.

Doch in letzter Zeit fand man so erstaunlich viele Heilpflanzen in den Regionen des tropischen Regenwalds, daß sich nun eine ganz neue Perspektive zur Rettung des Regenwalds eröffnet: Warum sollte nicht auch die Pharmaindustrie unserer hochzivilisierten Länder den Wert so mancher Regenwaldprodukte erkennen, nachdem Einheimische bereits seit Jahrhunderten alle möglichen Krankheiten mit den Wirkstoffen bestimmter Blüten, Blätter oder Wurzeln erfolgreich bekämpfen? Der große Vorteil dieser Erkenntnis liegt darin, daß der Wert solcher sogenannten „Forstnebenprodukte"

weit über dem des Holzes liegt, andererseits aber auch nur genutzt werden kann, wenn die Grundlagen, also das Ökosystem Regenwald, bestehen bleiben.

Dieses Argument macht sich auch eine amerikanische Umweltschutzorganisation zunutze, die nicht nur verlangt, den Raubbau am Regenwald unverzüglich einzustellen, sondern mit Appellen folgender Art an die Geschäftswelt herantritt: „Wer vom Regenwald profitieren will, muß helfen, ihn zu erhalten" (Plotkin). Und daß Profit durchaus in Aussicht steht, wird schon darin deutlich, daß mittlerweile 1400 tropische Pflanzen bekannt sind, die in der Krebstherapie eingesetzt werden können.

So stellte ich irgendwann einmal fest, daß der tropische Regenwald, mit allen seinen Gefahren für denjenigen, der sich in sein Inneres wagt, auf der anderen Seite vielleicht schon in wenigen Jahren zur großen Heilpflanzen-Apotheke der Welt werden könnte!

Doch dieser Aspekt der tropischen Pflanzen- und Tierwelt wurde mir erst seit kurzem so deutlich. Für mich als Naturfilmer standen die mannigfaltigen Gefahren immer im Vordergrund, vor denen ich mich einerseits so gut wie möglich schützen wollte, die ich andererseits aber auch in gewissem Umfang in Kauf nehmen mußte, wenn ich außergewöhnliche Ereignisse in der Natur und mit Tieren festhalten wollte.

Deshalb galt es, im Lauf der Zeit die richtigen Überlebenstechniken für das Leben im Dschungel zu entwikkeln, ohne die ich auf lange Sicht verloren gewesen wäre. Denn was ich auch immer bei meinen verschiedenen Expeditionen als besonders interessantes Thema ins Auge gefaßt hatte, immer wieder mußte ich die unterschiedlichsten Gefahren rechtzeitig erkennen und sie vor allem abwehren.

Das eine oder andere Mal habe ich dennoch mehr oder minder schwere Blessuren davongetragen, oder aber ich zog mir ganz typische „Dschungel-Krankheiten" zu. So bekam ich beispielsweise wegen mancher Unvorsichtigkeit Durchfall und Erbrechen, wenn etwa das Wasser verunreinigt war. Oder ich zog mir gefährliche Entzündungen zu, weil ich die kleinen Wunden von Moskitostichen oder Blutegelbissen nicht rechtzeitig sorgfältig behandeln konnte.

Wie ich den meisten Gefahren entkommen bin oder Vorsorge geschaffen habe, schildere ich deshalb an dieser Stelle zusammen mit den spannendsten Erlebnissen und Situationen, die durchaus nicht immer nach einem glücklichen Ende aussahen.

Der erste große Gegner, dem ich mich im Dschungel gegenübersah, lange bevor ich irgendein Tier oder eine schöne Pflanze im Sucher meiner Kamera hatte, war die Hitze, die im Zusammenhang mit der

Leere Samenkapsel der Yamswurzel (oben). Die Extrakte dieser Wurzel finden als wirksame Verhütungsmittel Verwendung. Links ein Tempeloder Pagodenbaum. Seine Zweige tragen lange, ledriggrüne Blätter. Ganz oben links die Blüten des Tempelbaums. Sie enthalten einen latexhaltigen Saft, der für Rheumakuren eingesetzt wird

unwahrscheinlich hohen Luftfeuchtigkeit eine schier unerträgliche Schwüle bildete. Bei solchen Temperaturen Urlaub zu machen, mag gerade noch erträglich sein, aber unter solchen Klimaverhältnissen schwer zu arbeiten, das machte mir doch häufig sehr zu schaffen. So bestand meine „Arbeitskleidung" meist aus kurzen Hosen, womit ich jedoch die ständigen Attacken von Moskitos und Blutegeln verstärkt in Kauf nehmen mußte.

Die großen Narben an meinen Beinen stammen denn auch von unzähligen Stichen lästiger Moskitos und den Bissen der Blutegel, die durch Verunreinigung Infektionen hervorriefen. Eine Zeitlang probierte ich es wenigstens an den Beinen mit einer festeren Bekleidung wie Stiefeln. Doch da ich auch immer wieder einmal ins Wasser steigen mußte oder gezwungen war, durch zähen Morast und Schlamm zu waten, waren die Stiefel binnen kürzester Zeit so durchnäßt, daß sie bei der Schwüle überhaupt nicht mehr trockneten und statt dessen zu schimmeln anfingen. Fußbekleidung aus Leder war also ungeeignet.

Statt dessen ist das Schuhwerk, das auch die Inder benutzen, äußerst gut geeignet. Es handelt sich dabei um Segeltuchschuhe, die bis zum Knöchel hinaufreichen. Von diesen leichten Schuhen, die auch im Gepäck sehr praktisch sind, da sie nicht schwer im Rucksack wiegen, nimmt man am besten zwei bis drei Paare mit. Man hängt die nassen Schuhe nach einem Marsch durch sumpfiges Gebiet einfach zum Trocknen auf und zieht ein Paar trockene Schuhe an. Morgens ist vom schweren Nachttau ohnehin alles ganz feucht, so daß man immer ein Paar trockene Schuhe „auf Lager" haben sollte. Selbstverständlich müssen sie wasserdicht verpackt sein, sonst nützt alle Vorsorge nichts.

Um mit den vielen Blutegeln, die in manchen Regionen des tropischen Regenwalds regelrecht am Boden kleben und auf Nahrung lauern, besser zurechtzukommen, habe ich oft zu einem Mittel gegriffen, das auf den ersten Blick paradox erscheint: Ich zog ganz besonders luftige Sandalen an. Dadurch konnte ich jederzeit sehen, wenn sich einer der lästigen Blutsauger irgendwo festgesetzt hatte, und konnte ihn frühzeitig schonend entfernen. Wenn ich dagegen festere Schuhe trug, konnte es passieren, daß die kleinen Tiere unbemerkt in die Schuhe krochen, ich überall zu bluten begann und mir so eine Infektion einfangen konnte. Diese Gefahr besteht vor allem dann, wenn man die Egel erst nach längerer Zeit entfernt. Dann haben sie sich meist derartig festgesaugt, daß man sie nur noch gewaltsam und mit viel Mühe entfernen kann.

Und noch eine Plage, die auf den ersten Blick sehr klein und unscheinbar anmutet, hat der Dschungel zu bieten: die allgegenwärtigen Zecken. Ihre Bisse können nicht nur schmerzhafte, sondern auch sehr gefährliche Folgen haben. Denn die relative Häufigkeit, mit der dieses Ungeziefer den Erreger der Hirnhautentzündung übertragen kann, ist größer, als allgemein vermutet wird. Ich erinnere mich da zum Beispiel an das Schicksal eines amerikanischen Ehepaars, das zur Tigerjagd nach Indien gekommen war. Den beiden gelang es nach langen Wochen tatsächlich, den ersehnten Tiger zu erlegen. Die Frau geriet darüber so in Freude, daß sie das tote Tier überglücklich umarmte und im Überschwang der Gefühle sogar küßte. Nun verhält es sich aber leider so, daß die meisten warmblütigen Dschungeltiere über und über von Zecken bevölkert sind, auch die Tiger machen da keine Ausnahme.

Natürlich bemerkte die Amerikanerin, daß sie sich nach all diesen absurden Zärtlichkeiten zunächst einmal von den vielen Zecken befreien mußte. Unglücklicherweise übersah sie aber, daß sich eine der Zecken zwischen ihren Schulterblättern festgebissen hatte. Kurz darauf bekam sie hohes Fieber, und da sich die nächste Klinik mehrere Tagesreisen entfernt befand, konnte ihr niemand helfen. So mußte der Ehemann tatenlos zusehen, wie seine Frau der Infektion erlag. Als Vorsichtsmaßnahme unternahm ich routinemäßig gründliche „Leibesvisitationen", wenn ich in irgendeiner Weise mit einem Raubtier in Kontakt gekommen war. Nur so konnte ich genau kontrollieren, ob mir auch keiner der Quälgeister entgangen war.

Gegen die Moskitos, die letzten im Bund der kleinen Quälgeister, habe ich bis jetzt leider auch noch kein Patentrezept entwickelt.

Man bleibt zwar tagsüber weitgehend von ihnen verschont, zumindest treten sie zu dieser Zeit noch nicht so zahlreich auf wie die Blutegel, doch dafür fallen sie in den späten Nachmittagsstunden und in den ohnehin nicht so angenehmen Dschungelnächten über den Menschen her. Die einzige Möglichkeit, sich gegen die massiven Angriffe dieser Insekten zu wehren, ist ein Moskitonetz. Die Luft zum Atmen, die man nach einem anstrengenden Tag unterwegs im Dschungel so

nötig hat, ist aber dann noch heißer und dumpfer, so daß man sich noch beengter fühlt als in einem kleinen, überhitzten Zelt. Deshalb habe ich die Nächte oft in einem Wechsel von mühsamem Nach-Atem-Ringen unter dem Moskitonetz und gelegentlichem Auftanken frischerer Luft verbracht. Mit kalten Wassergüssen versuchte ich mir ebenfalls Erleichterung zu verschaffen, doch zum Schlafen kam ich während solcher Nächte entsprechend wenig. So übernachtete ich schließlich auch das eine oder andere Mal in einer Hängematte oberhalb der „Moskitogrenze". Allerdings bin ich ab und zu auch aus meiner luftigen Schlafstatt heruntergefallen, weil ich mich im Schlaf von Zeit zu Zeit umdrehe!

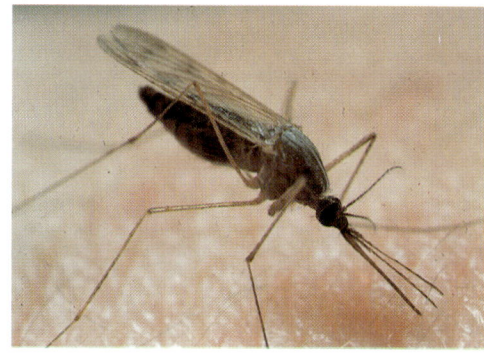

Doch wenigstens gegen die Kriechtiere, die den Dschungelboden zu jeder Tages- und Nachtzeit bevölkern, habe ich einen sicheren Trick gefunden, mit dem ich mir solchen Besuch wirklich vom Leibe hielt. Zunächst breitete ich grundsätzlich ein weißes Laken auf dem Boden

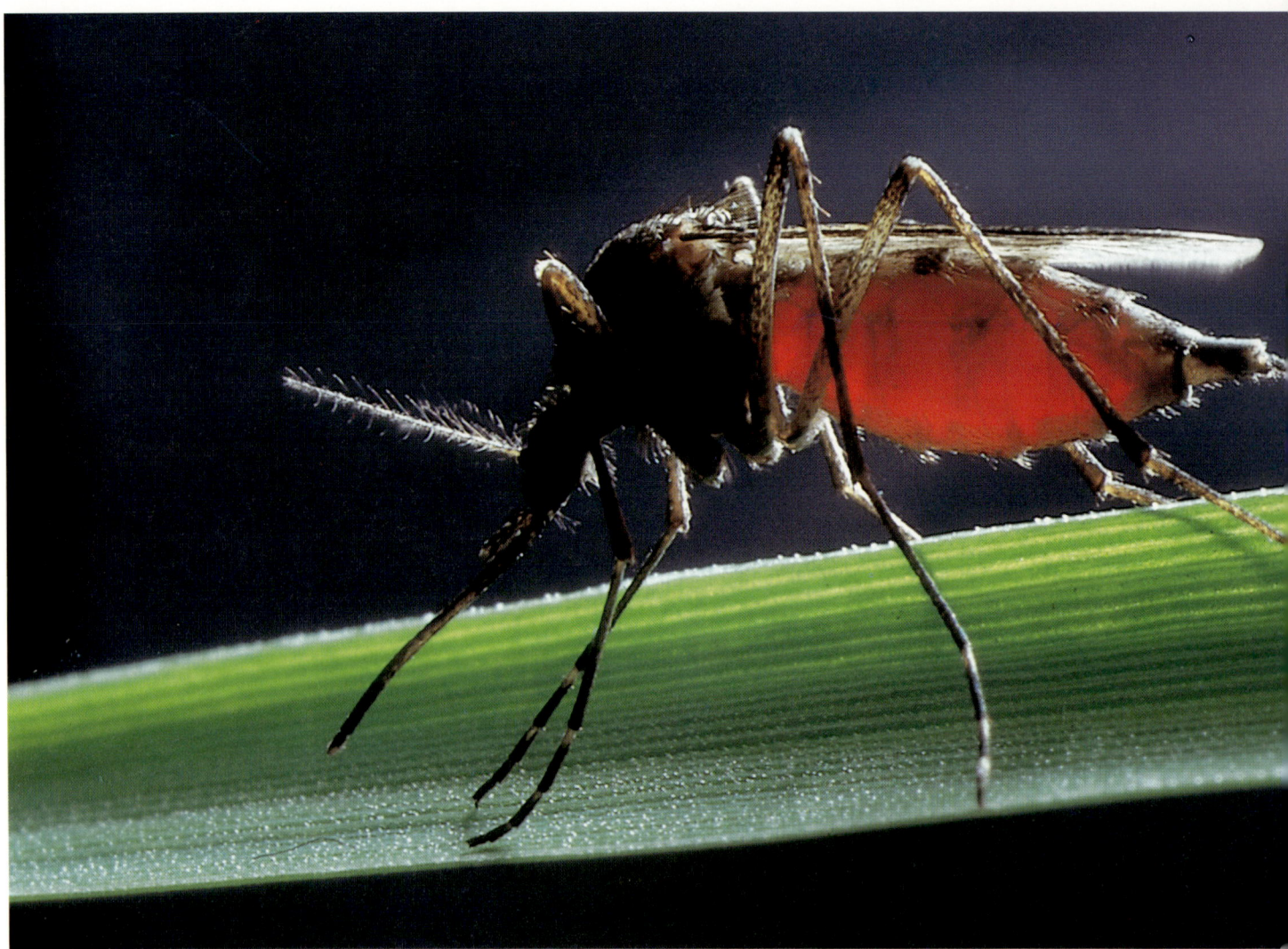

aus, bevor ich mich zum Essen oder auch Schlafen niederließ. So kann man nämlich gleich erkennen, ob sich Krabbeltiere nähern und sie rechtzeitig entfernen.

Wenn ich gezwungen war, auch am Boden zu übernachten, ohne mir irgendeine befestigte Schlafstätte von meinen Helfern errichten zu lassen, mußte ich noch zu einem anderen, allerdings sehr wirksamen Mittel greifen. Für diese Zwecke hatte ich immer eine kleine Flasche Petroleum im Gepäck. Eine dünne Spur von Petroleum rund um mein Lager wirkte Wunder: Der Geruch stieg den ungebetenen Besuchern offenbar so unangenehm in die

Nase, daß sie erst gar nicht näher kamen und mir nicht zur Last fielen. Allerdings mußte ich mich zugegebenermaßen auch erst eine Zeitlang an den scharfen Petroleumgeruch gewöhnen, aber das war mir lieber als der ungebetene Besuch.

Um auch vor der ganz großen Gefahr, den Raubtieren bei Nacht, einen einigermaßen ausreichenden Schutz zu haben, reicht eine dünne Petroleumspur natürlich bei weitem nicht aus. Vor Tigern und anderen Raubtieren mußte ich mich hauptsächlich dann besonders in acht nehmen, wenn ich gerade einem der gefürchteten Menschenfresser auf der Spur war.

Oben im Bild die gemeine Stechmücke, ebenfalls Überträger vieler Krankheiten. Rechts die Entwicklungsstufen des Insekts: oben die Eier, darunter die Larven und ganz unten die Puppen

Als ich eine Zeitlang mit den Katscharies, den Elefantenfängern von Assam, durch den Dschungel zog, boten uns die vielen großen Elefantenleiber rundherum ausreichend Schutz, so daß keinerlei zusätzliche Sicherheitsmaßnahmen notwendig waren. Wenn ich jedoch allein unterwegs war, errichtete ich große Dornenwälle rund um meine Schlafstätte, denn auch ein Tiger zögert zumindest, ob er sich hier mühevoll Zutritt verschaffen soll. Äußerst kompliziert werden die Selbstschutzmaßnahmen erst dann, wenn es gilt, sich vor den vielen verschiedenen Arten von Giftschlangen und besonders vor der gefürch-

tetsten unter ihnen, der Kobra, zu schützen. Es gibt nämlich kaum eine bestimmte Möglichkeit oder irgendeinen besonders raffinierten Trick, um sich vor deren Annäherungsversuchen wirksam zu schützen. Und leider ist es keine gruselige Erfindung irgendwelcher Geschichtenerzähler vor nächtlichen Lagerfeuern in geselliger Runde, daß sich Schlangen, darunter auch giftige Exemplare, mit Vorliebe dem schlafenden Menschen nähern. Denn in tropischen Breitengraden hat der menschliche Körper nachts eine höhere Temperatur als der Boden. So wurde mir häufig berichtet, wie sich Schlangen einfach auf ahnungslos Schlafenden zusammengerollt haben sollen. Erwacht der Betroffene dann, bleibt ihm nur die Möglichkeit, durch stundenlanges Verharren in Starre sein Leben zu retten, wenn es sich bei der überraschenden Gesellschaft um eine giftige Schlange handelt. Denn die geringste Bewegung könnte die Schlange zu ihrem tödlichen Biß reizen. Es muß sicherlich furchtbar zermürbend sein, solch ein stundenlanges „Rendezvous" mit dem Tod zu haben, aber vielleicht ist es doch dem ahnungslosen Tiefschlaf vorzuziehen. Da Todesfälle durch Schlangen im ganzen südostasiatischen Raum wirklich nicht selten sind, sondern einen beachtlichen Teil aller Todesursachen ausmachen, fielen mir solche Geschichten mit Vorliebe bei Nacht ein.

Dieses Phänomen von Schlafen und gleichzeitiger Anspannung stellt sich mit den Jahren im Dschungel ein und führt zu einer unterschwelligen ständigen Aufmerksamkeit und dadurch zu einem relativ wirksamen Schutz.

Natürlich ist ein Schlangenbiß nicht automatisch ein Todesurteil. Zwar gibt es im Dschungel oft im Umkreis von mehreren hundert Kilometern keinen Arzt, erst recht keine Klinik, doch Schlangenserum, das Gegen-gift also, kann man auch mit sich führen und sich im Ernstfall auch von einem nicht medizinisch ausge-bildeten Begleiter spritzen lassen. Ich für meinen Teil trug es all die Jahre immer bei mir, wenn ich auch zum Glück nie davon Gebrauch machen mußte. Bei den Einheimi-schen herrscht allerdings ein gewis-ser Fatalismus vor, und man sollte sich hüten, diese Einstellung als Europäer zu übernehmen. Denn obwohl fast alle Einheimischen die Schlangen unsäglich fürchten, meist zunächst Gebete verrichten, ehe sie in den Dschungel hinausgehen, können sehr viele von ihnen – und ich spreche tatsächlich von den Erwachsenen – nicht einmal eine giftige von einer absolut ungefährli-chen Schlange unterscheiden. Ande-rerseits führen sie alle trotz der großen Angst, die sie vor einem Schlangenbiß haben, nie eines der Fläschchen mit sich, das ein Gegen-gift enthält.

Mit umsichtigem Verhalten und großer Vorsicht kann man sich selbst vor so leisen und unberechen-baren Geschöpfen wie den Schlan-gen einigermaßen schützen. Man muß sich eben, bevor man sich schlafen legt oder durch besonders dichte Dschungelgebiete marschiert, die Mühe machen, alle umliegenden Bäume und den Boden möglichst gründlich auf Schlangen hin zu untersuchen. Entweder kann man sie dann vertreiben, oder man muß eben einen anderen Schlafplatz suchen und die Prozedur eventuell noch einmal wiederholen.

Alle diese Überlebenstricks und Vorsichtsmaßnahmen für das Leben im Dschungel bieten nur zu einem gewissen Teil Sicherheit. Häufig habe ich bei meinen Unternehmungen erlebt, daß es einfach Zufall oder großes Glück war, was mich vor tödlichen Zwischenfällen mit Raub-tieren, Krokodilen, Elefanten oder Schlangen bewahrte.

Wer über lange Zeit im Dschungel lebt, der weiß irgendwann, daß er eigentlich nur überleben kann, wenn

es ihm gelingt, ständig auf der Hut zu sein, ständig alle Sinne anzuspannen – selbst im Schlaf. Zu dieser ständigen Vorsicht zu gelangen, ist leider lange nicht so einfach, wie es sich hier manchmal lesen mag, denn durch die überwältigende Schönheit der Wildnis kann man häufig so geblendet sein, daß eine drohende Gefahr dann zu spät erkannt wird.

Das waren sie – meine Abenteuer in den Dschungeln Sri Lankas, Borneos, Indiens und vieler anderer südostasiatischer Länder, häufig mit Gefahr und Anspannung, mit großen körperlichen Strapazen verbunden. Aber letztlich endeten sie mit Erleichterung und vor allem interes-

santen und wissenswerten Neuentdeckungen aus dem Reich der Pflanzenwelt und dem Verhalten der vielen verschiedenen Tiere, denen der Dschungel Lebensraum bietet. Ich hoffe, daß ich beim Berichten von den Tieren und Pflanzen und den wunderbaren Zusammenhängen zwischen allen Lebewesen des Dschungels alles so anschaulich darstellen konnte, daß die faszinierende Welt des Dschungels auch meine Leser begeistert. Denn je mehr auch wir Europäer über den Dschungel und die ökologischen Zusammenhänge wissen, um so mehr wird uns daran liegen müssen, diese wunderbare Natur zu erhalten und zu verteidigen.

Warane

Die Warane, die aus dem Arabischen übersetzt „ouaran" = „Eidechsen" heißen, sind eine den „Schleichen" sehr nahe verwandte Tierfamilie. Anders als die Schleichen jedoch, als deren Vertreter uns vor allem die Blindschleiche geläufig ist, sind die verschiedenen Waranarten überwiegend tagaktiv, die Schleichen dagegen zumeist dämmerungs- oder nachtaktiv. Warane gibt es in Afrika, Südasien, auf den indonesischen Inseln und in Australien. Allein in Australien sind 17 Arten vertreten;

insgesamt gibt es 31 Waranarten, zu denen zahlreiche Unterarten zählen. Die Warane der tropischen Verbreitungsgebiete leben vorzugsweise in der Nähe von Gewässern und sind sehr gute Schwimmer und Taucher, was ihr manchmal massiger Körperbau auf den ersten Blick nicht vermuten läßt. Je nach Art können Warane Größen zwischen 20 Zentimetern und 3 Metern erreichen, wobei die Komodo-Warane sogar noch größer werden können. Die überwiegend räuberisch lebenden

Tiere haben einen langgestreckten Körper mit kräftigen Gliedmaßen, die außerdem mit starken Krallen versehen sind – beim Klettern eine wichtige Hilfe. Der Schwanz, der häufig noch einmal die Länge des übrigen Körpers besitzt, spielt zunächst für die wendige Fortbewegung im Wasser eine wichtige Rolle, da er hier als kräftiges Ruder- und Steuerorgan zugleich benutzt wird. Doch auch beim Laufen, Klettern und gelegentlichen Graben ist dieser Schwanz sehr hilfreich, und nicht zuletzt dient er als wirkungsvolle Waffe, mit der der Waran gezielte, kräftige Schläge austeilen kann. Ein weiteres, sehr auffallendes Merkmal ist die lange Zunge, die wie bei Schlangen gespalten ist und weit vorgeschnellt werden kann. Wenn auch der Waran in vielen Gegenden Südostasiens als ausgeprägter „Schlangenvertilger" bekannt und beliebt ist, so sind seine Beutetiere doch sehr vielfältig. Genauso geschickt wie diese Echsen auf Schlangenjagd gehen, erbeuten sie auch Insekten, Vögel, Eidechsen, Frösche, Nagetiere und häufig sogar größere Tiere wie Wildschweine oder kleinere Hirsche, aber auch die Eier von Krokodilen oder Vögeln. Die beiden bekanntesten Waranarten Südostasiens sind der Bindenwaran, der heute nicht mehr gejagt wird, sondern weitgehend geschützt ist, und der fast schon legendäre Komodo-Waran, der ebenfalls unter strengem Schutz steht.

Schlangengift und Schlangenserum

Schlangen sind an sich scheue Tiere, die bei jeder Erschütterung des Bodens flüchten – so auch vor den kräftigen Schritten des Menschen. Fühlen sie sich aber bedroht, gehen sie in Abwehrstellung und beißen blitzschnell zu. Die Todesfälle durch Giftschlangen, die jährlich weltweit verzeichnet werden, liegen bei rund 40 000, wovon der überwiegende Teil mit jährlich 25 000 bis 30 000 auf Asien entfällt. Dort sterben viele Menschen an einen Schlangenbiß, da Hilfsmaßnahmen, wie z. B. das Spritzen des Gegengiftes, in Dschungelgebieten häufig ganz unmöglich sind oder aber zu spät kommen. Die hochgiftigen Substanzen, die von den Giftschlangen übertragen werden, dienen zum Töten der Beute oder zur wirksamen Verteidigung vor Feinden. Meist ist es unglücklicher Zufall, wenn ein Mensch einer gefährlichen Giftschlange ahnungslos so nahe kommt, daß sie ihn als Bedrohung empfindet.

Schlangengifte sind in ihrer Zusammensetzung sehr vielfältig und wirken ganz unterschiedlich: Die sogenannten Nervengifte, Neurotoxine, rufen im Bereich des Nervensystems Lähmungen hervor, die wiederum zu starker Atemnot oder sogar zum Tod durch Ersticken führen; die sogenannten Blutgifte, Hämotoxine, führen zum Tod durch Herzstillstand nach Herzlähmung. Nervengifte werden vor allem bei Bissen durch Giftnattern und Kobras wirksam, während bei Vipern- und Grubenotternarten hauptsächlich Blutgifte die Ursache für die tödliche Folgen sind.

In der Regel überstehen Menschen die Giftwirkung von Schlangen dann, wenn sofort Hilfsmaßnahmen getroffen werden: Abbinden des betroffenen Körperteils – häufig des Beins – etwa eine Handbreit über der Bißstelle und rechtzeitige Injektion von Schlangenserum. Das Schlangenserum, das Antikörper gegen das Gift enthält, wird durch Schlangengift gewonnen. Dies geschieht in Schlangenfarmen, wo das Gift durch das „Melken" von Giftschlangen gewonnen wird. Dann wird das Schlangengift widerstandsfähigen Tieren, z. B. Pferden, in steigender Dosis gespritzt, um aus ihrem Blut mit den inzwischen gebildeten Antikörpern das Serum zu gewinnen. Einige Substanzen in Schlangengiften werden auch als Arzneimittel verwendet, so das Kobragift als Schmerzmittel.

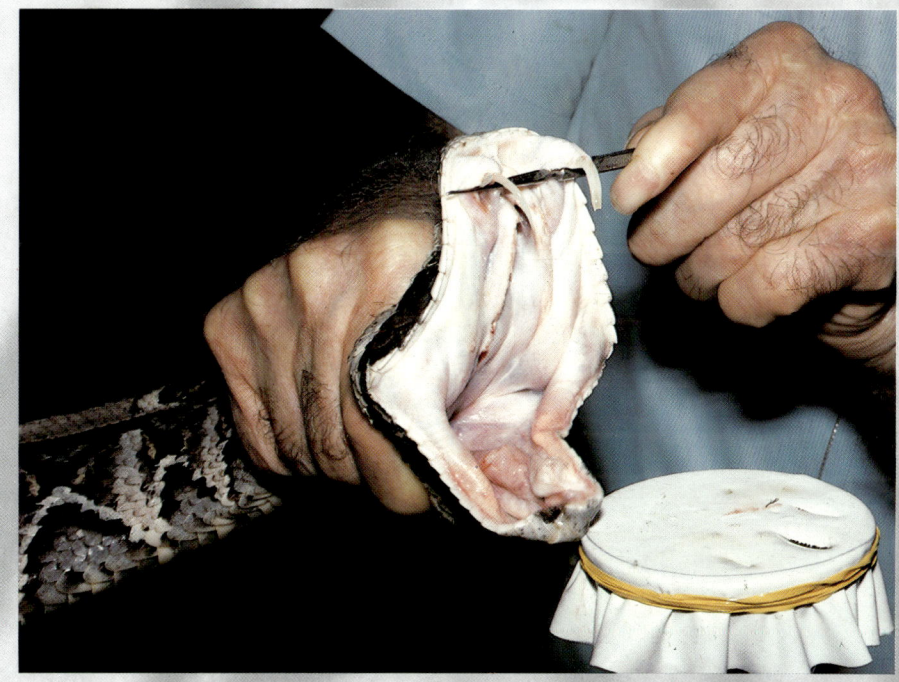

Eindrucksvoll ist dieser Blick in den Rachen einer Königskobra, die gerade „gemolken" wird.

REGISTER

In dieses Register wurden die wichtigsten Personennamen, geographischen Namen und Tiernamen aufgenommen. Die Ziffern in normaler Schrift verweisen auf den laufenden Text, **fette** Ziffern verweisen auf Fotos und *kursive* Ziffern auf Erläuterungen der Infoseiten.

Bildquellenverzeichnis

Alle Fotos stammen aus dem Archiv von Prof. Werner Fend, Röns (Österreich), mit Ausnahme der
folgenden Abbildungen: Bildarchiv Okapia KG, Frankfurt/M.: 285 o., 296, 297, 302, 351, 354, 357; 153
(Ilona Backhaus); 244 (Rajesh Bedi); 326 o., 353 M., 353 u. (DSF/J.A.L. Cooke); 353 o. (DSF/P. Parks);
2 r.u., 298 (Ulrike Heidemann); 292 o. (KHS/Okapia); 132 l.o., 319 (NAS/Tom McHugh); 318 (Kjell B. Sandved);
3 l.o., 352 (Dr. Sauer)
Dr. R. König, Kiel: 348, 349 l.u.
Reinhard-Tierfoto, Heiligkreuzsteinach: 2 l.u., 41 o., 131 o., 132 l.u., 164, 164/165, 262, 265, 324 o., 324 u.
Silvestris Fotoservice, Kastl/Obb.: 43 l., 44/45, 46, 48, 291 o. (A.N.T.); 131 u., 290 (Carlo Dani/Ingrid Jeske);
169 l.u. (Ladislav Janicek); 290 u. (Frank Lane); 169 o. (Josef Lughofer)

Bei FALKEN ist auch der faszinierende Text-Bild-Band „Vom Morgenland ins Reich der Sonnengöttin" (4449)
mit Reiseimpressionen aus Oman, Indien, China und Japan erschienen sowie das Fernsehbegleitbuch
„Spiele des Lebens?" (4524) über Rätsel der Tierwelt.

Die Deutsche Bibliothek – CIP-Einheitsaufnahme

Mein Dschungelbuch / Werner Fend. – Niedernhausen/Ts. :
FALKEN, 1991
  (FALKEN Sachbuch)
  ISBN 3–8068–4537–9
NE: Fend, Werner

ISBN 3 8068 4537 9

Titelfotos: Rajesh Bedi, Jacana (Tiger); Renate Fend, Röns (Werner Fend mit seiner Bolex-Kamera)
Rücktitelfoto: Werner Fend, Röns
Karten: Ilse Stockmann-Sauer, Offenbach a. M.
Grafische Gestaltung: Ilse Stockmann-Sauer, Offenbach a. M.
Die Informationen in diesem Buch sind vom Autor und vom Verlag sorgfältig erwogen und geprüft, dennoch kann
eine Garantie nicht übernommen werden. Eine Haftung des Autors bzw. des Verlags und seiner Beauftragten
für Personen-, Sach- und Vermögensschäden ist ausgeschlossen.
Gesamtkonzeption: Falken-Verlag GmbH, D-6272 Niedernhausen/Ts.

817 2635 4453 6271